2020

国家统一法律职业资格考试系列用书

命题人讲主观题

商 法

命题预测+考点精讲+典型真题+模拟金题

桑 磊 ◎ 主编

马更新 刘卫锋 李兆玉 ◎ 编著

图书在版编目（CIP）数据

命题人讲主观题. 商法/桑磊主编.
—北京：中国经济出版社：中国石化出版社，2020.4
2020 国家统一法律职业资格考试系列用书
ISBN 978-7-5136-6082-2

Ⅰ.①命… Ⅱ.①桑… Ⅲ.①商法—中国—资格考试—自学参考资料 Ⅳ.①D92

中国版本图书馆 CIP 数据核字（2020）第 036672 号

策划编辑	崔姜薇
责任编辑	王建昌
责任印制	马小宾
封面设计	任燕飞装帧设计工作室

出版发行	中国经济出版社
印 刷 者	北京柏力行彩印有限公司
经 销 者	各地新华书店
开 本	710mm×1000mm 1/16
印 张	14
字 数	258 千字
版 次	2020 年 4 月第 2 版
印 次	2020 年 4 月第 1 次
定 价	35.80 元

广告经营许可证 京西工商广字第 8179 号

中国经济出版社 网址 www.economyph.com 社址 北京市东城区安定门外大街 邮编 100011
本版图书如存在印装质量问题，请与本社销售中心联系调换（联系电话：010-57512564）

版权所有　盗版必究（举报电话：010-57512600）
国家版权局反盗版举报中心（举报电话：12390）　服务热线：010-57512564

>> PREFACE 前 | 言

法考元年，考试主管机关经过多年酝酿，最终将考试分为客观题和主观题两个阶段，将主观题从司考时代的第四卷独立为一个阶段的考试，分值也从 150 分增至 180 分，同时考场上配备法律法规汇编，实现了客观题考查基础知识、主观题考查能力的不同分工，彰显了主管机关不断推进考试改革的决心。至今为止的实践表明，这项改革措施极大增强了考试的科学性，将法律职业人才的考试选拔工作向前推进了一大步。

一、主观题考试的特点

根据多年的相关经验，在"2018 年桑磊法考主观题保过班"上，本人即预测了主观题考试的四大特点，即理论性、融合性、开放性和限缩性。

（一）理论性显著增强。主观题考试考查考生运用法律知识解决实际问题的能力，在一定程度上，可以说就是考查理论深度。

（二）融合性突出。出现两学科甚至多学科的交叉融合考查，是主观题试题形式上的最大变化。其分两个层次：①民法与民诉结合、刑法与刑诉结合，甚至民法与商法、民诉结合。②再进一步，将民法、刑法、行政法结合，或者与司法制度、法律文书结合。

（三）开放性进一步得到体现。司考时期只有第四卷第七题是开放性试题，无标准答案，评阅时实行"双评"。法考时期，开放性试题会增多，允许有多个答案，只要言之有理、有理有据即可。

（四）限缩性趋势明显。这一特点主要在于主观题考试题量的变化方面，即法考主观题考试可能在原来卷四基础上增加一两道融合性试题，也可能减少题量。法考未来的趋势是主观题数量会减少，通过少量的论述题即可考查考生的能力。

从 2018 年和 2019 年两届考生的普遍反馈来看，上述四大特点基本得到了验证，特别是融合性和限缩性两个方面。在融合性方面，出现了一道"大民事"综合性试题，融合考查了民法、商法、民事诉讼法三科的相关知识要点；在限缩性方面，全卷只有6道试题，其中两道选做题择一，考生实际上只需做五道试题，与司考时代第四卷相比，题量减少了两道试题。

二、主观题考试趋势分析

2020年及之后的主观题考试会怎样考查呢？本人认为有以下几点值得强调：

一是融合性继续扩大。在连续两年出现一道综合性大题之后，2020年及之后会加大考查力度，有可能增加此种类型题目的命题数量，或者出现融合三大实体法的试题。

二是限缩性进一步增强。多学科综合性试题增多之后，无须增加题量即可达到考查的目的，所以题量的长远趋势是继续削减。我国的法考改革借鉴了大陆法系国家的成熟经验，从大陆法系国家的通行做法来看，只需少量试题即可实现对考生法律实际运用能力的考查。

三是主观性逐步强化。主观题之所以为主观题，是因为无论在考查目的上还是试题形式上，都与客观题明显不同。其中的一个显著特点是提问的笼统性，并且往往只设置极少提问，如司考时期只设置了一问的刑法主观题（2017年、2015年、2014年、2009年）和卷四第七题，这样才能真正考查考生的分析能力。而传统的、设有很多小问的案例分析大题并不是真正意义上的主观题，那样更类似客观题，其并不能实现主观题考试的测试目的。因此，长远来看，主观题的问题设置数量应该减少，答案也将会更加开放。

根据以上主观题考试命题趋势，本人特意组织前命题人团队编写了本套用书。其中，撰写每个科目的作者老师均具有丰富的命题经验，他们在书中为大家分析了本学科的命题规律和趋势，提炼了解题思路，详细阐述了主观题考点，并从近十年的主观题中精选出典型试题进行了深入剖析。最后，每科为大家提供了3~5道高质量的模拟试题，其中有两科甚至多科的融合性试题，希望大家反复认真练习，力争掌握解题的诀窍。

需要特别强调的是，由于司法部不再公布法考试题，而考生对2018年和2019年主观题真题的需求较为强烈，为此，本人组织各位前命题人搜集了网上多个版本的考生回忆资料，在此基础上，按照真题的标准进行了精心改造和复原，最终的成果应该比较接近2018年和2019年主观题真题的原貌，特收入本书第三部分，以飨广大读者。

另外，对于书中的经典真题和模拟试题，各科目的作者老师还分别录制了配套的微课讲解视频，大家在书中试题的位置手机扫码关注"桑磊法考"公众号即可免费观看。自2020年4月开始，本人也会组织各科老师为大家带读2020年主观题考点内容，届时敬请广大读者关注"桑磊法考"微信公众号。

由于成书仓促，错误之处在所难免，恳请大家指正。

最后，预祝大家2020年度能够顺利通过主观题考试，圆梦法考！在法考之路上，我们将和大家同行！

桑 磊

2020年4月

CONTENTS 目录

第一部分　命题人讲命题 …………………………………… 1
第二部分　命题人讲考点 …………………………………… 4
　考点 1　公司的特征 ……………………………………… 4
　考点 2　公司章程 ………………………………………… 7
　考点 3　发起人 …………………………………………… 14
　考点 4　出资方式和出资程序 …………………………… 17
　考点 5　公司的资本 ……………………………………… 20
　考点 6　抽逃出资的认定 ………………………………… 28
　考点 7　瑕疵出资的法律责任 …………………………… 32
　考点 8　股东的资格 ……………………………………… 38
　考点 9　名义股东与实际股东 …………………………… 43
　考点 10　股东的权利 ……………………………………… 48
　考点 11　有限责任公司的股权转让 ……………………… 60
　考点 12　股东的义务 ……………………………………… 69
　考点 13　有限责任公司的组织机构 ……………………… 74
　考点 14　公司决议瑕疵 …………………………………… 89
　考点 15　公司董、监、高的义务和责任 ………………… 92
　考点 16　股东代表诉讼制度 ……………………………… 95
　考点 17　公司的司法解散 ………………………………… 100
　考点 18　公司的清算 ……………………………………… 106
　考点 19　破产申请的受理 ………………………………… 114
　考点 20　债务人财产 ……………………………………… 117
　考点 21　债权申报 ………………………………………… 121

考点 22　破产清算 ·· 126
考点 23　破产重整 ·· 127

第三部分　典型真题解析 ·· 131
2019 年（一） ·· 131
2019 年（二） ·· 137
2018 年（一） ·· 145
2018 年（二） ·· 148
2017 年 ·· 155
2016 年 ·· 161
2014 年 ·· 168
2013 年 ·· 175
2011 年 ·· 181

第四部分　命题人模拟金题 ·· 184
论述题（一） ·· 184
论述题（二） ·· 189
案例分析题（一） ·· 197
案例分析题（二） ·· 202
案例分析题（三） ·· 206

第一部分　命题人讲命题

一、历年命题规律归纳和最新命题趋势预判

商法是重要的部门法，自 2010 年以来，在司考卷四的主观题中占有一席之地。在法考时代，商法的地位进一步提高，2018 年和 2019 年的主观题考试中，除了有一道商法题之外，在民商综合大题中也涉及了商法，商法的重要性不言而喻。商法考点具体考查情况详见下图：

2010—2019 年商法主观题考点

考点	2019	2018	2017	2016	2015	2014	2013	2012	2011	2010
公司法										
公司的特征				4-5-5						
公司法人人格否认	主-4-6									
公司章程										4-6-1 4-6-5
发起人							4-5-1			
出资方式和出资程序				4-5-1			4-5-2 4-5-4	4-4-4		
公司的资本			4-5-2	4-5-6	4-5-5					
抽逃出资的认定				4-5-4			4-5-3			4-6-3
瑕疵出资的法律责任					4-5-2					4-6-2
瑕疵股权转让		主-5-2								
股东的资格		主-5-1		4-5-2		4-5-1				4-6-6
股权的善意取得	主-5-3、4	主-5-3、4								
名义股东与实际股东							4-5-3 4-5-4			
股东的权利	主-5-1、2				4-5-3			4-4-3		
股东的义务				4-5-6	4-5-6	4-5-5				

续表

考点	2019	2018	2017	2016	2015	2014	2013	2012	2011	2010
有限责任公司的股权转让			4-5-4	4-5-3			4-5-5 4-5-6	4-4-5		4-6-8
有限责任公司的组织机构			4-5-1 4-5-3							
公司决议瑕疵					4-5-1 4-5-4			4-4-1		
董事、监事、高管的义务和责任								4-4-2		
出资加速到期		主-5-6								
股东代表诉讼制度										
公司的解散			4-5-5					4-4-5		
公司的清算			4-5-6							
股权强制执行的案外人执行异议	主-5-5、6	主-5-5								
企业破产法										
破产申请的受理										
债务人财产						4-5-6				
债权申报的范围						4-5-2				
破产清算										
破产重整	主-4-8、9、10									
票据质押	主-4-5									

注：表中的数字是指考点所在试题，如"4-5-5"是指第四卷第五道题的第五小问；2018年、2019年项下的标记指考点所在试题，如"主-4-6"指主观题考试第四题的第六小问。

商法命题有明显的规律可循。就考查题型而言，只有2011年考材料题，其他年份都是考案例分析题，这是商法的部门法性质使然。就考查内容而言，公司法独占鳌头，破产法考查有所增加，其他单行法基本不考。就公司法而言，只考有限责任公司，从未考股份公司。有限责任公司是实践中广为使用的人合性公司，相关规则既有一定的强制性，又有一定的自治性，其既有一定的实践性，又有一定的理论性，便于命题人灵活命题考查。进而言之，在公司法的人格、资本和治理结构三条主线中，最常考的内容是资本，包括出资、增资、减资、回购、抽逃出资、分红、股权转让等内容，因为该主线最容易使公司法与债权法、物权法、破产法、民事诉讼法结合在一起考查考生的综合知识。尽管如此，商法主观题的理论深度还是不及民法，主要考查法律条文及司法解释的具体规定，难度系数不高，但性价比很高。

在法考主观题考试配备法条、开卷考试的改革背景下，可以预见未来商法命题将呈现综合性、理论性和热点性三个趋势，公司法和破产法仍是雷打不动的重点，兼有实体法和程序法、横跨民法和商法的破产法在供给侧结构性改革宏观经济背景下必将成为命题人青睐的对象。

二、2020年备考策略

根据以上命题规律和趋势，建议考生采用以下备考策略：

第一，重点掌握有限责任公司法律制度、破产法和民法中的合同法、物权法相关制度，本书涉及股份公司的内容仅作对比参考，不必重点掌握。

第二，商法是实践性很强的部门法，故法律条文和司法解释是复习的基础，切不可因主观题开卷考试就忽略了对基本制度和规则的掌握，实践证明考试过程中因题量太大根本没有时间过多查阅法条。有考生甚至反映，"法条的最大作用就耽误时间"，因此考生必须事前熟练掌握基本规则，而不可本末倒置寄希望于临阵磨枪。

第三，相对法律条文而言，司法解释兼顾实体法和程序法，同时涉及不同部门的实体法，因此更为重要，务必重点掌握。此外，开卷考试导致不便单独考查民事程序法的硬性规定，故民事程序法依附于民事实体法综合考查的概率较高，2018年和2019民商综合大题即反映了这一趋势。

第四，在熟练掌握法律条文和司法解释重要制度规则的基础上，需要适当提升理论深度，因为只考具体规则不能体现命题人的水平，命题人有时会命制一两道理论题以体现命题水平，例如2016年考查衡平居次原则，很多考生措手不及，因此需要同时关注法律条文中的原则性规定及"但书"规定，并结合法律实践判断公司自治的边界。此外，还有2018年和2019年考查的商事外观主义等。

第五，命题人多喜欢结合社会热点问题命制试题，例如2018年和2019年民商综合主观题涉及破产，故考生要密切关注国家宏观经济政策以及商事审判热点问题，如最高人民法院巡回法庭关于公司对外担保法律效力的认定、2017年最高人民法院《全国法院破产审判工作会议纪要》和2019年最高人民法院《全国法院民商事审判工作会议纪要》（以下简称《九民纪要》），这样才能跟得上命题人的步伐。

第二部分 命题人讲考点

考点1 公司的特征

命题分析

本知识点曾在2016年的主观题考试中进行过考查。"法人人格否认制度"具有很大的模糊性、理论性和实践性，契合新法考主观题的命题趋势，该考点容易结合母子公司、关联公司、关联交易以及破产法的关联企业实质合并制度进行考查，2019年的主观题曾考查了该知识点。此外，《九民纪要》又对公司法人人格否认的类型进行了细化，考生应予以重视。

考点解析

一、法人人格否认

公司股东滥用公司法人独立地位和股东有限责任，逃避债务，严重损害公司债权人利益的，应当对公司债务承担连带责任。

该制度关注的是在何种情形下，可以突破公司的保护，在股东出资额之外直接追究其责任，所以对公司人格的漠视是一时的，对公司人格的剥夺是临时的，是个案否认，被个案否认法人人格的公司在其他法律关系中仍然具有法人人格。

最高人民法院15号指导案例中，公司法人人格被否认的事由是人格混同。除该事由外，财产混同、欺诈或不当行为、过度控制、资本显著不足等情形也是导致法人人格被否认的重要事由。

二、控股股东与实际控制人

控股股东	(1) 以持股比例为认定标准：控股股东，是指其出资额占有限责任公司资本总额50%以上或者其持有的股份占股份有限公司股本总额50%以上的股东； (2) 以对公司决议影响力为认定标准：控股股东，是指出资额或者持有股份的比例虽然不足50%，但依其出资额或者持有的股份所享有的表决权已足以对股东会、股东大会的决议产生重大影响的股东
实际控制人	(1) 实际控制人，是指虽不是公司的股东，但通过投资关系、协议或者其他安排，能够实际支配公司行为的人 (2) 实例：A公司独资设立B公司，B公司同时是C公司的控股股东，那么A公司就是C公司的实际控制人

公司的控股股东、实际控制人、董事、监事、高级管理人员不得利用其关联关系损害公司利益。违反前款规定,给公司造成损失的,应当承担赔偿责任。

关联关系,是指公司控股股东、实际控制人、董事、监事、高级管理人员与其直接或者间接控制的企业之间的关系,以及可能导致公司利益转移的其他关系。但是,国家控股的企业之间不能因为同受国家控股而具有关联关系。

三、母公司与子公司

以公司之间的相互关系为标准,亦即以公司之间在财产、人事、责任承担上的相互关系为标准,将公司分为母公司与子公司。

	母公司	子公司
概念	母公司是指拥有其他公司一定数额的股份或根据协议,能够控制、支配其他公司的人事、财务、业务等事项的公司	子公司是指一定数额的股份被另一公司控制或依照协议被另一公司实际支配、控制的公司
特征	母公司最基本的特征不在于是否持有子公司的股份,而在于是否参与子公司业务经营	(1) 法律地位:子公司具有独立法人资格; (2) 独立性:拥有自己所有的财产,自己的公司名称、章程和董事会,对外独立开展业务和承担责任; (3) 从属性:涉及公司利益的重大决策或重大人事安排,仍由母公司决定

四、关联企业破产

《全国法院破产审判工作会议纪要》相关规定

人民法院审理关联企业破产案件时,要立足于破产关联企业之间的具体关系模式,采取不同方式予以处理。既要通过实质合并审理方式处理法人人格高度混同的关联关系,确保全体债权人公平清偿,也要避免不当采用实质合并审理方式损害相关利益主体的合法权益。

32. 关联企业实质合并破产的审慎适用。人民法院在审理企业破产案件时,应当尊重企业法人人格的独立性,以对关联企业成员的破产原因进行单独判断并适用单个破产程序为基本原则。当关联企业成员之间存在法人人格高度混同、区分各关联企业成员财产的成本过高、严重损害债权人公平清偿利益时，可例外适用关联企业实质合并破产方式进行审理。

36. **实质合并审理的法律后果。**人民法院裁定采用实质合并方式审理破产案件的，各关联企业成员之间的债权债务归于消灭，各成员的财产作为合并后统一的破产财产，由各成员的债权人在同一程序中按照法定顺序公平受偿。采用实质合并方式进行重整的，重整计划草案中应当制定统一的债权分类、债权调整和债权受偿方案。

38. **关联企业破产案件的协调审理与管辖原则。**多个关联企业成员均存在破产原因但不符合实质合并条件的，人民法院可根据相关主体的申请对多个破产程序进行协调审理，并可根据程序协调的需要，综合考虑破产案件审理的效率、破产申请的先后顺序、成员负债规模大小、核心控制企业住所地等因素，由共同的上级法院确定一家法院集中管辖。

39. **协调审理的法律后果。**协调审理不消灭关联企业成员之间的债权债务关系，不对关联企业成员的财产进行合并，各关联企业成员的债权人仍以该企业成员财产为限依法获得清偿。但关联企业成员之间不当利用关联关系形成的债权，应当劣后于其他普通债权顺序清偿，且该劣后债权人不得就其他关联企业成员提供的特定财产优先受偿。

五、公司法人格否认的类型及诉讼地位

《九民纪要》第 10~13 条

10. **【人格混同】**认定公司人格与股东人格是否存在混同，最根本的判断标准是公司是否具有独立意思和独立财产，最主要的表现是公司的财产与股东的财产是否混同且无法区分。在认定是否构成人格混同时，应当综合考虑以下因素：（1）股东无偿使用公司资金或者财产，不作财务记载的；（2）股东用公司的资金偿还股东的债务，或者将公司的资金供关联公司无偿使用，不作财务记载的；（3）公司账簿与股东账簿不分，致使公司财产与股东财产无法区分的；（4）股东自身收益与公司盈利不加区分，致使双方利益不清的；（5）公司的财产记载于股东名下，由股东占有、使用的；（6）人格混同的其他情形。在出现人格混同的情况下，往往同时出现以下混同：公司业务和股东业务混同；公司员工与股东员工混同，特别是财务人员混同；公司住所与股东住所混同。人民法院在审理案件时，关键要审查是否构成人格混同，而不要求同时具备其他方面的混同，其他方面的混同往往只是人格混同的补强。

11. **【过度支配与控制】**公司控制股东对公司过度支配与控制，操纵公司的决策过程，使公司完全丧失独立性，沦为控制股东的工具或躯壳，严重损害公司

债权人利益，应当否认公司人格，由滥用控制权的股东对公司债务承担连带责任。实践中常见的情形包括：（1）母子公司之间或者子公司之间进行利益输送的；（2）母子公司或者子公司之间进行交易，收益归一方，损失却由另一方承担的；（3）先从原公司抽走资金，然后再成立经营目的相同或者类似的公司，逃避原公司债务的；（4）先解散公司，再以原公司场所、设备、人员及相同或者相似的经营目的另设公司，逃避原公司债务的；（5）过度支配与控制的其他情形。控制股东或实际控制人控制多个子公司或者关联公司，滥用控制权使多个子公司或者关联公司财产边界不清、财务混同，利益相互输送，丧失人格独立性，沦为控制股东逃避债务、非法经营，甚至违法犯罪工具的，可以综合案件事实，否认子公司或者关联公司法人人格，判令承担连带责任。

12.【资本显著不足】资本显著不足指的是，公司设立后在经营过程中，股东实际投入公司的资本数额与公司经营所隐含的风险相比明显不匹配。股东利用较少资本从事力所不及的经营，表明其没有从事公司经营的诚意，实质是恶意利用公司独立人格和股东有限责任把投资风险转嫁给债权人。由于资本显著不足的判断标准有很大的模糊性，特别是要与公司采取"以小博大"的正常经营方式相区分，因此在适用时要十分谨慎，应当与其他因素结合起来综合判断。

13.【诉讼地位】人民法院在审理公司人格否认纠纷案件时，应当根据不同情形确定当事人的诉讼地位：（1）债权人对债务人公司享有的债权已经由生效裁判确认，其另行提起公司人格否认诉讼，请求股东对公司债务承担连带责任的，列股东为被告，公司为第三人；（2）债权人对债务人公司享有的债权提起诉讼的同时，一并提起公司人格否认诉讼，请求股东对公司债务承担连带责任的，列公司和股东为共同被告；（3）债权人对债务人公司享有的债权尚未经生效裁判确认，直接提起公司人格否认诉讼，请求公司股东对公司债务承担连带责任的，人民法院应当向债权人释明，告知其追加公司为共同被告。债权人拒绝追加的，人民法院应当裁定驳回起诉。

考点2　公司章程

命题分析

公司章程是公司自治的载体，特别是对于人合性较强的有限责任公司，最适合考主观题。2010年主观题曾进行考查。

命题人主要考查公司章程的自治性边界，即公司治理过程中有哪些事项是可以由公司章程自由约定的，哪些事项是由公司法强制性规定而公司章程无权突破的。公司章程的考点常常散见于其他各章之中，考生要注意总结、汇总，系统把握。另外，《最高人民法院关于适用〈中华人民共和国公司法〉若干问题的规定（五）》对分配利润的期限作出了补充性规定，考生应注意学习。

> **特别提醒**：在法考配备法条、开卷考试的情况下，主观题的理论性和实践性必然有所加强，而通过公司章程结合司法实践最容易考查这两点，如章程规定"人走股留"是否有效，考生要结合相关法条和代表性案例进行全面而深入的备考，重点掌握有限公司章程自治的边界，下文中股份公司的有关内容仅用于对照理解，不必记忆。

考点解析

一、公司章程的概念和特征

（一）公司章程的概念

1. 概念

公司章程是指公司所必备的，规定其名称、宗旨、资本、组织机构等对内对外事务的基本法律文件。公司章程作为规范公司组织和活动的基本规则，在公司存续期间具有重要的意义。

2. 地位

公司章程是公司设立时的必备条件之一（不得以公司设立的书面协议代替公司章程），公司设立时必须由全体股东或发起人订立公司章程，并且必须在公司设立登记时提交公司登记机关进行登记。

3. 与设立协议比较

	公司章程	设立协议
地位	所有公司的必备性文件	对通常的有限责任公司而言，是任意性文件；对股份公司和有限责任公司形态的外商投资企业而言，是设立环节必备的法律文件
性质	要式法律文件，须遵循公司法的强制性制定	不要式法律文件，仅需要遵循合同法的一般规则
效力范围	对全体股东、公司以及公司组织机构均具有法律约束力	只在发起人之间具有法律约束力
效力期间	公司成立后及其存续期间，直至公司完全终止	从设立行为开始到设立过程终止，公司成立即意味着设立协议因履行而终止

（二）公司章程的特征

公司章程作为公司自治的依据，主要具有以下特征：

基本特征	具体体现
法定性	（1）公司章程的法律地位、主要内容及修改程序、效力都由法律强制规定，任何公司都不得违反； （2）公司章程是公司设立的必备条件之一，无论是设立有限责任公司还是设立股份有限公司，都必须由全体股东或者发起人订立公司章程，并且必须在公司设立登记时提交公司登记机关进行登记
真实性	公司章程记载的内容必须是客观存在的，与实际相符的事实
自治性	（1）公司章程作为一种行为规范，不是由国家而是由公司自行制定，是公司股东意思表示一致的结果； （2）公司章程是法律以外的行为规范，由公司自己来执行，无须国家强制力来保证实施； （3）公司章程作为公司内部规章，其效力仅及于公司和相关当事人，而不具有普遍的约束力
公开性	（1）公开性主要是对上市公司而言，其他公司不作要求； （2）有限责任公司章程是公司内部文件，不能推定第三人知情章程内容

二、公司章程的订立与修改

（一）公司章程的订立

共同订立	（1）概念：由全体股东或发起人共同起草、协商制定公司章程，否则公司章程不得生效； （2）适用：一般适用于有限责任公司与发起设立的股份公司
部分订立	（1）概念：由股东或者发起人的部分成员负责起草、制定公司章程，而后再经其他股东或者发起人签字同意的制定方式； （2）适用：一般适用于募集设立的股份有限公司

（1）形式：公司章程必须采取书面形式。
（2）生效：
①须经全体股东同意并在章程上签名盖章，公司章程才能生效；
②募集设立的股份公司，章程草案由发起人起草，经创立大会通过后生效

（二）公司章程的修改

1. 概念

公司章程的修改，又称公司章程的变更，是指已经生效的公司章程的修改。

2. 范围

原则上公司章程所记载的事项，不论是绝对记载事项还是任意记载事项，只要确属必要，均可变更。

3. 章程变更原则及程序

章程变更原则	章程变更程序
（1）不得损害股东利益； （2）不损害债权人利益； （3）不妨害公司法人一致性原则：即不得因公司章程的变更，而使一个公司法人转变为另一个公司法人	（1）第一步：由董事会提出修改公司章程的提议； （2）第二步：将修改公司章程的提议通知其他股东； （3）第三步：由股东会或者股东大会表决通过

【注意】公司章程变更后，公司董事会应向工商行政管理机关申请变更登记。但是，工商登记并非公司章程订立或者变更的生效要件，而是对抗外部第三人的要件

4. 修改要求

公司章程的变更属于股东会的法定职权，属于公司决议中的重大事项，须经股东会或者股东大会按照特别多数决表决通过。

	比例要求
有限责任公司	必须经代表 2/3 以上表决权的股东通过
股份有限公司	必须经（出席会议的股东）所持表决权的 2/3 以上通过

三、公司章程的内容

（一）概念

公司章程的内容是指公司章程所记载的事项。

（二）种类

1. 公司章程内容的具体种类

公司章程的具体内容可以因公司种类、公司经营范围、公司经营方式的不同而有所区别。总体而言，可以归纳为以下三类：

	绝对记载事项	相对记载事项	任意记载事项
概念	法律规定公司章程中必须记载的事项	法律列举规定了某些事项，但这些事项是否记入公司章程，全由章程制定者决定	法律并无明文规定，但公司章程制定者认为需要协商记入公司章程，以便使公司能更好运转且不违反强行法之规定和公序良俗之原则的事项
法律效力	(1) 公司必须一一记载，没有权利作出自由选择； (2) 如果缺少其中任何一项或者任何一项不合法，将导致整个章程无效	(1) 法律已有列举规定，但是否记载，公司有权作出自由选择； (2) 非经载明于公司章程，不发生法律效力	(1) 法律未有明文规定，是否记载，公司有完全的自由。 (2) 不得违反强行法之规定和公序良俗原则，否则无效。 例如：公司之存续期限，股东会之表决程序，变更公司之事由，董监高之报酬等

2. 公司章程的绝对记载事项

	有限责任公司章程	股份有限公司章程
立法态度	(1) 采取较为宽松的规则； (2) 有限公司具有人合性和封闭性	(1) 采取较为严格的规则； (2) 股份公司具有资合性和开放性
法定内容	（一）公司名称和住所； （二）公司经营范围； （三）公司注册资本； （四）股东的姓名或者名称； （五）股东的出资方式、出资额和出资时间； （六）公司的机构及其产生办法、职权、议事规则； （七）公司法定代表人； （八）股东会会议认为需要规定的其他事项。 股东应当在公司章程上签名、盖章	（一）公司名称和住所； （二）公司经营范围； （三）公司设立方式； （四）公司股份总数、每股金额和注册资本； （五）发起人的姓名或者名称、认购的股份数、出资方式和出资时间； （六）董事会的组成、职权和议事规则； （七）公司法定代表人； （八）监事会的组成、职权和议事规则； （九）公司利润分配办法； （十）公司的解散事由与清算办法； （十一）公司的通知和公告办法； （十二）股东大会会议认为需要规定的其他事项

【说明】股份公司章程法定内容中双色突出显示的部分：是股份公司章程区别于有限公司章程的相关事项

四、公司章程的效力

公司章程是公司设立的必备条件。公司章程对公司、股东、董事、监事、高级管理人员具有拘束力。换而言之，公司章程是公司内部自治性文件，仅仅在公司内部发生效力。

公司章程的效力	具体体现
对公司	公司自身的行为要受公司章程的约束，具体体现为： （1）公司应当依照公司章程规定的办法，产生权力机构、业务执行机构和经营意思决定机构、监督机构等公司组织机构，并按章程规定的权限范围行使职权； （2）公司应当使用章程上规定的名称、在公司章程规定的范围内从事经营活动； （3）公司依其章程对公司股东负有义务，股东的权利如果受到公司侵犯时，可对公司起诉
对股东	公司章程由公司股东制定，并对股东具有约束力。 （1）股东范围：不仅约束起草、制定公司章程的股东，而且对后来加入公司的股东也具有约束力。 （2）主要表现：股东依章程规定享有权利和承担义务。例如，股东有权出席股东会、行使表决权、查阅有关公开资料、获取股息红利等，同时负有缴纳所认缴出资的义务及公司章程上规定的其他义务
对董事、监事、高级管理人员	（1）公司的董事、监事、高级管理人员应当遵守公司章程，依照法律和公司章程的规定行使职权。 （2）董事、监事、高级管理人员之行为超出公司章程对其赋予的职权范围，应当就自己的行为对公司负责。即出于保护善意第三人的目的，该行为应当被认定为有效，但公司可以对其进行内部追偿

五、公司章程的自治范围：公司章程与公司法规范之间的关系

（一）公司章程对公司法规范的细化和补充

（1）所谓公司章程对公司法规范的细化，是指针对某个问题，公司法已经有了相关规定作为规范的依据，但是由于法律规定过于概括，允许公司章程对其细化以增加其可操作性。

（2）所谓公司章程对公司法规范的补充，是指针对某个问题，公司法也已经有了相关规定作为规范的依据，但是由于法律规定不够全面，允许公司章程对其补充以使之全面、不留规范空白。

公司章程对公司法规范的细化和补充

【三类公司】 有限责任公司 + 股份有限公司 + 国有独资公司	监事会中职代表的具体比例（细化）： （1）有限责任公司 + 股份有限公司：监事会应当包括股东代表和适当比例的公司职工代表，其中职工代表的比例不得低于1/3，具体比例由公司章程规定。 （2）国有独资公司：监事会成员不得少于5人，其中职工代表的比例不得低于1/3，具体比例由公司章程规定

续表

【两类公司】 有限责任公司 + 股份有限公司	(1) 公司的法定代表人的人选（细化）：公司法定代表人依照公司章程的规定，由董事长、执行董事或者经理（注意：没有监事）担任，并依法登记。 (2) 公司转投资及对外担保的程序规定（细化）： ①公司向其他企业投资或者为他人提供担保，依照公司章程的规定，由董事会或者股东会、股东大会决议； ②公司章程对投资或者担保的总额及单项投资或者担保的数额有限额规定的，不得超过规定的限额。 (3) 会计师事务所的聘用及解聘（细化）：公司聘用、解聘承办公司审计业务的会计师事务所，依照公司章程的规定，由股东会、股东大会或者董事会决定。 (4) 董事的任职期限（细化）：董事任期由公司章程规定，但每届任期不得超过三年。董事任期届满，连选可以连任。 股东会或者股东大会可以在董事任期届满前解除其职务。 (5) 公司的注册资本及出资程序（细化）：公司章程对公司注册资本及出资程序可以自行规定。 【例外】对于募集设立的股份有限公司和特殊类型的公司（银行、证券公司和保险公司）仍要求实缴注册资本，且仍保留注册资本最低限额，不可由公司章程自行规定。 (6) 股东会的职权（补充）：公司章程可以规定股东会的其他职权。 (7) 董事会的职权（补充）：公司章程可以规定董事会的其他职权。 (8) 监事会或监事的职权（补充）：公司章程可以规定监事会、不设监事会的公司监事的其他职权。 (9) 监事会的议事方式和表决程序（补充）：监事会的议事方式和表决程序，除《公司法》有规定的外，由公司章程规定
有限责任公司	(1) 股东会定期会议的召开（细化）：股东会会议分为定期会议和临时会议，定期会议应当依照公司章程的规定按时召开。 (2) 执行董事的职权（细化）：执行董事的职权由公司章程规定。 (3) 董事长、副董事长的产生办法（细化）：董事长、副董事长的产生办法由公司章程规定。 (4) 财务会计报告的报送期限（细化）：有限责任公司应当依照公司章程规定的期限将财务会计报告送交各股东。 (5) 股东会的议事方式和表决程序（补充）：股东会的议事方式和表决程序，除《公司法》有规定的外，由公司章程规定。 (6) 董事会的议事方式和表决程序（补充）：董事会的议事方式和表决程序，除《公司法》有规定的外，由公司章程规定

（二）公司章程对公司法默认规范的排除

(1) 所谓公司章程对公司法默认规范的排除，是指针对某个问题，公司法已经有相关的规定作为规范的依据，但是公司可以根据自身实际情况以公司章程的形式对其作出不同的规定，以排除公司法默认规范的适用。

（2）此处的默认规范，是指针对某个问题，当公司章程没有另外规定时，默认适用该规范来解决问题。

【有限责任公司】	（1）召开股东会会议的通知时间：召开股东会会议，应当于会议召开 15 日前通知全体股东；但是，公司章程另有规定或者全体股东另有约定的除外。 （2）股东会会议中表决权的行使规则：股东会会议由股东按照出资比例行使表决权；但是，公司章程另有规定的除外。 （3）股权转让：公司章程对股权转让另有规定的，从其规定。 （4）自然人股东资格的继承：自然人股东死亡后，其合法继承人可以继承股东资格；但是，公司章程另有规定的除外
【两类公司】 有限责任公司 + 股份有限公司	（1）公司经理职权：公司章程对经理职权另有规定的，从其规定。 （2）公司的利润分配方式：公司弥补亏损和提取公积金后所余税后利润的分配： ①有限责任公司股东按照实缴的出资比例分取红利；公司新增资本时，股东有权优先按照实缴的出资比例认缴出资。但是，全体股东约定不按照出资比例分取红利或者不按照出资比例优先认缴出资的除外； ②股份有限公司按照股东持有的股份比例分配，但股份有限公司章程规定不按持股比例分配的除外。 （3）分配利润的时间：分配利润的股东会或者股东大会决议作出后，公司应当在决议载明的时间内完成利润分配。决议没有载明时间的，以公司章程规定的为准。决议、章程中均未规定时间或者时间超过一年的，公司应当自决议作出之日起一年内完成利润分配。决议中载明的利润分配完成时间超过公司章程规定时间的，股东可以依据《公司法》第 22 条第 2 款规定请求人民法院撤销决议中关于该时间的规定

考点 3　发起人

命题分析

"公司发起人"的主要考点是发起人责任与公司责任的区分。无论公司设立成功还是失败，均有可能产生发起人责任；但是，只有在公司成立时才会存在发起人责任与公司责任的区分。根据以往命题规律，主观题不可能考查公司设立失败时的发起人责任，只会考查公司设立成功情形下发起人责任与公司责任的区分。

考点解析

一、发起人的概念

发起人是指为设立公司而签署公司章程、向公司认购出资或者股份并履行公司设立职责的人。《民法总则》使用"设立人"这一称谓。

股东	(1) 是指以向公司出资、持有公司股份、享有股东权利和承担股东义务的人。 (2) 股东是对公司法上的出资人的特别称谓
发起人	(1) 是指为设立公司而签署公司章程、向公司认购出资或者股份并履行公司设立职责、依法对公司设立承担责任的人。 (2) 公司成立后,发起人即成为股东

二、发起人责任与公司责任的区分

(一) 概述

1. 性质

公司设立是一个法律行为,公司成立是设立行为的后果。

2. 设立中公司

(1) 概念:从公司设立开始到公司最终成立这一阶段,称为"设立中公司"(筹备组)。

(2) 法律性质:"设立中公司"的性质为发起人之间的合伙,其权利、义务、责任可以适用合伙的有关规定,但仅在公司设立失败时相关责任承担参照合伙法律关系。

(3) 公司未成立的含义:《最高人民法院关于适用〈中华人民共和国公司法〉若干问题的规定(三)》第 4 条、第 5 条以及《民法总则》第 75 条中的"未成立"指的是因故"设立失败",并不包括尚在设立过程中但结果未定之情形(设立中公司)。

3. 发起人责任的产生

无论公司设立成功还是设立失败,均有可能产生发起人责任;但是,只有在公司成立时才会存在发起人责任与公司责任的区分。

(二) 发起人责任与公司责任

1. 《最高人民法院关于适用〈中华人民共和国公司法〉若干问题的规定(三)》确立的发起人责任与公司责任区分规则

情形	发起人责任	公司责任
发起人以自己的名义对外签订合同	【原则】由发起人承担责任	【例外】符合下列情形之一的由公司承担责任: (1) 公司最终成立,且对发起人所签订的合同予以确认; (2) 公司已经实际享有合同权利; (3) 公司已经实际履行合同义务

续表

情形	发起人责任	公司责任
发起人以设立中公司的名义对外签订合同	【例外】符合下列情形的由发起人承担责任：公司有证据证明发起人利用设立中公司的名义为了自己的利益与相对人订立合同的，则公司可以抗辩；但此种抗辩不能对抗善意相对人	【原则】公司成立后，由公司承担合同责任
发起人因履行公司设立职责而给第三人造成损害的	【例外】公司未成立的：由全体发起人对第三人承担连带赔偿责任	【原则】公司成立后，由公司承担对第三人的赔偿责任
	因部分发起人的过错给第三人造成损害的，公司或者无过错的发起人可以向有过错的发起人追偿	

总结1：合同责任
(1) 原则：根据合同相对性，以谁的名义签订，谁担责。
(2) 例外：谁实际享有合同利益，谁担责。
(3) 例外之例外：当以设立中公司的名义对外签订合同，即使公司不享有合同利益，但是相对人为善意时，也由公司担责。

总结2：侵权责任——对第三人
原则：区分公司是否成立而有所区别。
(1) 公司成立，公司担责。
(2) 公司未成立，全体发起人连带担责。
(3) 谁有过错，谁最终担责；无过错方（公司＋其他发起人）有权追偿。

2.《民法总则》确立的发起人责任与公司责任区分规则

《民法总则》第75条

设立人为设立法人从事的民事活动，其法律后果由法人承受；法人未成立的，其法律后果由设立人承受，设立人为2人以上的，享有连带债权，承担连带债务。

设立人为设立法人以自己的名义从事民事活动产生的民事责任，第三人有权选择请求法人或者设立人承担。法人承担责任并不局限于《最高人民法院关于适用〈中华人民共和国公司法〉若干问题的规定（三）》规定的三种情形。

> **总结**：在法人能够成立的情况下：①设立人为设立法人从事的民事活动，其法律后果原则上由法人承受。②若设立人以自己的名义从事民事活动，则第三人有权选择请求法人或者设立人承担相关民事责任。参见《合同法》第403条隐名代理的处理规则。③《民法总则》是新法优先适用，其对第三人保护力度加大，立法目的是保护外部的交易安全。

考点4　出资方式和出资程序

命题分析

有限责任公司的"出资方式"和"出资程序"是公司法中的重点知识点，2012年、2013年、2016年的主观题曾对此进行考查。"出资方式"重点考查非货币出资，以往考查过不动产出资、股权出资、净资产出资，预计将来可能考查债权出资和知识产权出资，尤其是在近几年"去杠杆"的宏观经济背景下，要重点掌握债权出资（债转股）。

考点解析

出资方式	
	股东出资的定义：是指股东（发起人或认股人）在公司设立或者增加资本时，根据协议的约定，以及法律或公司章程的规定，向公司交付财产或履行其他给付义务，从而取得公司的股份或者股权的法律行为方式
	出资方式：股东可以用货币出资，也可以用实物、知识产权、土地使用权等可以用货币估价并可以依法转让的非货币财产作价出资；但是，法律、行政法规规定不得作为出资的财产除外
	货币出资： （1）货币出资没有最低金额和货币出资比例的限制； （2）以违法犯罪所得的货币出资的：以贪污、受贿、侵占、挪用等违法犯罪所得的货币出资后取得股权的，对违法犯罪行为予以追究、处罚时，应当采取拍卖或者变卖的方式处置其股权

续表

出资方式	实物出资： (1) 实物种类：包括房屋、车辆、设备、原材料等。 (2) 实质：以实物的所有权换取公司的股权。所以，缴纳出资时应当依法办理相应财产权的转移手续。 (3) 以不享有处分权的财产出资的：当事人之间对于出资行为效力产生争议的，人民法院可以参照物权法第106条的规定予以认定：① ①原则：所有权人有权追回； ②例外：符合善意取得条件的，拟设立的公司（受让人）取得该不动产或者动产的所有权；此时，原所有权人有权向无处分权人请求赔偿损失。 【注意】占有脱离物（例如盗赃、遗失物、漂流物以及埋藏物等）不适用善意取得制度
	土地使用权出资： (1) 土地使用权出资的要求： ①仅限于以出让方式获得的国有土地使用权； ②用于出资的土地使用权没有设定权利负担。 (2) 土地使用权出资违约的处理： ①违约形式A：出资人以划拨土地使用权出资，公司、其他股东或者公司债权人主张认定出资人未履行出资义务的，人民法院应当责令当事人在指定的合理期间内办理土地变更手续；逾期未办理的，人民法院应当认定出资人未依法全面履行出资义务。 ②违约形式B：出资人以设定权利负担的土地使用权出资，公司、其他股东或者公司债权人主张认定出资人未履行出资义务的，人民法院应当责令当事人在指定的合理期间内解除权利负担；逾期未解除的，人民法院应当认定出资人未依法全面履行出资义务
	股权出资： (1) 定义：出资人以其享有的其他公司的股权作为出资财产设立公司。 (2) 本质：股权转让。 (3) 条件：【合法持有且可以转让＋无瑕疵或负担＋履行法定手续＋价值评估】 ①出资的股权由出资人合法持有并依法可以转让； ②出资的股权无权利瑕疵或者权利负担； ③出资人已履行关于股权转让的法定手续； ④出资的股权已依法进行了价值评估。 (4) 股权出资违约的处理：

---

① 《物权法》第106条规定："无处分权人将不动产或者动产转让给受让人的，所有权人有权追回；除法律另有规定外，符合下列情形的，受让人取得该不动产或者动产的所有权：（一）受让人受让该不动产或者动产时是善意的；（二）以合理的价格转让；（三）转让的不动产或者动产依照法律规定应当登记的已经登记，不需要登记的已经交付给受让人。

受让人依照前款规定取得不动产或者动产的所有权的，原所有权人有权向无处分权人请求赔偿损失。

当事人善意取得其他物权的，参照前两款规定。"

	①股权出资不符合上述列举的条件①②③的：公司、其他股东或者公司债权人请求认定出资人未履行出资义务的，人民法院应当责令该出资人在指定的合理期间内采取补正措施，以符合上述条件；逾期未补正的，人民法院应当认定其未依法全面履行出资义务。 ②股权出资不符合上述列举的条件④的：公司、其他股东或者公司债权人请求认定出资人未履行出资义务的，人民法院应当按照如下规定处理： • 人民法院应当委托具有合法资格的评估机构对该财产评估作价。 • 评估确定的价额显著低于公司章程所定价额的，人民法院应当认定出资人未依法全面履行出资义务
出资方式	债权出资： （1）定义：债权人可以将其依法享有的对在中国境内设立的公司的债权，转为公司股权。 （2）本质：债转股。 （3）条件： 转为公司股权的债权应当符合下列情形之一： ①债权人已经履行债权所对应的合同义务，且不违反法律、行政法规、国务院决定或者公司章程的禁止性规定； ②经人民法院生效裁判或者仲裁机构裁决确认； ③公司破产重整或者和解期间，列入经人民法院批准的重整计划或者裁定认可的和解协议。 债权转为公司股权的，公司应当增加注册资本
	不得作为出资的情形： 劳务、信用、自然人姓名、商誉、特许经营权或者设定担保的财产等。 （1）理解：只要"不可以用货币估价"或者"不可以依法转让"，就不得作为出资设立公司。 （2）区别：普通合伙人可以以劳务出资，而公司股东和有限合伙人则不可以劳务出资
	出资人以房屋、土地使用权或者需要办理权属登记的知识产权等财产出资： （1）"已交付未过户"：已经交付公司使用但未办理权属变更手续 ①公司、其他股东或者公司债权人主张认定出资人未履行出资义务的，人民法院应当责令当事人在指定的合理期间内办理权属变更手续； ②出资人在前述期间内办理了权属变更手续的，人民法院应当认定其已经履行了出资义务。 ③出资人自其实际交付财产给公司使用时享有相应的股东权利。 （2）"已过户未交付"：已经办理权属变更手续但未交付给公司使用 ①公司或者其他股东有权主张出资人向公司交付上述财产出资； ②出资人自实际交付之时始得享有相应的股东权利

续表

出资程序	【总体要求】股东应当按期足额缴纳公司章程中规定的各自所认缴的出资额
	股东以货币出资的：应当将货币出资足额存入有限责任公司在银行开设的账户
	股东以非货币财产出资的： (1) 应当评估作价，核实财产，不得高估或者低估作价；法律、行政法规对评估作价有规定的，从其规定； (2) 评估确定的价额显著低于公司章程所定价额的，应当认定出资人未依法全面履行出资义务； (3) 缴资时应当依法办理财产权的转移手续，并交付公司使用
	股东不依约缴纳出资的责任：股东不按公司章程规定缴纳所认缴的出资，除应当向公司足额缴纳外，还应当向已足额缴纳出资的股东承担违约责任
	股东非货币财产出资的违约责任： (1) 公司成立后，发现作为设立公司出资的非货币财产的实际价额显著低于公司章程所定价额的，应当由交付该出资的股东补足其差额； (2) 公司设立时的其他股东承担连带责任； (3) 出资人以符合法定条件的非货币财产出资后，因市场变化或者其他客观因素导致出资财产贬值，不得认定为未依法全面履行出资义务

考点5　公司的资本

命题分析

"公司的资本"是法考主观题的重量级知识点。从考查情况来看，此部分自2013年《公司法》修订以来，基本上每年都出现在案例分析大题之中。

从考查内容来看，公司的资本主要包括注册资本认缴制、公司资本原则、公司资产与公司资本以及公司增资、减资的相关规定。其中，我国公司资本制度由实缴制到认缴制的转变是热点，公司资本三原则与具体的资本制度之间的联系是难点，有限责任公司资本制度是重点，股份公司资本制度仅作对比理解。

因此，对本考点的学习建议是从抽象的公司资本原则出发结合真实案例来理解具体的公司资本制度，在原则与制度之间来回穿梭，加强对前者的理解，对后者的记忆。

考点解析

一、公司资本

公司资本，也称为股本，它在公司法上的含义是指由公司章程确定并载明的、全体股东的出资总额。对公司而言，公司资本是其赖以存在及正常运营的物质基础；对股东而言，公司资本是其出资及相关权益的重要体现。公司资本的具体形态有以下几种：

（一）注册资本

概念	即狭义上的公司资本，是指公司在设立时筹集的、由章程载明的、经公司登记机关登记注册的资本
种类	（1）有限责任公司的注册资本：在公司登记机关登记的全体股东认缴的出资额。 （2）股份有限公司的注册资本： ①发起设立：在公司登记机关登记的全体股东认购的股本总额； ②募集设立：在公司登记机关登记的实收资本总额

（二）认缴资本

概念	又称发行资本，是指公司实际上已向股东发行的股本总额
与注册资本的关系	认缴资本可能等于注册资本： （1）在实行法定资本制的国家，公司章程所确定的资本应一次全部认足，因此，认缴资本一般等于注册资本。 （2）但是，认足不等于缴足。股东在全部认足资本后，可以分期缴纳股款
	认缴资本可能小于注册资本： 在实行授权资本制的国家，一般不要求注册资本都能得到发行，所以认缴资本小于注册资本

（三）实缴资本

概念	又称实收资本，是指公司成立时公司实际收到并经依法登记的股东的出资总额，它是公司现实拥有的资本总额
与注册资本的关系	我国现行公司法的注册资本制度已经从实缴制改为认缴制，公司的注册资本等于公司成立时全体股东的认缴资本总额
	在认缴制下，由于股东认购股份以后，可能一次全部缴清，也可能在一定期限内分期缴纳，因此公司成立时的实缴资本可能等于或者小于注册资本

	续表
是否需要登记	有限责任公司和发起设立的股份有限公司： （1）其全体股东的认缴资本（即注册资本）需要在公司登记机关进行工商登记； （2）其全体股东的实缴资本不需要在公司登记机关进行工商登记
	募集设立的股份有限公司： （1）其实缴资本就是其注册资本，实行严格的法定资本制，不允许认缴出资； （2）其实缴资本（即注册资本）需要在公司登记机关进行工商登记

（四）认购资本

认购资本是指出资人同意缴付的出资总额。

二、公司资本三原则

公司资本原则，是指由公司法确立的，在公司设立、营运以及管理的整个过程中为确保公司资本的真实、安全而必须遵循的法律原则。传统公司法所确认的三项资本原则最为重要，即资本确定原则、资本维持原则以及资本不变原则。

（一）资本确定原则（对发起人出资信用的要求）

概念	公司设立时应在章程中载明公司资本总额，并由发起人认足或者募足，否则公司不能成立
目的	为了有效保证公司资本真实性，防止公司设立中的欺诈行为，有效维护交易安全和债权人利益
现状	现在很少有国家严守此项原则 我国近些年同样不再严守此项原则： 我国现行公司法已经取消注册资本实缴制及针对一般公司的法定验资程序
体现	《公司法》第25条： 有限责任公司章程应当载明下列事项……（三）公司注册资本…… 《公司法》第81条： 股份有限公司章程应当载明下列事项……（四）公司股份总数、每股金额和注册资本……

（二）资本维持原则（对经营者资本保值的要求）

概念	又称资本充实原则，是指公司在其存续过程中，应当经常保持与其资本额相当的财产
目的	防止公司资产与公司资本严重脱节，保证公司资产具有实际债权担保的可靠价值，维护交易相对人的利益
	确保公司自身业务活动的正常开展
现状	我国公司法依然贯彻了该原则的要义，规定了若干强制性规范以确保公司拥有充足的财产
体现	防止公司资本实质性减少： ①《公司法》第 35 条、第 91 条、第 200 条：发起人或者股东不得退股，不得抽回出资或者股本； ②《公司法》第 127 条：股票发行价格不得低于股票面值； ③《公司法》第 166 条第 1～3 款：公司应按照规定提取和使用法定公积金； ④《公司法》第 74 条、第 142 条第 1～3 款：公司原则上不得回购本公司股份； ⑤《公司法》第 142 条第 4 款：公司不得接受本公司的股票作为抵押权标的 防止公司滥分盈利： 《公司法》第 166 条第 4 款，亏损或者无利润不得分配股利

了解内容：2018 年 10 月 26 日第十三届全国人民代表大会常务委员会第六次会议决定对《中华人民共和国公司法》作如下修改：

将第 142 条修改为："公司不得收购本公司股份。但是，有下列情形之一的除外：

（一）减少公司注册资本；

（二）与持有本公司股份的其他公司合并；

（三）将股份用于员工持股计划或者股权激励；

（四）股东因对股东大会作出的公司合并、分立决议持异议，要求公司收购其股份；

（五）将股份用于转换上市公司发行的可转换为股票的公司债券；

（六）上市公司为维护公司价值及股东权益所必需。

公司因前款第（一）项、第（二）项规定的情形收购本公司股份的，应当经股东大会决议；公司因前款第（三）项、第（五）项、第（六）项规定的情形收购本公司股份的，可以依照公司章程的规定或者股东大会的授权，经三分之二以上董事出席的董事会会议决议。

公司依照本条第一款规定收购本公司股份后，属于第（一）项情形的，应当自收购之日起十日内注销；属于第（二）项、第（四）项情形的，应当在六个月内转让或者注销；属于第（三）项、第（五）项、第（六）

> 项情形的，公司合计持有的本公司股份数不得超过本公司已发行股份总额的百分之十，并应当在三年内转让或者注销。
>
> 上市公司收购本公司股份的，应当依照《中华人民共和国证券法》的规定履行信息披露义务。上市公司因本条第一款第（三）项、第（五）项、第（六）项规定的情形收购本公司股份的，应当通过公开的集中交易方式进行。
>
> 公司不得接受本公司的股票作为质押权的标的。"

（三）资本不变原则（对公司资本稳定的要求）

概念	公司资本总额一旦确定，非经法定程序，不得任意变动
目的	资本不变原则是资本维持原则的必然要求，是为了尽可能维系公司资本的稳定性
现状	我国公司法主要对公司资本的减少作出了严格的限制
体现	《公司法》第 177 条第 1 款：须编制资产负债表和财产清单
	《公司法》第 43 条第 2 款、第 103 条第 2 款：须经股东（大）会作出决议
	《公司法》第 177 条第 2 款：须于减资决议后的法定期间内向债权人发出通知并且公告
	《公司法》第 177 条第 2 款：债权人有权在法定期间内要求公司清偿债务或者提供相应的担保
	《公司法》第 179 条第 2 款：须向公司登记机关办理变更登记

三、我国现行公司资本制度

为了降低公司设立的门槛，减少对公司治理的外在干预，增加公司内部治理的自治性，我国 2013 年的《公司法》修订将我国公司资本制度由实缴制修改为认缴制。

（一）认缴资本制 VS 实缴资本制

	认缴资本制	实缴资本制
概念	公司的注册资本为在公司登记机关登记的全体股东认缴的出资额或认购的股份： (1) 有限责任公司的注册资本为在公司登记机关登记的全体股东认缴的出资额； (2) 发起设立的股份有限公司的注册资本为在公司登记机关登记的全体股东认购的股本总额	(1) 法律、行政法规以及国务院决定对有限责任公司注册资本实缴、注册资本最低限额另有规定的，从其规定； (2) 此处"另有规定"主要指的是募集设立的股份有限公司、证券公司、保险公司以及银行等； (3) 募集设立的股份有限公司的注册资本为在公司登记机关登记的实收资本总额

续表

	认缴资本制	实缴资本制
要求	"四无要求"： （1）无法定验资的要求； （2）无法定最低注册资本的要求； （3）无法定出资期限的要求； （4）无法定货币出资比例要求（例如：1元钱也可以设立有限责任公司）。 【注意】以上内容均由股东通过公司章程予以自治，法律不作强制性规定	"三要"： （1）要实缴到位：要求公司设立时，全部注册资本必须实缴到位； （2）要法定验资：股东的出资必须要经过法定的验资程序； （3）要有最低注册资本的限制：银行、保险、证券等特殊类型的公司仍有最低注册资本的要求
说明	（1）注册资本均须在公司登记机关进行工商登记； （2）注册资本的生效及变动（增资、减资）以工商登记为准	

（二）对"股东实际出资尚未缴纳完毕"的性质认定

（1）在"实缴制"下，公司成立时，全部注册资本必须实缴到位。也就是说，如果股东的实际出资未缴纳完毕，则可以认定该股东未完全履行出资义务，相应地，股东所享有的股权是存在权利瑕疵的股权；若股东以此股权对外出资，则其股权出资存在权利瑕疵。

（2）在"认缴制"下，公司注册资本为在公司登记机关登记的全部股东认缴的出资额，股东可以通过公司章程自主约定认缴的出资额、出资方式以及实际出资缴纳期限。也就是说，只要全体股东认缴了公司的全部注册资本并且约定了实际出资的缴纳期限，公司即可成立。有限责任公司股东在未实际履行出资义务的情形下向受让人转让其股权后，公司债权人或者公司是否有权要求原股东在其未实际履行出资义务的范围内继续承担补充责任呢？原股东是否承担责任，事实上要考虑股东转让股权时出资期限是否已届满，若出资期限内转让，则不存在权利瑕疵，原股东无须承担补充出资责任；若出资期限已届满而又未缴纳的情形下转让时，则存在权利瑕疵，原股东应当在未实际履行出资义务的范围内承担责任[最高人民法院2016最高民再301号民事判决书——绿能高科集团有限公司（原河南绿能控股集团有限公司）、孙思科企业借贷纠纷案]。

（三）认缴出资、实缴出资与认购股份的法律效果

	法律效果
认缴出资 （有限公司）	出资人将负出资义务，即按期足额缴纳公司章程所规定的其所认缴的出资额，未履行或者未全面履行出资义务的股东在一定条件下须对公司的债务承担补充清偿的责任
	出资人认足章程规定的出资后，才能向公司登记机关申请公司登记
	公司成立后，应当向出资人签发出资证明书，设置股东名册，出资人正式成为股东，可以依据股东名册行使股东权利；但是，部分股东权利只能按照实缴出资比例行使，例如利润分配请求权、新股优先购买权、剩余财产分配请求权
	公司解散之时，公司因股东未缴纳出资而享有的对股东之债权应当列为清算财产

续表

	法律效果
认购股份 （发起设立的 股份公司）	发起人应按照章程规定缴纳出资，未履行或者未全面履行出资义务的股东在一定条件下须对公司的债务承担补充清偿的责任
	发起人认足章程规定的出资后，应当选举董事会和监事会，由董事会申请设立登记
	公司成立后，应当设置股东名册等，发起人正式成为股东
	发起人缴足认购之股份前，不得向他人募集股份
	公司解散时，股东尚未缴纳的出资应当列入清算财产
实缴出资 （募集设立的 股份公司、特殊 类型的公司）	原属股东的货币转归公司所有，原属股东的非货币财产的财产权转至公司
	股东获得股份之后，可依据其持股比例获得股息收益，也可以通过转让股份将其变现

扩展说明：股东出资应否加速到期

在注册资本认缴制下，股东依法享有期限利益。债权人以公司不能清偿到期债务为由，请求未届出资期限的股东在未出资范围内对公司不能清偿的债务承担补充赔偿责任的，人民法院不予支持。但是，下列情形除外：①公司作为被执行人的案件，人民法院穷尽执行措施无财产可供执行，已具备破产原因，但不申请破产的；②在公司债务产生后，公司股东（大）会决议或以其他方式延长股东出资期限的。

四、公司的资本与公司资产

（一）公司资本

1. 公司资本

公司资本，也称为股本，是指由公司章程确定并载明的、全体股东的出资总额。

2. 公司资本三原则的产生

根据传统的公司法理论，公司的信用主要取决于公司成立时的注册资本。所以，为了保护善意第三人的利益和交易安全，增强公司的信用，形成了公司资本三原则。

3. 公司资本三原则面临的挑战

（1）产生原因：商业的发展和信用制度的变化，导致公司的信用并不主要取决于公司成立时的注册资本，而是取决于公司现有的资产状况以及市场信用。

（2）具体表现：相关的变革已经发生或将要发生，例如法定最低注册资本的取消，授权资本制的产生和运用。

（3）严格的公司资本三原则的弊端：①限制了民商事主体进入市场的资格和机会，设置过于苛刻的市场准入门槛而阻碍了人们的投资积极性，进而不利于社会经济的发展；②增加了公司运营中的资金成本，导致资本闲置，进而加大了公司经营的总体成本；③增资程序复杂，限制了公司的增资渠道；④误导人们对公司信誉、履约能力、资信等方面的判断，使之以为注册资本数额大的公司就是信誉好的公司，进而使人们忽视了对公司资产的客观考量和判断，并且使得虚假出资、抽逃出资的行为发生。

（二）公司资产

（1）公司资产，又称公司实有财产，是指公司实际拥有的全部法人财产，包括有形财产与无形财产。

（2）资产来源：资产＝负债＋所有者权益。这就意味着公司资产主要包括股东或发起人的出资、向债权人借款或负债形成的财产以及公司经营过程中增加的财产（包括资产收益和经营收益）。由此可知，*公司资本只是公司资产的一部分，公司资本小于公司资产*。

（3）公司以其实际拥有的全部资产（而非公司注册资本）对其债务负责，所以公司资产才是公司对外承担财产责任的实际担保。因此，*公司的信用是以公司资产为基础*，而非以公司资本为基础。这也是资产信用取代资本信用的理论背景。

如公司成立时的注册资本为 100 万元，现有资产为 300 万元，则公司需以 300 万元的全部资产对债权人承担债务清偿责任；反之，如公司的注册资本为 300 万元，现有资产仅 100 万元，公司也只能以此 100 万元对债权人承担债务清偿责任。由此可知，公司的信用特别是公司的偿债能力其实与公司成立时的注册资本关系甚微，因为公司是以其全部资产而非注册资本对外承担债务清偿责任。

五、增加资本与减少资本

（一）公司的增资

概念	公司的增资，是指公司为了增强实力、扩大经营以及调整股东结构等，依照法定的条件和程序增加公司的资本总额
法定程序	由董事会制定增资方案
	由股东（大）会作出增资决议，并对公司章程进行相应的修改： （1）有限责任公司：必须经代表 2/3 以上表决权的股东通过； （2）股份有限公司：必须经出席会议的股东所持表决权的 2/3 以上通过
	依法办理增资登记手续，由公司登记机关换发营业执照： 办理登记后才发生注册资本增加的效力

续表

股东出资	公司新增资本时，股东有权优先按照实缴的出资比例认缴出资。但是，全体股东约定不按照出资比例优先认缴出资的除外； 有限责任公司增加注册资本时，股东认缴新增资本的出资，依照本法设立有限责任公司缴纳出资的有关规定执行； 具体内容参见"有限责任公司的设立条件（出资方式、出资程序）" 股份有限公司为增加注册资本发行新股时，股东认购新股，依照本法设立股份有限公司缴纳股款的有关规定执行
股东的责任	公司增加注册资本时，瑕疵出资股东的责任参见"瑕疵出资的法律责任"

（二）公司的减资

概念	公司的减资，又称为减资，是指公司基于某种情况或者需要，依照法定条件和程序，减少公司的资本总额
法定程序	由董事会制定减资方案
	由股东（大）会作出减资决议，并对公司章程进行相应的修改： （1）有限责任公司：必须经代表 2/3 以上表决权的股东通过； （2）股份有限公司：必须经出席会议的股东所持表决权的 2/3 以上通过
	必须编制资产负债表及财产清单
	通知债权人和对外进行公告：公司应当自作出减少注册资本决议之日起 10 日内通知债权人，并于 30 日内在报纸上公告
	债权人要求清偿或者担保：债权人自接到通知书之日起 30 日内，未接到通知书的自公告之日起 45 日内，有权要求公司清偿债务或者提供相应的担保
	依法办理减资登记手续，由公司登记机关换发营业执照：办理登记后才发生注册资本减少的效力

考点6　抽逃出资的认定

命题分析

"抽逃出资的认定"曾在 2010 年、2013 年、2016 年的主观题中进行考查。因此，将其作为一个重点知识点对待并不为过，考生切不可小觑。

该知识点主要包括抽逃出资的认定、抽逃出资的责任等内容，常常与股东瑕疵出资责任结合考查，考生需全面掌握。

考点解析

一、抽逃出资概述

（一）抽逃出资的概念

（1）概念：抽逃出资是指公司成立之后，股东非经法定程序，从公司抽回相当于已缴纳出资数额的财产,同时继续持有公司股份。

（2）进一步解读：

①发生时间：在公司成立以后。

②本质：未经法定程序将出资抽回的欺诈性违法行为。

（二）抽逃出资的认定

公司成立后,相关股东具有下列行为之一且损害公司权益的（实质标准），可以认定该股东的行为构成抽逃出资：

（1）制作虚假财务会计报表虚增利润进行分配。

（2）通过虚构债权债务关系将其出资转出。

（3）利用关联交易将出资转出。

（4）其他未经法定程序将出资抽回的行为。

> **注意：**
> （1）认定股东抽逃出资的请求主体：公司、股东或者公司债权人。
> （2）关联关系：是指公司控股股东、实际控制人、董事、监事、高级管理人员与其直接或者间接控制的企业之间的关系,以及可能导致公司利益转移的其他关系。但是,国家控股的企业之间不能因为同受国家控股而具有关联关系。
> （3）就抽逃出资的认定而言,2014年修正的《最高人民法院关于适用〈中华人民共和国公司法〉若干问题的规定（三）》取消了"将出资款项转入公司账户验资后又转出"这一情形。
> （4）如第三人代垫资金协助发起人设立公司,代垫出资人无须和抽逃出资的股东承担连带责任。【2011年《最高人民法院关于适用〈中华人民共和国公司法〉若干问题的规定（三）》第15条规定"代垫出资人与抽逃出资的股东承担连带责任"的规定已经取消】

（三）抽逃出资与相关概念的区别

1. 抽逃出资与瑕疵出资

两者关系	严格意义上讲,抽逃出资不属于瑕疵出资
抽逃出资	强调在公司成立之后股东未经法定程序将出资抽回
瑕疵出资	强调股东的出资行为本身不符合法律或者公司章程的规定,具有一定的瑕疵,例如出资违约、出资不实等

2. 抽逃出资与股东借款

	抽逃出资	股东借款
定义	公司成立之后，股东非经法定程序，从公司抽回相当于已缴纳出资数额的财产，同时继续持有公司股份	股东向公司借款的行为，股东为债务人，公司为债权人
股东与公司之间是否存在真实的债权债务关系	不存在	存在
是否损害公司及利益相关者权益	造成公司财产相应减少，从而损害公司及利益相关者的权益	公司因此对股东享有相关的相应的借款债权，公司财产总额并未减少，并未损害公司及利益相关者的权益
公司财务会计记载及报表处理	公司财务会计账簿及报表等不作欠款账务处理	公司财务会计账簿及报表等将股东借款作为应收账款处理
法律后果和责任承担	抽逃出资的股东以及协助抽逃出资的相关主体应当对公司、其他股东乃至公司债权人承担相应的民事责任，情节严重时还需承担刑事责任	仅需对公司承担相应的民事责任，如借款中存在违反有关金融管理、财务管理的规定，应承担相应的行政责任

二、抽逃出资的法律责任

（一）抽逃出资的法律责任

对公司或其他股东	（1）抽逃出资股东的责任： ①公司或者其他股东可以请求其向公司返还出资本息； ②【注意】抽逃出资的股东无须对其他发起人承担出资违约责任。 （2）协助抽逃出资的相关主体的责任： 公司或者其他股东可以请求协助抽逃出资的其他股东、董事、高级管理人员或者实际控制人对此承担连带责任

对公司债权人	（1）抽逃出资股东的责任： ①公司债权人可以请求抽逃出资的股东在抽逃出资本息范围内对公司债务不能清偿的部分承担补充赔偿责任； ②抽逃出资的股东已经承担上述责任，其他债权人无权提出相同请求。 （2）协助抽逃出资的相关主体的责任： 公司债权人可以请求协助抽逃出资的其他股东、董事、高级管理人员或者实际控制人对此承担连带责任

【注意】抽逃出资的股东不得以诉讼时效为由抗辩其对公司、其他股东以及公司债权人的相应责任

（二）抽逃出资的其他不利影响

1. 因股东违反出资义务而限制其自益权

股东未履行或者未全面履行出资义务或者抽逃出资，公司有权根据公司章程或者股东会决议对其利润分配请求权、新股优先认购权、剩余财产分配请求权等股东权利作出相应的合理限制。

（1）法定情形：①股东未履行出资义务；②股东未全面履行出资义务；③股东抽逃出资。

（2）限制依据：①公司章程；②股东会决议。

（3）限制内容：股东的利润分配请求权、新股优先认购权、剩余财产分配请求权等股东权利（主要是自益权）。

> 注意：①此处是"限制"，而非"剥夺"；②限制应当合理，与股东违反出资义务的程度相适应。

2. 因股东严重违反出资义务而解除其股东资格

有限责任公司的股东未履行出资义务或者抽逃全部出资，经公司催告缴纳或者返还，其在合理期间内仍未缴纳或者返还出资，公司有权以股东会决议解除该股东的股东资格。

（1）法定情形：①仅限于有限责任公司的股东；②仅限于股东未履行出资义务和抽逃全部出资。

（2）前置程序：须经公司催告缴纳或者返还，其在合理期间内仍未缴纳或者返还出资。

（3）解除形式：以股东会决议的形式解除其股东资格。

（4）解除后果：①公司决议解除其股东资格的，人民法院在判决时应当

释明，公司应当及时办理法定减资程序或者由其他股东或者第三人缴纳相应的出资；②在办理法定减资程序或者其他股东或者第三人缴纳相应的出资之前，公司债权人有权请求其他股东提供或提前清偿。

考点7 瑕疵出资的法律责任

命题分析

"瑕疵出资的法律责任"曾在2010年、2015年的主观题中进行考查。

不同类型的股东瑕疵出资行为，其引起的法律责任自然不同。严格地说，我国《公司法》中瑕疵出资的行为主要包括出资违约、出资不实以及增资时的出资瑕疵三种情形，而抽逃出资不属于瑕疵出资的行为范畴。本部分分别阐述出资违约、出资不实以及增资时的出资瑕疵三种瑕疵出资行为的法律责任，重点掌握有限责任公司的相关法律责任，股份公司相关制度仅供参考。

考点解析

一、瑕疵出资的类型

（一）出资违约

1. 出资违约的概述

定义	发起人或者股东未履行或者未全面履行出资义务，即股东未按期足额缴纳公司章程中规定的各自所认缴的出资额
类型	货币出资违约：未按期将货币出资足额存入有限责任公司在银行开设的账户
	非货币出资违约：未依法办理其财产权的转移手续： （1）动产出资违约：未完成交付； （2）不动产出资违约：未办理过户登记

2. 出资违约的法律责任

对其他股东	股东出资违约，可以认定股东未履行或者未全面履行出资义务： （1）其他股东有权请求该瑕疵出资的股东向公司依法全面履行出资义务； （2）该瑕疵出资的股东应当向已按期足额出资的股东承担违约责任

续表

对公司	股东出资违约，可以认定股东在公司设立时未履行或者未全面履行出资义务： （1）公司有权请求该瑕疵出资的股东向公司依法全面履行出资义务； （2）该瑕疵出资的股东应当向公司足额缴纳出资； （3）公司的发起人对此应当与该瑕疵出资的股东承担连带责任； 【注意】此处承担连带责任的仅限于公司发起人，不包括公司成立后新加入的股东。 （4）公司的发起人承担责任后，可以向该瑕疵出资的股东追偿
对债权人	股东出资违约，可以认定股东未履行或者未全面履行出资义务的： （1）公司债权人有权请求该瑕疵出资的股东在未出资本息范围内对公司债务不能清偿的部分承担补充赔偿责任； （2）该瑕疵出资的股东已经承担上述责任，其他债权人不得提出相同请求； （3）公司的发起人对此与该瑕疵出资股东对债权人承担连带责任； 【注意】此处承担连带责任的仅限于公司发起人，不包括公司成立后新加入的股东。 （4）公司的发起人承担责任后，可以向该瑕疵出资的股东追偿

（二）出资不实

1. 出资不实的概述

定义	作为设立公司出资的非货币财产的实际价额显著低于公司章程所定价额
认定	出资人以非货币财产出资，未依法评估作价，公司、其他股东或者公司债权人请求认定出资人未履行出资义务的： （1）人民法院应当委托具有合法资格的评估机构对该财产评估作价。 （2）评估确定的价额显著低于公司章程所定价额的，人民法院应当认定出资人未依法全面履行出资义务
例外	非货币出资：因客观因素导致贬值不构成出资不实。 （1）出资人以符合法定条件的非货币财产出资后，因市场变化或者其他客观因素导致出资财产贬值，公司、其他股东或者公司债权人无权请求该出资人承担补足出资责任的； （2）但是，当事人另有约定的除外。即此种情形，如当事人另有约定，公司、其他股东或者公司债权人有权请求该出资人承担补足出资责任

2. 出资不实的法律责任

对其他股东	股东出资不实的，可以认定该股东未依法全面履行出资义务： （1）其他股东有权请求该出资不实的股东向公司依法全面履行出资义务； （2）该出资不实的股东无须对其他股东承担违约责任

33

	续表
对公司	股东出资不实的，可以认定该股东未依法全面履行出资义务： （1）公司有权请求该出资不实的股东向公司依法全面履行出资义务； （2）应当由交付该出资的股东向公司补足其差额； （3）公司设立时的其他股东对此承担连带责任； 【注意】此处承担连带责任的仅限于公司设立时的其他股东，不包括公司成立后新加入的股东。 （4）公司设立时的其他股东承担责任后，可以向交付该出资的股东追偿
对债权人	股东出资不实的，可以认定该股东未依法全面履行出资义务： （1）公司债权人有权请求该出资不实的股东在未出资本息范围内对公司债务不能清偿的部分承担补充赔偿责任。 （2）该出资不实的股东已经承担上述责任，其他债权人不得提出相同请求。 （3）公司的发起人对此与该出资不实的股东对债权人承担连带责任。 【注意】此处承担连带责任的仅限于公司发起人，不包括公司成立后新加入的股东。 （4）公司的发起人承担责任后，可以向该出资不实的股东追偿。 （5）中介机构对债权人的责任：承担资产评估、验资或者验证的机构因其出具的评估结果、验资或者验证证明不实，给公司债权人造成损失的，除能够证明自己没有过错的外，在其评估或者证明不实的金额范围内承担赔偿责任

（三）增资时的出资瑕疵

1. 概念

增资时的出资瑕疵，是指股东未按照增资协议履行其出资义务。具体而言，即在公司成立后，股东在增资时未履行或者未全面履行出资义务。

2. 法律责任

对其他股东	股东增资瑕疵的，可以认定股东在增资时未履行或者未全面履行出资义务： （1）其他股东有权请求该增资瑕疵的股东向公司依法全面履行出资义务； （2）该增资瑕疵的股东无须对其他股东承担违约责任
对公司	股东增资瑕疵的，可以认定股东在增资时未履行或者未全面履行出资义务： （1）公司有权请求该增资瑕疵的股东向公司依法全面履行出资义务； （2）该增资瑕疵股东应当向公司补足其出资； （3）未尽忠实义务和勤勉义务而使出资未缴足的董事、高级管理人员应当向公司承担相应的责任； （4）董事、高级管理人员承担责任后，可以向该增资瑕疵股东追偿

对债权人	股东增资瑕疵的，可以认定股东在增资时未履行或者未全面履行出资义务： （1）该增资瑕疵股东应当在未出资本息范围内对公司债务不能清偿的部分向公司债权人承担补充赔偿责任； （2）该增资瑕疵的股东已经承担上述责任，其他债权人不得提出相同请求； （3）未尽忠实义务和勤勉义务而使出资未缴足的董事、高级管理人员应当向公司债权人承担相应的责任； （4）董事、高级管理人员承担责任后，可以向该增资瑕疵股东追偿

【注意】当公司增资时，某一股东瑕疵增资，其他股东无须对公司、债权人承担连带责任

例如，某公司成立一年后，决定增加注册资本100万元，并约定增资的股东必须在1年内缴足出资。甲认购新增资本30万元，但1年内仅实缴10万元。乙作为董事长在此期间未采取任何措施。①对此，我们可以认定甲属于增资瑕疵股东，公司可以要求其补足20万元的剩余出资；②公司有权请求未尽到勤勉义务而使出资未缴足的乙承担相应的责任，乙承担责任后有权向甲追偿；③公司债权人有权请求甲在未出资本息范围内对公司债务不能清偿的部分承担补充赔偿责任，如甲已经承担上述责任，其他债权人无权提出相同的请求；④公司债权人有权请求未尽到勤勉义务而使出资未缴足的乙承担相应的责任，乙承担责任后有权向甲追偿；⑤公司的其他股东无须与甲一起对公司、债权人承担连带责任。

> **扩展说明**：名义股东与实际股东关于出资瑕疵的责任
> （1）名义股东担责：公司债权人有权以登记于公司登记机关的股东未履行出资义务为由，请求其对公司债务不能清偿的部分在未出资本息范围内承担补充赔偿责任，股东不得以其仅为名义股东而非实际出资人为由进行抗辩。
> （2）名义股东可追偿：名义股东依法承担赔偿责任后，有权向实际出资人追偿。

二、对瑕疵出资的处理

（一）因股东违反出资义务而限制其自益权

股东未履行或者未全面履行出资义务或者抽逃出资，公司有权根据公司章程或者股东会决议对其利润分配请求权、新股优先认购权、剩余财产分配请求权等股东权利作出相应的合理限制。

（1）法定情形：①股东未履行出资义务；②股东未全面履行出资义务；③股东抽逃出资。

（2）限制依据：①公司章程；②股东会决议。

（3）限制内容：股东的利润分配请求权、新股优先认购权、剩余财产分配请求权等股东权利（主要是自益权）。

> **注意**：①此处是"限制"，而非"剥夺"；②限制应当合理，与股东违反出资义务的程度相适应。

（二）因股东严重违反出资义务而剥夺其股东资格

有限责任公司的股东未履行出资义务或者抽逃全部出资，经公司催告缴纳或者返还，其在合理期间内仍未缴纳或者返还出资，公司有权以股东会决议解除该股东的股东资格。

（1）法定情形：①仅限于有限责任公司的股东；②仅限于股东未履行出资义务和抽逃全部出资。

（2）前置程序：须经公司催告缴纳或者返还，其在合理期间内仍未缴纳或者返还出资。

（3）解除形式：以股东会决议的形式解除其股东资格。

（4）解除后果：

①公司决议解除其股东资格的，人民法院在判决时应当释明，公司应当及时办理法定减资程序或者由其他股东或者第三人缴纳相应的出资；

②在办理法定减资程序或者其他股东或者第三人缴纳相应的出资之前，公司债权人有权请求相关当事人承担相应责任。

（三）关于瑕疵股权的转让

定义	有限责任公司的股东未履行或者未全面履行出资义务即转让股权
责任分担	（1）对公司的救济：公司有权请求该股东（转让人）、知情的受让人（对此知道或者应当知道）对此承担连带责任
	（2）对公司债权人的救济： ①公司债权人有权请求该股东（转让人）在未出资本息范围内对公司债务不能清偿的部分承担补充赔偿责任； ②该股东（转让人）已经承担上述责任，其他债权人不得提出相同请求； ③公司债权人有权请求知情受让人（对此知道或者应当知道）对此承担连带责任
	（3）对受让人的救济： ①原则上：受让人根据上述规定承担责任后，有权向该未履行或者未全面履行出资义务的股东追偿； ②例外：瑕疵股权的转让人与受让人对此另有约定的除外
	【总结】公司、债权人要求受让人承担连带责任的前提是该受让人知情——对有限责任公司的股东转让瑕疵股权知道或者应当知道

（四）不能适用诉讼时效进行抗辩

（1）公司股东未履行或者未全面履行出资义务或者抽逃出资，公司或者其他股东请求其向公司全面履行出资义务或者返还出资，被告股东不得以诉讼时效为由进行抗辩。

（2）公司债权人的债权未过诉讼时效期间，其可以请求未履行或者未全面履行出资义务或者抽逃出资的股东承担赔偿责任，被告股东不得以出资义务或者返还出资义务超过诉讼时效期间为由进行抗辩。

总结：股东的出资义务与返还出资义务<u>不受诉讼时效期间的限制</u>。

小结：（虽未涉及抽逃出资，但为方便考生理解记忆，此处仍一并汇总说明）

瑕疵类型 法律责任	对发起人	对公司	对债权人（限于公司债务 不能清偿的部分）
出资违约	违约责任	（1）该股东：补足； （2）发起人：连带+追偿	（1）该股东：补充赔偿（未出资本息范围内+一次责任）； （2）发起人：连带+追偿
出资不实	无违约责任	（1）该股东：补足； （2）发起人：连带+追偿	（1）该股东：补充赔偿（未出资本息范围内+一次责任）； （2）发起人：连带+追偿； （3）中介机构：过错推定责任
抽逃出资	无违约责任	（1）该股东：返还； （2）协助抽逃出资者：连带	（1）该股东：补充赔偿（抽逃出资本息范围内+一次责任）； （2）协助抽逃出资者：连带
增资时的出资瑕疵	无违约责任	（1）该股东：补足； （2）过错董高：相应责任+追偿	（1）该股东：补充赔偿（未出资本息范围内）； （2）过错董高：相应责任+追偿

本表使用说明：
判断瑕疵出资责任的步骤：
（1）判断哪种瑕疵出资类型（出资违约+出资不实+抽逃出资+增资瑕疵）；
（2）判断瑕疵出资的责任主体（瑕疵出资股东+相关责任主体）；
（3）判断请求承担责任的权利主体（对谁承担责任）。
根据上述表格一一对应即可。

考点 8　股东的资格

命题分析

"股东的资格"是历年考试中的重量级知识点，近十年在主观题中考了 5 次（2010 年、2014 年、2016 年、2018 年、2019 年），主要考查"股东资格的取得与确认"，包括股东资格的原始取得和继受取得，命题人喜欢结合公司法的默认性规范以及投资关系与其他相近法律关系的区别进行考查。2014 年和 2016 年真题中的股东资格认定结果恰恰相反，让考生大跌眼镜，反映了该考点具有较强的理论性，应重点掌握。

鉴于历年真题关于"股东资格的取得与确认"的考查情况仅仅局限在有限责任公司范围之内，因此本部分只重点解读有限责任公司股东资格的取得与确认。

考点解析

一、股东资格的取得与确认

（一）股东资格概述

1. 股东的概念

股东，是指以向公司出资、持有公司股份、享有股东权利和承担股东义务的人。股东是对公司法上的出资人的特别称谓。

2. 股东的资格限制

（1）无组织形式的限制：股东可以是自然人、法人、非法人组织，还可以是国家。国家作为股东时需要明确代表国家行使股东权的具体组织，如国有资产监督管理机构。

（2）无行为能力的要求：理论上可以是限制行为能力人或者无行为能力人，此时，由其法定代理人代理其行使股东权利。

> **注意**：无民事行为能力人或者限制民事行为能力人不得担任公司董事、监事以及高级管理人员。

（3）无国籍的限制：股东可以是本国人，也可以是外国人。

(4) 无住所地的限制：股东一般无住所地的限制；但是，设立股份有限公司，须有半数以上的发起人在中国境内有住所。

3. 股东资格的法定证明文件

(1) 股东身份或者股东资格的法定证明文件是公司的股东名册。

(2) 公司登记机关置备的相关文件并非股东资格的法定证明文件，更非唯一文件；但是，如未经公司登记机关登记，股东资格不具有对抗第三人的效力。

（二）股东资格取得的条件

1. 股东资格取得的方式

根据股东资格取得的依据可以分为原始取得与继受取得。

(1) 所谓股东资格的原始取得，是指在公司成立时，认缴公司首次发行的资本或者股份或者在公司增资时认缴公司的资本或者股份而成为公司股东的。

(2) 所谓股东资格的继受取得，是指因股权转让、继承或者公司合并等方式取得公司的出资或者股份而成为公司股东的。

2. 股东资格取得的条件

	实质要件	形式要件
原始取得时	投资人向公司出资或者认缴出资	(1) 记载于股东名册（对内）；
继受取得时	继受取得公司的出资或者股份	(2) 在公司登记机关办理登记（对外）

（三）股东资格的确认

不同的法律文件对股东资格的确认具有不同的法律意义。具体而言，股东名册、出资证明书以及工商登记对股东资格确认的法律意义如下表所示：

	股东名册	出资证明书	工商登记
效力	(1) 法定置备义务：有限责任公司应当置备股东名册。 (2) 性质：股东名册是股东身份或者股东资格的法定证明文件。 (3) 意义： ①在公司内部：可以此确定股东身份。 ②股东可以据此向公司主张行使股东权利（对内）	(1) 法定签发义务：有限责任公司成立后，应当向股东签发出资证明书。 (2) 性质：股东出资的证明文书，属于证权证书（不可变现流通）。 (3) 意义： ①具有证明股东履行出资义务的效力。 ②持有出资证明书不等于取得股东资格。 ③丧失持有，也不等于同时丧失股东资格	(1) 法定登记义务：公司应当将股东的姓名或者名称向公司登记机关登记；登记事项发生变更的，应当办理变更登记。 (2) 性质：股权取得和变动的重要公示文件。 (3) 意义： ①非股权取得和变动的生效件，而是对抗要件。 ②未经登记或者变更登记的，不得对抗第三人（对外＋无"善意"之要求）

39

续表

	股东名册	出资证明书	工商登记
记载事项	（1）股东的姓名或者名称及住所； （2）股东的出资额； （3）出资证明书编号。 【注意】仅限股东情况，不涉及公司的任何情况	（1）公司名称； （2）公司成立日期； （3）公司注册资本； （4）股东的姓名或者名称、缴纳的出资额和出资日期； （5）出资证明书的编号和核发日期	（全体）股东的姓名或者名称
签发时间	股东认缴出资后，方可记载于股东名册	有限责任公司成立后且股东实缴一定出资后，方可向其签发出资证明书	全体股东认足出资后，方可申请设立登记
数量	每个公司只有一份股东名册	实缴一定出资的每个股东都拥有一份	关于股东的姓名或者名称的工商登记，每个公司也只能有一份

> **扩展说明1**：股东名册 VS 出资证明书
> （1）当股东名册与出资证明书关于股东名单的记载发生冲突的：以股东名册为准，主要原因在于股东名册是股东资格或身份的法定证明文件。
> （2）出资证明书≠股东资格的取得。具体而言，既不能以不具有出资证明书而否定股东资格，也不能仅以拥有出资证明书而认定当事人具有股东资格。
> ①理解：股权转让后，未注销原股东的出资证明书，当然不能以原股东持有出资证明书认定其股东资格；
> ②理解：股东已经认缴出资并记载于股东名册，在实缴出资之前虽然并无出资证明书，但并不能因此而否定其股东资格。

> **扩展说明2**：股东名册 VS 工商登记
> （1）工商登记与股东名册关于股东名单的记载发生冲突的：对公司内部而言，以股东名册为准；对公司外部的第三人而言，则以工商登记为准。
> （2）工商登记是股权取得和变动的重要公示文件，并非股权取得和变动的生效要件，而是对抗要件。如果已经记载于股东名册，但未向登记机关进行工商登记或者变更登记的，并不能据此否定股东资格。换而言之，未进行工商登记的，仍具备股东资格，只是不能对抗第三人。

扩展说明3：公司章程 VS 股东名册

（1）当公司章程和股东名册关于股东名单的记载发生冲突的：以股东名册记载为准。

（2）两者比较：

	股东名册	公司章程
法律性质	股东资格或身份的法定证明文件	公司内部的自治性宪章
主要用途	证明股东身份或者股东资格	规范公司内部组织关系和经营行为，保证公司治理规范化、有序化

【结论】根据上述比较可知，当认定股东资格而两者发生冲突时，应当以股东名册为准

扩展说明4：如何判断当事人与公司之间是投资关系，还是借贷关系？

公司现实经营中经常发生当事人在公司盈利时"欲入股"并曾获得分红、参与管理，但是公司亏损时却又主张自己当初的投资属于借款的情况，那么对此我们应当如何认定呢？

首先，我们不能机械性地套用《最高人民法院关于适用〈中华人民共和国公司法〉若干问题的规定（三）》第23条的规定①，即不能将"记载于股东名册并办理公司登记机关登记"作为判断两者之间关系的唯一标准。因为"认定某一投资人是否具有股东资格"与"认定两者之间是投资法律关系还是借款法律关系"并不是同一个问题，两者属于不同语境下的问题。

其次，正确的解题思路应该是从当事人交付现金时的真实意思表示、是否参与公司的日常经营以及分红等方面综合认定。如果不涉及股东名册的问题，则可认定为实际出资人或者实际股东即可。换而言之，即使未被记载入股东名册，也未进行工商登记，也不能否定其实际出资人或者实际股东的身份而将其视为借款人来对待。

例如，甲欲入股乙有限责任公司，其以现金100万元向公司出资，未被载入股东名册，也未办理工商登记，但甲从乙公司分取了相应的红利，也参与了公司管理。甲与乙公司之间的关系判断思路如下：①虽然甲没有被记载

---

① 《最高人民法院关于适用〈中华人民共和国公司法〉若干问题的规定（三）》第23条规定："当事人依法履行出资义务或者依法继受取得股权后，公司未根据公司法第31条、第32条的规定签发出资证明书、记载于股东名册并办理公司登记机关登记，当事人请求公司履行上述义务的，人民法院应予支持。"

为股东,也未办理工商登记,但是他是出于自己的真实意思表示出资成为股东,且参与了分红及公司经营,这些行为均非债权人可为,可以认定其为实际出资人,与公司之间是投资关系而非借贷关系;②同时,正是由于甲未被记载于股东名册,因此只能认为甲是实际出资人或者实际股东。

扩展说明5:股东资格确认之诉

(1)举证责任的分配:当事人之间对是否已履行出资义务发生争议,原告提供对股东履行出资义务产生合理怀疑证据的,被告股东应当就其已履行出资义务承担举证责任。

(2)当事人的确定:当事人向人民法院起诉请求确认其股东资格的,应当以公司为被告,与案件争议股权有利害关系的人作为第三人参加诉讼。

二、股东资格的继承

股东资格继承的规则及其引申	
限制	股东资格的继承仅限于有限责任公司的自然人股东
规则	原则:自然人股东死亡或者被宣告死亡后,其合法继承人可以继承股东资格
	例外:公司章程对此种情形另有规定的,则从其规定。例如,公司章程可以规定死亡股东的继承人不能自动取得股东资格而须有其他股东一定比例的同意,或者规定继承人在符合何种条件时方能继承股东资格等
问题1	如公司章程对此未另有规定,继承人拒绝继承的该如何处理? (1)公司章程对此未另有规定的,继承人可以依法继承股东资格; (2)继承人拒绝继承股东资格的,应当通过协商或者评估的方式确定该股东的股权价格,由其他股东受让该股权或者由公司收购该股权,继承人取得相应的股权转让款
问题2	如公司章程对此未另有规定,多个继承人都想继承的该如何处理? 多个继承人都愿意继承股东资格的,则由该数个继承人通过协商确定各自继承股权的份额

三、股东资格的剥夺

（一）剥夺股东资格条件

	剥夺股东资格的具体条件
实体条件	条件：股东未履行出资义务或者抽逃全部出资 说明： (1) 此处条件的实质是公司的资本中没有出资人的一分钱的出资； (2) 注意体会"未履行出资义务"与"未完全履行出资义务"的区别； (3) 抽逃出资的，要求"全部抽逃"。抽逃部分出资的，不得剥夺其股东资格
程序条件	条件：（须两个条件同时满足） (1) 须经催告仍不履行：经公司催告缴纳或者返还，其在合理期间内仍未缴纳或者返还出资。 (2) 须以股东会决议形式解除：公司应当以股东会决议解除该股东的股东资格 关于"合理期限"的说明： 对此，《公司法》未作明确的规定；实践中多由公司章程予以规定；公司章程未作出规定的，则由法官自由裁量
	【注意】以公司决议形式解除某股东的股东资格，仅限于有限责任公司

（二）股东资格剥夺的法律后果

（1）人民法院在判决时应当释明，公司应当及时办理法定减资程序或者由其他股东或者第三人缴纳相应的出资。

（2）在办理法定减资程序或其他股东或者第三人缴纳相应的出资之前，公司债权人有权请求相关当事人承担相应责任的，人民法院应予支持。

考点9　名义股东与实际股东

命题分析

"名义股东与实际股东"是公司法中相对重要的知识点，在2014年、2018年、2019年的主观题中曾进行考查。

从考查内容来看，包括代持股协议的效力、隐名投资法律关系分析以及股权善意取得、执行异议等。其中，"隐名投资的法律关系分析"是最受命题人青睐的重中之重知识点。

总的来说，"名义股东与实际股东"属于商法中具有高性价比的重点知识点——内容不多，难度不大，分值却不菲。正因如此，考生切不可马虎大意，务必重点掌握。

考点解析

一、两类股东的概念

股东	概念
名义股东	（1）又称为"显名股东"，是指登记于股东名册及公司登记机关的登记文件，但事实上并没有真实向公司出资，并且也不会向公司出资的人 （2）从形式上而言，名义股东是公司的股东： ①名义股东需要承担一定的股东义务； ②名义股东承担股东义务的原因在于保护善意的交易第三人的信赖利益
实际股东	又称为"隐名股东"，是指向公司履行了出资义务，并且实际享有股东权利但其姓名或者名称并未记载于公司股东名册及公司登记机关的登记文件的人

【注意】名义股东与实际股东之间的法律关系，主要从合同法的角度予以规制

二、代持股协议

概念	所谓"代持股协议"，又称"持股协议"或者"代持协议"，是指由有限责任公司的实际出资人与名义出资人订立的，约定由实际出资人出资并享有投资权益，以名义出资人为名义股东的协议
效力	原则：代持股协议是有效的合同，签署该协议不违反公司法的强制性规定
	例外：存在下列情形之一的，代持股协议无效： （1）一方以欺诈、胁迫的手段订立合同，损害国家利益； （2）恶意串通，损害国家、集体或者第三人利益； （3）以合法形式掩盖非法目的； （4）损害社会公共利益； （5）违反法律、行政法规的强制性规定
	说明：代持股协议的效力具有相对性，仅仅约束协议双方的当事人

三、隐名投资的法律关系分析

（一）股东资格的确定

基本原则	采取外观主义原则：以名义股东为公司的股东，行使股东权利
具体原因	名义股东是记载于股东名册及公司登记机关的登记文件之上的人
	代持股协议具有相对性，其关于股东资格归属的约定不具有公示性
	保护交易第三人信赖利益，维护交易安全的需要
说明	"以名义股东为公司股东、行使股东权利"与"当事人通过代持股协议约定投资权益归实际股东所有"并不冲突，前后两者均合法有效

（二）名义股东与实际股东的关系

总原则	名义股东与实际股东之间的关系由代持股协议调整，双方根据代持股协议享有权利，承担义务
股东资格的确认	名义股东是公司的股东，代表实际股东行使股东权利，承担股东义务
投资权益的归属	投资权益归属实际股东所有：实际出资人有权以其实际履行了出资义务为由向名义股东主张权利
	名义股东不得以形式要件进行抗辩：名义股东不得以公司股东名册记载、公司登记机关登记为由否认实际出资人的权利

（三）名义股东与公司的关系

总原则	名义股东是公司法意义上的股东，其与公司之间的关系适用《公司法》的具体规定
名义股东依法向公司主张股东权利	名义股东依法享有资产收益、参与重大决策和选择管理者等权利
	上述"享有资产收益"是针对公司而言，而投资收益的最终一般归实际出资人所有
名义股东依法向公司承担股东义务	名义股东依法向公司承担出资义务、参加股东会的义务、不干涉公司正常经营的义务以及不得滥用股东权利的义务等
	名义股东不得以其并非公司实际出资人为由拒绝向公司承担其股东义务

（四）实际股东与公司的关系

总原则：实际股东不是公司法意义上的公司股东

实际股东不得直接对公司主张股东权利：
（1）向公司主张权利的关键性要件之一是该股东被记载于股东名册；
（2）实际股东享有投资权益是针对名义股东而言，并非可以直接向公司主张资产收益

公司不得直接要求实际股东承担股东义务：
（1）实际股东不是公司法意义上的股东，对公司不直接承担股东义务；
（2）公司只能直接要求名义股东承担股东的义务

实际股东如欲"显名化"须得履行法定手续：
（1）原因：此乃保护有限责任公司人合性的需要。
（2）法定手续：
①实际出资人不得以其实际履行出资义务为由，要求公司变更自己为股东；
②实际出资人未经公司其他股东半数以上同意，无权请求公司变更股东、签发出资证明书、记载于股东名册、记载于公司章程并办理公司登记机关登记。
（3）关于"其他股东半数以上同意"的说明：
①此处"其他股东"不包括代其持股的名义股东；
②此处"半数以上"采取的是"人头决"，而非"资本决"。
③"半数以上"在立法中的准确表述是"过半数"（参见《公司法》第71条），不包括本数。
（4）实际出资人显名的例外：
实际出资人能够提供证据证明有限责任公司过半数的其他股东知道其实际出资的事实，且对其实际行使股东权利未曾提出异议，实际出资人可以登记为公司股东。公司不得以实际出资人的请求不符合《最高人民法院关于适用〈中华人民共和国公司法〉若干问题的规定（三）》第24条的规定为由进行抗辩

（五）名义股东与善意第三人的关系

1. 名义股东处分股权行为的效力

（1）名义股东处分股权的行为性质：有权处分。具体理由如下：
①从公司法意义上看，名义股东是公司的股东，自然有权处分其股权；
②该股权登记于名义股东的名下，对于第三人而言，名义股东是该股权的合法持有者。
（2）名义股东订立合同的效力：有效合同。
名义股东因处分股权而签订的合同，例如股权转让、股权质押合同，只要不存在《合同法》第52条规定的法定无效事由，均是有效合同。
（3）受让人能够取得股权的关键：受让人符合"善意取得"的条件：
①受让人受让该股权时是善意的：
【善意的认定】受让人不知道转让人为名义股东、其背后尚有实际股东之事实；
②以合理的价格转让；
③转让的股权已经依照法律规定向公司登记机关办理变更登记

2. 对实际出资人的救济

（1）如股权的受让人为善意
此时，受让人善意取得股权，如名义股东处分股权造成实际出资人损失的，实际出资人有权请求名义股东承担赔偿责任。
（2）如股权的受让人为恶意
此时，实际出资人有权主张该股权转让行为无效，受让人不能取得股权

3. 名义股东处分股权与"一股二卖"的比较

（1）概念
①名义股东处分股权：名义股东以转让、质押或者其他方式将登记于其名下的股权进行处分的行为。
②一股二卖：股权转让后尚未向公司登记机关办理变更登记，原股东以转让、质押或者其他方式将仍登记于其名下的股权进行处分的行为。
（2）股权处分行为的效力
两种股权处分行为的效力均是参照《物权法》第106条的规定处理，具体规则参照上表"名义股东处分股权行为的效力"。
（3）责任承担
①名义股东处分股权：名义股东处分股权造成实际出资人损失的，实际出资人有权请求名义股东承担赔偿责任。
②一股二卖：
原股东处分股权造成（第一次）受让股东损失的：
- 原股东的责任：受让股东有权请求原股东承担赔偿责任；
- 相关过错主体的责任：对于未及时办理变更登记有过错的董事、高级管理人员或者实际控制人应当向受让股东承担相应责任。
- 受让股东有过错的：受让股东对于未及时办理变更登记也有过错的，可以适当减轻上述董事、高级管理人员或者实际控制人的责任

（六）名义股东与债权人的关系

对债权人的责任	名义股东应当承担出资违约或者出资不实的赔偿责任： （1）公司债权人有权以登记于公司登记机关的股东未履行出资义务为由，请求其对公司债务不能清偿的部分在未出资本息范围内承担补充赔偿责任； （2）名义股东不得以其仅为名义股东而非实际出资人为由对债权人进行抗辩
对名义股东的救济	名义股东向债权人承担赔偿责任后，有权向实际出资人追偿
特别说明	对外而言：由于第三人只能根据公司登记机关公示的文件判断股东资格，所以，名义股东是公司股东，对债权人承担责任
	对内而言：名义股东只是代实际股东持有股权，而实际股东才是出资义务的真实、最终的承担者，所以，出资责任最终应当由实际股东承担

四、与冒名股东的比较

1. 名义股东 VS 冒名股东

	名义股东	冒名股东
概念	又称为显名股东，是指登记于股东名册及公司登记机关的登记文件，但事实上并没有真实向公司出资，并且也不会向公司出资的人	冒用他人名义出资并将该他人作为股东在公司登记机关登记的，冒名登记行为人即是所谓的冒名股东
产生	基于其与实际股东之间的代持股协议而产生	基于冒名股东的冒名行为而产生

2. 冒名股东的责任

（1）冒名人承担责任：冒用他人名义出资并将该他人作为股东在公司登记机关登记的，冒名登记行为人应当承担相应责任；

（2）被冒名人不承担责任：公司、其他股东或者公司债权人无权以未履行出资义务为由，请求被冒名登记为股东的承担补足出资责任或者对公司债务不能清偿部分的赔偿责任。

> **总结：**
> （1）处理名义股东与实际股东之间的关系，需要把握两条主线
> ①名义股东是公司形式上、法律上的股东，可以直接向公司主张股东权利，应当直接向公司承担股东义务；同时，直接与公司、公司债权人以及其他外部第三人发生法律关系；其处分股权的行为并不是无权处分，但是需要参照适用善意取得制度。
> ②实际股东并不是公司法意义上的公司股东，其只是依据代持股协议向名义股东主张权利，与公司并没有直接的法律关系；但是，由于其实际出资并享有投资收益，所以是出资责任的最终承担者。

(2) 名义股东与实际股东关系示意图

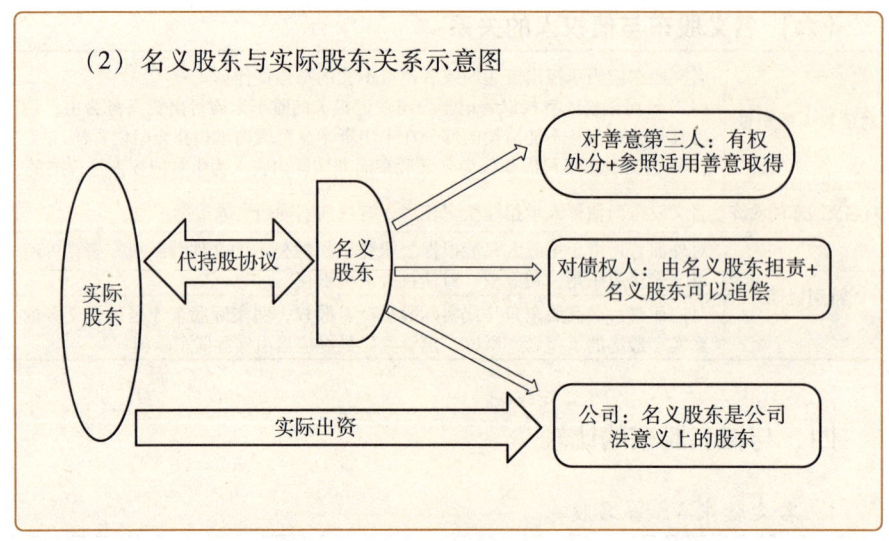

考点 10　股东的权利

命题分析

公司法是一部股东权利宣言书,"股东的权利"是极其重要的常考知识点,2012 年、2015 年、2019 年的主观题曾进行考查。

该考点主要包括"股东权利的特征""股东权利的原则""股东权利的类型""股东权利的内容"这四部分内容,其中"股东权利的内容"是考查的重中之重。此外,《最高人民法院关于适用〈中华人民共和国公司法〉若干问题的规定(四)》对股东的知情权和利润分配请求权,以及《最高人民法院关于适用〈中华人民共和国公司法〉若干问题的规定(五)》对分配利润的期限作出了补充性规定(见考点 2 正文最后一段),该部分知识点在 2020 年法考主观题中预计考查的概率会增加。同时,就"股东权利的内容"这一部分而言,其具体内容常散见于公司法的各个章节,与其他考点交织在一起,考生需整体把握。

考点解析

一、股东权利的特征

所谓"股东权",是指公司股东依据法律和公司章程享有的自益权和共益权的总称。出资人通过出资，获得股东的资格，依据法律和公司章程的相关规定，享有股东权利。股东权利具有下列特征：

（一）股东权利内容具有综合性

股东权利并非单纯的一种权利，而是法律和公司章程所规定的各项权利的综合。公司法理论将其分为自益权和共益权：前者一般属于财产性权利，例如利润分配请求权、剩余财产分配权、股份转让权等；后者一般为非财产性权利，例如表决权、知情权（查阅权）、召开临时股东会请求权等。

（二）股东权利是股东通过出资所形成的权利

享有股东权利的前提是具有股东的资格，出资人以其所有的财产作为对价，通过履行出资义务，换取股东资格，进而享有股东的权利。

（三）股东权是一种社员权

股东，是公司中的股东，是公司法人的成员，所取得的权利（社员权）在公司内行使。

（1）社员权是一种独立类型的权利，其实质是团体中的成员依其在团体中的地位而产生的具有利益内容的权限，包括财产权和管理参与权。

（2）社员权不仅具有法律资格之外观，而且具有法律权利之实质，其本质属性乃是新型之私法权利，而这种权利是与法律主体的财产权、人身权、知识产权相并列的权利类型。

二、股东权利的原则

（一）股东的有限责任原则

（1）地位："股东的有限责任原则"既是股东权利的原则，也是公司最显著的特点，与其他的组织形式加以区分。

（2）概念：该原则是指股东除按照认缴的股份缴足出资款外，对于公司之债务或公司债权人不负任何其他责任，或曰股东仅以出资额为限对公司承担责任。

> **注意**：此处的"出资额"对于有限责任公司而言，指的是股东认缴的出资额，而非股东实缴的出资额。
>
> 例如，甲有限责任公司的股东 A 认缴出资额为 50 万元，仅实缴了 30 万元，在公司到期不能偿还债权人乙 30 万元债务的情况下，乙有权要求 A 在 20 万元的范围内对公司债务不能清偿的部分承担补充赔偿责任。

（二）股东权利平等原则

"股东权利平等原则"，是指任一股东的所享有之权利与负担之义务均属平等而无差别待遇或歧视，即所谓同股同权。换而言之，股东每一单位出资比例或者每一单位股份所代表的权利平等。如股东均有权出席股东（大）会，股东均有权对公司经营提出建议和质询。

> **注意**：股东权平等事实上是指按照股份数额的比例而言平等，并非按照股东人数的划一平等。由于股东实际出资比例或者股份比例的不同，不同的股东，其行使权利的影响力存在差异。例如，甲股份有限公司，股东A持有股份的比例为30%，而股东B仅为10%，A、B均可以参加股东大会行使表决权，但是A、B的表决权比重不同。这种差别是由表决权规则决定的，而非由股权差别决定。

三、股东权利的类型

按照不同的标准，股东的权利可以作出不同的分类。

分类标准	权利类型
权利行使目的	（1）自益权 自益权指股东专为自己利益行使的权利。包括： ①发给股票或其他股权证明请求权； ②股份转让权； ③股息和红利分配请求权； ④公司剩余财产分配请求权； ⑤优先认购权。 （2）共益权 共益权指股东为自己利益同时也为公司利益而行使的权利。包括： ①出席股东会并表决权； ②请求召集股东临时会或自行召集权； ③对公司财务的监督检查权和查阅权； ④请求法院宣告股东会决议无效权； ⑤对公司经营的建议和质询权
权利主体	（1）普通股股东权 普通股股东权指一般股东享有的权利。 （2）特别股股东权 特别股股东权指专属于特别股股东享有的权利。该权利的范围、行使顺序、数额、优惠待遇限制等一般由公司章程规定，我国公司法对此未作规定

续表

分类标准	权利类型
权利性质	（1）固有权 固有权指根据公司法规定不得以章程或股东会决议予以剥夺的权利。一般多是特别权与共益权，比如出席股东会的权利、对公司经营提出建议和质询的权利。 （2）非固有权 非固有权指可以章程或股东会决议予以剥夺的权利。自益权多属此类，但非绝对
权利行使方式	（1）单独股东权 单独股东权指股东一人可单独行使的权利。如表决权、利润分配请求权、股东代表诉讼权等。 （2）少数股东权 少数股东权指需达一定股份数额方能行使的权利。比如股东会的召集与主持权，持有表决权 10% 比例以上股东才能行使

四、股东权利的内容

根据公司法的规定，公司股东依法享有资产收益、参与重大决策和选择管理者等权利。股东权利涉及内容广泛，分散于公司法的各部分，以下做简单的归纳总结。

（一）与股东（大）会有关的权利

1. 出席或委托代理人出席股东（大）会并行使表决权

出席或委托代理人出席股东（大）会并行使表决权，这是股东的固有权利。但是在某些情形下，比如对内担保（公司向其股东或实际控制人提供担保）时，利害关系股东的表决权将会被排除。

2. 临时股东（大）会召开的提议请求权

当公司有重大情形出现，需要股东会作出决议时，而定期股东会无法及时召开作出决议的，代表十分之一以上表决权的股东、三分之一以上的董事，监事会或者不设监事会的公司的监事可以提请召开临时股东会。

3. 股东（大）会的自行召集与主持权

当公司中有召集与主持股东（大）会职责的组织机构不能或者不履行其职责时，符合法定条件的股东可以自行召集与主持股东（大）会。

4. 选举权与被选举权

股东可以通过股东（大）会依法行使其权利，选举和更换公司的非职工代表的董事和监事；同时，公司的股东只要符合公司法关于董事、监事的任职资格，也可以被依法选举为董事和监事。

5. 临时提案权

股份有限公司中，单独或者合计持有公司 3% 以上股份的股东，可以在股东大会召开 10 日前提出临时提案并书面提交董事会；董事会应当在收到提案后 2 日内通知其他股东，并将该临时提案提交股东大会审议。临时提案的内容应当属于股东大会职权范围，并有明确议题和具体决议事项。

股东与股东（大）会有关的权利归纳

	有限责任公司	股份有限公司
出席或委托代理人出席股东（大）会并行使表决权	√	√
临时股东（大）会召开的提议请求权	代表 1/10 以上表决权的股东	单独或者合计持有公司 10% 以上股份的股东
股东（大）会的自行召集与主持权	前提条件： 董事会（执行董事）不能履行或者不履行职责，监事会也不履行的 召集与主持的股东： 代表 1/10 以上表决权的股东	前提条件： 董事会不能履行或者不履行职责，监事会也不履行的 召集与主持的股东： 连续 90 日以上单独或者合计持有公司 10% 以上股份的股东
选举权与被选举权	√	√
临时提案权	×	（1）股东资格要求： 单独或者合计持有公司 3% 以上股份的股东。 （2）临时提案的程序要求： 在股东大会召开 10 日前提出临时提案并书面提交董事会，董事会应当在收到提案后 2 日内通知其他股东，并将该临时提案提交股东大会审议。 （3）临时提案的内容要求： 临时提案的内容应当属于股东大会职权范围，并有明确议题和具体决议事项

（二）直接与股份（股权）相关的权利

1. 发给股票或其他股权证明请求权

股东请求发给股票或其他股权证明，且将其股东名称在公司相关文件和工商管理部门证明文件上登记。

(1) 股东在完成出资，公司成立后，应发给股东股票或者出资证明书。

(2) 公司应该将股东登记在可以证明其股东身份的相关文件上，并及时进行工商登记。例如，有限责任公司应该将股东的名称登记在"股东名册"上，并进行工商登记。

(3) 公司不履行上述责任或者履行不符合法律规定时，股东可以公司为被告，提起股东资格确认之诉，确认其股东资格，要求公司履行上述义务。

2. 股权（股份）的处分权

股东作为股权（股份）的享有者，有权对其所持有的股权（股份）作出处分，比如转让、赠送、质押、用作出资等。股权转让在本书的"有限责任公司的股权转让"一章中有专门阐述，股权出资在本书的"股东的义务（股东的出资义务）"一章中会有相应的探讨，所以，此处均不予以讨论。

股权质权的设立

出质股权的种类	质权设立的时间
以证券登记结算机构登记的股权出质的	质权自证券登记结算机构办理出质登记时设立
以其他股权出质的	质权自工商行政管理部门办理出质登记时设立

3. 优先认购新股权

有限责任公司新增资本时，股东有权优先按照实缴的出资比例认缴出资。但是，全体股东约定不按照出资比例优先认缴出资的除外。

（三）知情权

股东有权请求查阅公司的档案材料，以求对公司的情况有基本的了解。我国公司法对于有限责任公司股东和股份有限公司股东规定了不同的知情权行使的方式和范围。

1. 知情权行使的方式和范围

关于股东知情权相关规定的汇总

	有限公司股东	股份公司股东
会计账簿	有权查阅、无权复制	未作规定
公司章程、股东会会议记录、董事会和监事会决议以及财务会计报告	有权查阅、有权复制	有权查阅、无权复制

续表

	有限公司股东	股份公司股东
股东名册	未作规定	有权查阅、无权复制
公司债券存根	未作规定	有权查阅、无权复制

总结说明1：有限公司股东的知情权
（1）未明确就股东名册和公司债券存根作出规定；
（2）明确作出规定的文件中，无权复制的仅仅只有会计账簿，其他文件均可复制；
（3）明确作出规定的文件中，全部都可以查阅，只是涉及会计账簿需提出书面请求

总结说明2：股份公司股东的知情权
（1）未明确就会计账簿作出规定；
（2）明确作出规定的文件，无权复制；
（3）明确作出规定的文件，可以查阅

> **扩展说明**：判断股东知情权的步骤
> 股东知情权是股东权利的难点，命题者常常以"不同公司的股东是否有权查阅、复制不同种类的公司材料"的形式进行考查，考生稍有不慎就会判断错误。针对此类难题，考生不妨采取如下应对方案：就法律明确作出规定的内容而言，首先，判断公司资料的性质，针对会计账簿，任何人无权复制；针对非会计账簿的其他资料，任何人均有权查阅。其次，判断股东所属公司的性质，针对有限公司股东，仅仅无权复制会计账簿，其他资料均可复制；针对股份公司股东，无权复制任何资料；最后，以公司的人合性为切入点，将公司资料的性质与公司的性质结合在一起进行综合判断。

2. 知情权是固有权：不得被实质性剥夺

公司章程、股东之间的协议不得实质性剥夺股东依据《公司法》第33条、第97条规定查阅或者复制公司文件材料的权利。

例如，甲有限责任公司的股东订立协议，为了不妨碍公司未来五年的高效率经营，对股东的知情权作出限制，各股东在未来五年内暂时不得查询相关公司文件材料。甲公司此时就是以"限制"之名，行"剥夺"之实，该协议是无效的。考生不得不防此种情形。

3. 股东知情权之诉

（1）原告的资格要求
①原则：原告起诉时，须具有股东资格，否则将驳回起诉。
②例外：原告有初步证据证明在持股期间其合法权益受到损害的，有权请求依法查阅或者复制其持股期间的公司特定文件材料的。此时，起诉时没有股

东资格也可。

（2）会计账簿查阅之诉

①原告：有限责任公司的股东。

②诉前程序：

● 股东要求查阅公司会计账簿的，应当向公司提出书面请求，说明目的。

● 公司有合理根据认为股东查阅会计账簿有不正当目的，可能损害公司合法利益的，可以拒绝提供查阅，并应当自股东提出书面请求之日起 15 日内书面答复股东并说明理由。

③查阅会计账簿之"不当目的"的认定：

根据《最高人民法院关于适用〈中华人民共和国公司法〉若干问题的规定（四）》的规定，下列情形认定为股东具有"不正当目的"。

第一，股东自营或者为他人经营与公司主营业务有实质性竞争关系业务的，但公司章程另有规定或者全体股东另有约定的除外；

第二，股东为了向他人通报有关信息查阅公司会计账簿，可能损害公司合法利益的；

第三，股东在向公司提出查阅请求之日前的三年内，曾通过查阅公司会计账簿，向他人通报有关信息损害公司合法利益的；

第四，股东有不正当目的的其他情形。

例如，A、B、C 于 2013 年共同出资设立了甲有限责任公司，后 A 于 2015 年 8 月将其股权转让于 D。2015 年 12 月，A 认为公司董事长 B 在 2014 年时有不正当行为，损害了其权利，遂于 2015 年 12 月向公司要求查阅和复制公司的公司章程、股东会会议记录、董事会会议决议、监事会会议决议、财务会计报告以及会计账簿，被公司拒绝。后 A 向法院提起诉讼。a. 有限责任公司股东知情权行使时，只能要求查阅公司账簿，而不能复制，所以 A 不得要求复制公司账簿。b. A 想要查阅会计账簿应该提出书面请求。c. 起诉时，A 已经不是甲公司的股东，因此，不是适格的原告，但是如果 A 有初步证据证明在 2013 年至 2015 年 8 月期间，其合法权益受到损害的，请求依法查阅或者复制这一段时间内公司特定文件材料的，则此时 A 是适格原告。d. 如果 A 行使其知情权有不正当目的，例如为了向他人通报有关信息，可能损害公司合法权益的，公司有权拒绝 A 的请求。

④判决要求：

原告胜诉的，应当在判决中明确查阅或者复制公司特定文件材料的时间、地点和特定文件材料的名录。

⑤中介机构执业人员的协助：

股东依据人民法院生效判决查阅公司文件材料的，在该股东在场的情况下，可以由会计师、律师等依法或者依据执业行为规范负有保密义务的中介机构执业人员辅助进行。

（3）行使知情权后股东及相关辅助人员的保密义务

①股东的保密义务：股东行使知情权后泄露公司商业秘密导致公司合法利益受到损害的，公司有权请求该股东赔偿相关损失。

②相关辅助人员的保密义务：辅助股东查阅公司文件材料的会计师、律师等泄露公司商业秘密导致公司合法利益受到损害的，公司有权请求其赔偿相关损失。

（4）董事和高管对相关材料的制作和保存义务

公司董事、高级管理人员等未依法履行职责，导致公司未依法制作或者保存《公司法》第33条、第97条规定的公司文件材料，给股东造成损失，股东有权请求负有相应责任的公司董事、高级管理人员承担民事赔偿责任。

注意：关于董事、高管等制作和保存相关文件的义务，不同公司中相关文件的范围是不同的，须注意一一对应。

公司	前提	导致公司未制作或保存的文件范围	损害结果	救济
有限责任公司	公司董事、高级管理人员等未依法履行职责	《公司法》第33条规定的文件： （1）专有的文件：会计账簿； （2）共有的文件：公司章程、股东会会议记录、董事会会议决议、监事会会议决议、财务会计报告	给股东造成损失	股东有权请求负有相应责任的公司董事、高级管理人员承担民事赔偿责任
股份有限公司		《公司法》第97条规定的文件： （1）专有文件：股东名册、公司债券存根； （2）共有文件：公司章程、股东大会会议记录、董事会会议决议、监事会会议决议、财务会计报告		

（四）利润分配请求权

股东作为公司的所有者，有权按照出资比例或者股份比例请求分配公司经营所得。有限责任公司应当按照股东实缴的出资比例分配利润，但是全体股东另有约定的除外。《最高人民法院关于适用〈中华人民共和国公司法〉若干问题的规定（四）》的出台，明确了股东可以请求人民法院强制进行利润分配，其规定如下：

（1）原告：

①原告：请求公司分配利润的股东。

②共同原告：一审法庭辩论终结前，其他股东基于同一分配方案请求分配

利润并申请参加诉讼的，应当列为共同原告。
（2）被告：公司。
（3）原告胜诉的条件（需要同时满足）：
①股东应提交载明具体分配方案的股东会或者股东大会的有效决议。
②公司拒绝分配利润且其关于无法执行决议的抗辩理由不成立。
（4）原告败诉的情形：
①原则：股东未提交载明具体分配方案的股东会或者股东大会决议，请求公司分配利润的，人民法院应当驳回其诉讼请求。
②例外：违反法律规定滥用股东权利导致公司不分配利润，给其他股东造成损失的除外。

股东成功行使利润分配请求权两种情形

		原告（股东）	被告（公司）
原告胜诉	情形一	股东应提交载明具体分配方案的股东会或者股东大会的有效决议	公司无法执行决议的抗辩理由不成立
	情形二	无要求	滥用股东权利导致公司不分配利润，给其他股东造成损失

例如，A、B、C 三人于 2013 年共同出资设立甲有限责任公司，A 担任董事长。一直到 2017 年，甲公司从未分配任何利润，B 认为是 A 的原因，遂将 A 作为被告，提起利润分配之诉。①被告应为公司，而不是 A。②B 应提交载明具体分配方案的股东会或者股东大会的有效决议；但是，如果 B 能够证明 A 或 C 滥用股东权利导致公司不分配利润，给 B 造成损失的，可以不提交载明具体分配方案的股东会或者股东大会的有效决议。③一审法庭辩论终结前，若 C 基于同一分配方案请求分配利润并申请参加诉讼的，应当列为共同原告。

> **注意：**
> （1）有限责任公司的利润分配以股东的实缴出资比例为分配比例，但是全体股东可以另外约定；
> （2）资本认缴制下，股东可以一次或者多次缴纳出资，只要按公司章程的规定即可；
> （3）股东未履行或者未全面履行出资义务或者抽逃出资的，公司可以根据公司章程或者股东会决议对其利润分配请求权、新股优先认购权、剩余财产分配请求权等股东权利作出相应的合理限制。

> **注意**：当股东未履行出资义务或者抽逃全部出资时，根据上文，该股东在其出资到位之前不享有利润分配请求权等权利，这即是上文所说的"合理限制"。但是，这并不意味着公司可以剥夺其上述权利。"剥夺"是永久性、终局性的。

（五）剩余财产分配请求权

公司向其全体债权人清偿债务后，仍有剩余财产，股东可以以其股权份额或者股份份额要求分配该剩余财产，这也是股东作为公司所有者的表现。

> **注意**：有限责任公司按照股东的出资比例分配剩余财产，不能通过章程自由约定，不同于利润分配。

扩展说明1：违反出资义务对（两类公司）股东权利的限制

违反出资义务的形式	对股东权利的限制
未履行出资义务	公司可以根据公司章程或者股东会决议对其利润分配请求权、新股优先认购权、剩余财产分配请求权等股东权利作出相应的合理限制
未全面履行出资义务	
抽逃出资	

扩展说明2：违反出资义务对（有限责任公司）股东资格的影响

违反出资义务的形式	公司的催告程序	对股东资格的影响
未履行出资义务	经公司催告缴纳或者返还，其在合理期间内仍未缴纳或者返还出资	公司以股东会决议解除该股东的股东资格
抽逃全部出资		

（六）异议股东股权回购请求权

当股东（大）会作出特定决议时，对该决议持异议的股东可以要求公司以合理的价格回购其股权（股票）。这是股东，尤其是小股东保护自己合法权益、摆脱大股东的控制和侵害以及退出公司的途径之一。有限责任公司与股份有限公司的股东行使异议回购请求权的情形不同。

有限责任公司与股份有限公司的异议股东行使股权回购请求权的情形比对

	有限责任公司	股份有限公司
前提条件	对股东（大）会以下决议持异议	
异议事项	（1）公司连续5年不向股东分配利润，而公司该五年连续盈利，并且符合本法规定的分配利润条件的； （2）公司合并、分立、转让主要财产的； （3）公司章程规定的营业期限届满或者章程规定的其他解散事由出现，股东会会议通过决议修改章程使公司存续的	股东因对股东大会作出的公司合并、分立决议持异议，要求公司收购其股份的（注意：无转让主要财产的情形）
程序要求	自股东会会议决议通过之日起60日内，股东与公司不能达成股权收购协议的，股东可以自股东会会议决议通过之日起90日内向人民法院提起诉讼	应当在6个月内转让或者注销（注意：无提起诉讼）

（七）诉讼权

股东享有诉权，当自己的利益或者公司的利益受到不法侵害时，股东可以向人民法院提起诉讼，以维护自己或者公司的合法权益。根据上述权利介绍可知，不同权利被侵害时，股东所行使的具体诉权是不同的。以股东**提起诉讼的目的**为标准，即股东提起诉讼是为保护自己的利益还是保护公司的利益，可以将股东提起的诉讼分为直接诉讼和代表诉讼。

1. 直接诉讼

当股东个人的利益遭到公司或者董事、高管的不法侵害时，股东可以公司或者董事、高级管理人员为被告，提起诉讼。已于上述各权利处予以讲解的情形，此处将不再赘述。仅在此重点强调以下两种诉讼：

（1）公司决议效力瑕疵之诉

当公司股东（大）会、董事会决议的内容和程序违反了法律规定或者公司章程的规定，股东可以提起公司决议效力瑕疵之诉。后文将详细讲述。

（2）司法强制解散公司之诉

公司经营管理发生严重困难，继续存续会使股东利益受到重大损失，通过其他途径不能解决的，**持有公司全部股东表决权10%以上**的股东，可以请求人民法院解散公司。后文将详细讲述。

2. 股东代表之诉

股东代表诉讼，又称为派生诉讼、股东代位诉讼，是指当公司的合法权益受到不法侵害而公司却怠于起诉时，公司的股东以自己的名义起诉，所获赔偿归于公司的一种诉讼制度。后文将详细讲述。

考点 11　有限责任公司的股权转让

命题分析

"有限责任公司的股权转让"在近十年的主观题中考查了 8 次，独占商法考查内容的鳌头。因而，是每个考生必须掌握的考点。

该考点具体包括"股权对内转让""股权对外转让""股权的强制执行""异议股东股权收购请求权""股权在离婚时的分割"等具体内容。其中，尤其以"股权对外转让的规则"属于重中之重，堪称"王牌知识点"。其中包括了"其他股东的同意规则""其他股东的优先购买权""股权的无权处分"等内容。同时，《最高人民法院关于适用〈中华人民共和国公司法〉若干问题的规定（四）》用了 7 则条文对本部分内容作出了补充规定，《九民纪要》也对此进行了规定，考生应当对此着重掌握。

此外，《公司法》第 71 条允许有限责任公司章程对股权转让作出另外规定，无疑加重了股权转让的理论性、灵活性和实践性，而这恰好契合新法考主观题的命题趋势，望各位考生通过代表性案例进行全面而深入的备考。

考点解析

一、有限责任公司股权的对内转让——公司股东之间转让

原则	自由转让原则：有限责任公司的股东之间可以相互转让其全部或者部分股权
注意	"想转就转"：股东之间可以自由转让其股权，无须履行通知程序和取得其他股东同意
	"想转多少转多少"：可以互相转让其全部股权或者部分股权
	"公司章程优先"： （1）公司章程对股权转让（对内＋对外）另有规定的，从其规定； （2）公司章程对股权转让（对内＋对外）无特别规定时，按照法定对内对外转让规则处理

二、有限责任公司股权的对外转让——股东向股东以外的人转让

有限责任公司既具有资合性的特点，即以公司的资本作为经营活动的信用

基础；同时又具有人合性的特点，即以股东的个人信用作为公司经营活动的信用基础，股东之间形成一种内部关系。因此，立法者在设计有限责任公司的股权转让制度时重点考虑对这两种特点的平衡，既应对了股权转让对公司人合性的挑战，同时又兼顾了公司资合性的特点，保障股东可以自由退出公司。

（一）其他股东的同意规则

基本规则	"公司章程优先"： （1）公司章程对股权转让（对内+对外）另有规定的，从其规定； （2）公司章程对股权转让（对内+对外）无特别规定时，按照法定对内对外转让规则处理
	股东向股东以外的人转让股权，应当经其他股东过半数同意。 【注意】此处适用"人头决"：其他股东的 人数过半，即同意人数>1/2
	通知的方式：转让股东应就其股权转让事项以 书面或者 其他能够确认收悉的合理方式 通知其他股东征求同意
推定同意规则	其他股东自接到书面通知之日起满 30 日未答复的，视为同意转让
	其他股东 半数以上不同意转让 的，不同意的股东应当购买该转让的股权；不购买的，视为同意转让

例如，甲有限责任公司有包括 A 在内的 7 名股东，A 欲对外转让其股权。在公司章程未另有规定的前提下，符合下列条件之一才可对外转让：①除 A 之外的至少 4 名股东（其中包括在接到通知之日起 30 日内未答复的股东）同意转让；②除 A 之外的 3 名以上股东既不同意转让也不同意购买。

（二）其他股东的优先购买权（其他股东的优先受让权）

基于有限责任公司的人合性，为了维系股东之间的内部关系，经其他股东同意转让的股权，在同等条件下，其他股东有优先购买权，即其他股东可以按照同等条件优先于非股东的其他人购买该转让股权。

基本规则	"公司章程优先"：公司章程对股权转让另有规定的，从其规定
	经股东同意转让的股权，在同等条件下，其他股东有优先购买权
具体内容	同等条件：应当考虑 转让股权的数量、价格、支付方式、支付期限以及其他由转让方提出的合理条件 等因素综合确定
	行使期间：公司章程的规定⇒转让股东的通知⇒法律的规定。 （1）在收到通知后，在 公司章程规定 的行使期间内提出购买请求。【公司章程的规定】 （2）公司章程没有规定行使期间或者规定不明确的，以 通知确定 的期间为准。【通知确定】

续表

	（3）通知确定的期间短于 30 日或者未明确行使期间的，行使期间为 30 日。【法律规定】
	优先购买权的冲突：先协商，后按实缴比例。 （1）两个以上股东主张行使优先购买权的，协商确定比例； （2）协商不成的，按照转让时各自的实缴出资比例行使
具体内容	优先购买权的消灭：转让股东又不同意转让的。 转让股东在其他股东主张优先购买后，可以不同意转让。股权的转让属于股东自由行使权利的行为，如果规定转让股东在其他股东主张优先购买后，无权再拒绝转让，那么该规定则有违"契约自由"，乃强制转让股东缔约。 （1）"公司章程另有规定或者全体股东另有约定优先"：公司章程和全体股东可以对此作出另外的规定或者约定。比如，规定转让股东在其他股东主张优先购买权后不得反悔。 （2）公司章程未另有规定或者全体股东未另有约定的，按照法定规则处理：转让股东在其他股东主张优先购买后又不同意转让股权的，其他股东的具体优先购买权消灭，不得行使。优先购买权的享有与行使和股权的对外转让不可分离，一旦不再对外转让，具体的优先购买权也就消灭了。 （3）转让股东的赔偿责任。转让股东在其他股东主张优先购买后又不同意转让股权的，给其他股东造成损失的，其他股东要求且损失合理的，转让股东需承担赔偿责任
	侵害优先购买权的救济。 （1）侵害其他股东优先购买权的行为：未就其股权转让事项征求其他股东意见，或者以欺诈、恶意串通等手段，损害其他股东优先购买权。 （2）救济内容：其他股东主张按照同等条件购买该转让股权的，人民法院应当予以支持。 （3）救济期间的规定：【同时满足】 ①短期间限制：其他股东自知道或者应当知道行使优先购买权的同等条件之日起30日内。 ②长期间限制：提起要求的截止时间点为股权变更登记满一年之日，在此之前均可提起。 （4）诉讼请求的规定： ①其他股东在提出确认股权转让合同及股权变动效力等请求时，必须同时主张按照同等条件购买转让股权；否则，人民法院不予支持； ②但其他股东非因自身原因导致无法行使优先购买权，请求损害赔偿的除外
	转让股东对受让人的违约责任。 股东以外的股权受让人，因其他股东行使优先购买权而不能实现合同目的的，可以依法请求转让股东承担相应民事责任

例如，甲有限责任公司有包括 A 在内的 7 名股东，A 欲对外转让其股权于 B，对其他股东发出了书面通知，但未载明转让的同等条件也未载明其他股东同等条件下购买的期限。除 A 之外其他 4 名股东对本次股权转让表示同意，并表示将在同等条件下购买。而后，A 与受让人 B 签订了转让协议。

（1）优先购买权行使的期限首先看章程是否有规定，没有则看通知是否明确，未明确或者短于 30 日的则按照法定 30 日。

（2）A 在其他股东表示将在同等条件下购买时可以表示反悔，不再同意转让股权，但是在其他股东要求且损失合理时，需承担赔偿责任。

（3）同等条件，未在书面通知中确定，可以通过 A 与 B 的协议予以确定，包括股权的数量、价格、支付方式及期限等。

（4）若 A 将股权全部转让与 B，且已办理了变更登记手续。则其他股东可以在知道或者应当知道同等条件起的 30 日内请求优先购买，但必须在股权变更登记满一年这个时间点之前。反过来说，在满一年这个时间点之前，只要 A 或 B 能够证明其他股东知道或应当知道同等条件，而 30 日内没有行使优先购买权，其他股东则丧失优先购买权。但是仅仅起诉认定 A、B 转让合同无效的，法院不予支持。

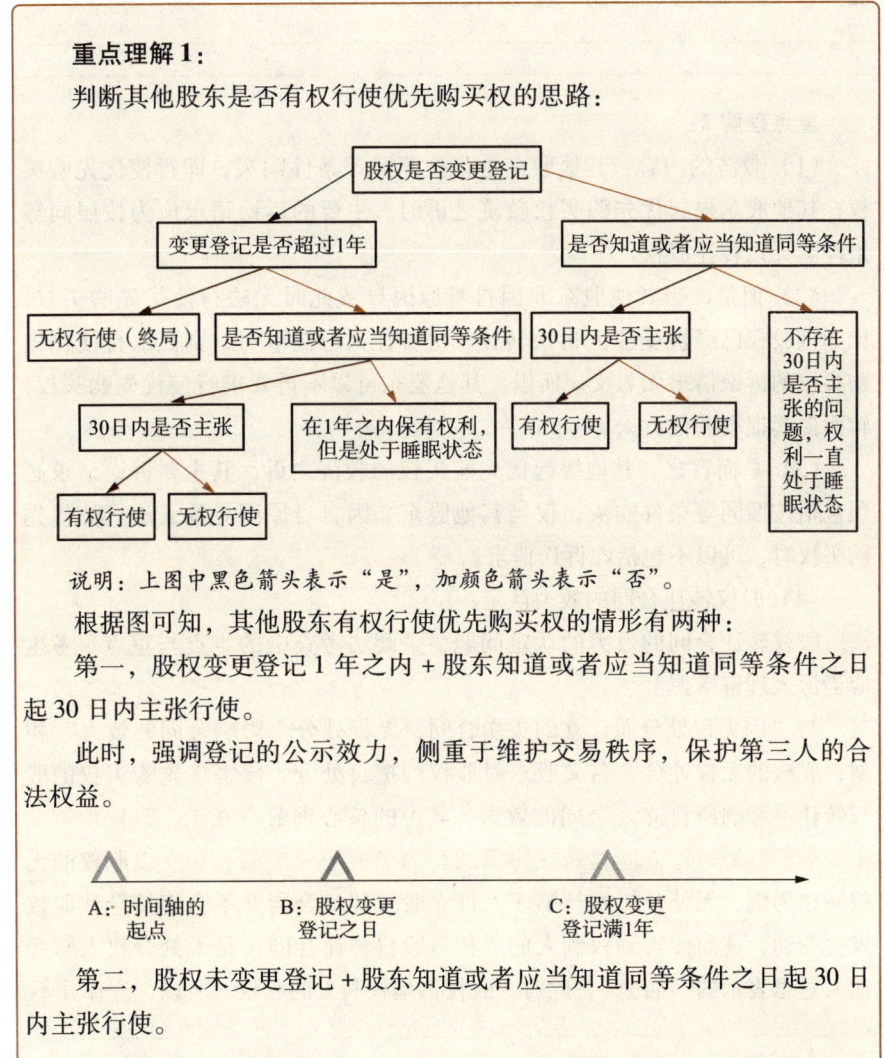

重点理解 1：
判断其他股东是否有权行使优先购买权的思路：

说明：上图中黑色箭头表示"是"，加颜色箭头表示"否"。
根据图可知，其他股东有权行使优先购买权的情形有两种：

第一，股权变更登记 1 年之内 + 股东知道或者应当知道同等条件之日起 30 日内主张行使。

此时，强调登记的公示效力，侧重于维护交易秩序，保护第三人的合法权益。

第二，股权未变更登记 + 股东知道或者应当知道同等条件之日起 30 日内主张行使。

此时，不发生登记的公示效力，侧重于维护有限责任公司的人合性，保护其他股东的优先购买权。

第一种情形：时间段 BC + 股东自知道或者应当知道同等条件之日起 30 日内主张行使。

第二种情形：时间段 AB + 股东自知道或者应当知道同等条件之日起 30 日内主张行使。

因此，股东有权主张行使优先购买权的条件是：在股权变更登记满 1 年这个时间点（C 点）之前，只要股东自知道或者应当知道同等条件之日起 30 日内主张，其他股东均有权行使优先购买权。

重点理解 2：

（1）救济的内容：其他股东主张按照同等条件购买，即行使优先购买权；其他股东提起优先购买权救济之诉时，主要的诉讼请求应为按照同等条件购买该转让股权。

（2）但是，当其他股东非因自身原因导致此时无法行使优先购买权，比如该股权已经被受让人再次转让，次转让人已经取得，则要求行使优先购买权的诉讼请求无意义。所以，其他股东可以不再要求行使优先购买权，转而提起损害赔偿诉讼。

（3）总而言之，其他提起优先购买权的救济之诉，其主要诉讼请求必须包括按照同等条件购买，仅当其他股东非因自身原因导致无法行使优先购买权时，可以不包括此诉讼请求。

（4）股权转让合同的效力认定：

股权转让合同的效力的认定问题，是商法考查中的难点与重点。考生应当深入理解掌握。

与"因无权处分而订立的买卖合同，无权处分不影响合同的效力"相似，股权的无权处分、名义股东对股权的擅自处分、侵害优先购买权的股权转让不影响所订立之合同的效力。其中的核心理解点在于，股权实际发生变动的行为与订立股权转让协议的行为是两个分离的行为。以股权的无权转让为例，无处分权人与第三人订立股权转让合同并不会直接导致股权发生变动，进而侵害到权利人的股权。股权转让合同仅是无处分权人与受让人意思表示的"合意"，此时，股权仍是权利人的股权。所以，法律并不会对一个仅是当事人之间意思表示"合意"的股权转让合同的效力做过多的限制。同时，就该股权转让合同的履行而言，无处分权人完全可以在股权转让合同订立之后、履行之前，先从权利人处合法取得股权，进而转让与受让人。在此种情况下，无权处分人便不再无权处分，而是有权处分。由此可见，该股权转让合同的履行行为也并不是一定会侵犯到权利人的股权。

因此，对于股权转让合同的效力的判断，应当根据《合同法》的相关规定加以判断。

扩展说明：侵犯优先购买权的股权转让合同的效力

审判实践中，部分人民法院对《最高人民法院关于适用〈中华人民共和国公司法〉若干问题的规定（四）》第21条规定的理解存在偏差，往往以保护其他股东的优先购买权为由认定股权转让合同无效。准确理解该条规定，既要注意保护其他股东的优先购买权，也要注意保护股东以外的股权受让人的合法权益，正确认定有限责任公司的股东与股东以外的股权受让人订立的股权转让合同的效力。一方面，其他股东依法享有优先购买权，在其主张按照股权转让合同约定的同等条件购买股权的情况下，应当支持其诉讼请求，除非出现该条第1款规定的情形；另一方面，为保护股东以外的股权受让人的合法权益，股权转让合同如无其他影响合同效力的事由，应当认定有效。其他股东行使优先购买权的，虽然股东以外的股权受让人关于继续履行股权转让合同的请求不能得到支持，但不影响其依约请求转让股东承担相应的违约责任。

（三）瑕疵股权的转让

此处的"瑕疵股权"指：股东未履行或者未全面履行出资义务的股权。

一般地，公司只能向未履行或者未全面履行出资义务的股东请求履行出资义务，而不能向受让人主张。但是，当受让人在受让时知道或者应当知道转让股权为瑕疵股权，那么此时再无保护受让人之善意的必要，公司以及债权人均可向其主张责任承担。

（1）受让人知道或者应当知道转让股权为瑕疵股权时，公司请求该股东履行出资义务的，受让人对此承担连带责任。

（2）受让人知道或者应当知道转让股权为瑕疵股权时，公司债权人请求未履行或者未全面履行出资义务的股东在未出资本息范围内对公司债务不能清偿的部分承担补充赔偿责任时，受让人对此承担连带责任。

（3）受让人承担责任后，有权向该未履行或者未全面履行出资义务的股东追偿，当事人另有约定的除外。

例如，甲有限责任公司的股东 A 尚有 20 万元的出资义务未履行，A 将其股权转让给本公司的股东 B 时，甲公司可以请求 B 对该 20 万元出资义务的履行与 A 承担连带责任，甲公司的债权人也可以请求 B 在该 20 万元的范围内对公司债务不能清偿的部分与 A 承担连带补充赔偿责任。但是，当 A 将股权转让给不知情的 C 时，甲公司以及债权人均不得向 C 主张以上的责任承担。

（四）一股二卖

《最高人民法院关于适用〈中华人民共和国公司法〉若干问题的规定（三）》第 27 条规定：股权转让后尚未向公司登记机关办理变更登记，原股东将仍登记于其名下的股权转让、质押或者以其他方式处分，受让股东以其对于股权享有实际权利为由，请求认定处分股权行为无效的，人民法院可以参照《物权法》第 106 条的规定处理。

例如，A 为甲有限责任公司股东，与 B 签订股权转让协议，将其名下的股权转让与 B，B 已支付价款，且已变更股东名册登记，但未变更股东工商登记。而后，A 又与 C 签订股权转让协议，将名下的股权转让与 C，且变更股东的工商登记。

（1）对该纠纷的处理，应当参照《物权法》第 106 条（善意取得）的规定处理。

（2）换而言之，此时受让人 C 满足以下条件即可善意取得。

①受让人在受让该股权时是善意的。

②以合理的价格转让。

③已经变更工商登记。

④除此之外，股权的善意取得，还应取得有限责任公司其他股东过半数的同意，且其他股东放弃优先购买权。

（3）原股东处分股权造成受让股东损失，受让股东请求原股东承担赔偿责任，对于未及时办理变更登记有过错的董事、高级管理人员或者实际控制人承担相应责任的，人民法院应予支持；受让股东对于未及时办理变更登记也有过错的，可以适当减轻上述董事、高级管理人员或者实际控制人的责任。

三、股权的强制执行

（1）人民法院依照法律规定的强制执行程序转让股东的股权时，应当通知公司和全体股东。

(2) 其他股东在同等条件下有优先购买权。其他股东自人民法院通知之日起满 20 日不行使优先购买权的，视为放弃优先购买权。

(3) 股权强制执行与对外转让股权的区别

	股权强制执行	对外转让股权
通知对象	人民法院通知公司和全体股东	转让股东通知其他股东征求同意
其他股东的同意	不需要	需要经其他股东过半数同意
其他股东的优先购买权	(1) 其他股东有优先购买权。 (2) 行使期间：在通知之日起满 20 日内行使	(1) 其他股东有优先购买权 (2) 行使期间： ①收到通知后，在公司章程规定的行使期间内提出购买请求。（章定） ②公司章程没有规定行使期间或者规定不明确的，以通知确定的期间为准。（通知） ③通知确定的期间短于 30 日或者未明确行使期间的，行使期间为 30 日。（法定）

四、异议股东股权回购请求权

异议股东行使股权回购请求权（也称股权收购请求权）是股东退出公司的方式之一。该权利的行使有其特定的事由，是小股东维护自己合法权益，摆脱大股东控制，退出公司的重要手段之一。

(1) 行使回购请求权的事由：

有下列情形之一的，对股东会该项决议投反对票的股东可以请求公司按照合理的价格收购其股权：

①公司连续五年不向股东分配利润，而公司该五年连续盈利，并且符合本法规定的分配利润条件的。【连续五年盈利，能分利但不分】

②公司合并、分立、转让主要财产的。

③公司章程规定的营业期限届满或者章程规定的其他解散事由出现，股东会会议通过决议修改章程使公司存续的。

(2) 自股东会会议决议通过之日起 60 日内，股东与公司不能达成股权收购协议的，股东可以自股东会会议决议通过之日起 90 日内向人民法院提起诉讼。【先协议，再起诉】

(3) 有限责任公司与股份有限公司股东行使回购请求权的事由对比

有限责任公司股东	股份有限公司股东
（1）公司连续五年不向股东分配利润，而公司该五年连续盈利，并且符合本法规定的分配利润条件的； （2）公司合并、分立、转让主要财产的； （3）公司章程规定的营业期限届满或者章程规定的其他解散事由出现，股东会会议通过决议修改章程使公司存续的	股东因对股东大会作出的公司合并、分立（此处无转让主要财产！）决议持异议，要求公司收购其股份的

（4）有限公司股东行使回购请求权事由与公司司法解散之诉的事由对比

有限公司股东行使异议回购请求权事由	司法解散之诉的事由
法定事由：股东反对股东会以下决议。 （1）公司连续五年不向股东分配利润，而公司该五年连续盈利，并且符合本法规定的分配利润条件的； （2）公司合并、分立、转让主要财产的； （3）公司章程规定的营业期限届满或者章程规定的其他解散事由出现，股东会会议通过决议修改章程使公司存续的	（1）法定事由：公司陷入"治理僵局"。 ①公司持续两年以上无法召开股东会或者股东大会，公司经营管理发生严重困难的。 ②股东表决时无法达到法定或者公司章程规定的比例，持续两年以上不能做出有效的股东会或者股东大会决议，公司经营管理发生严重困难的。 ③公司董事长期冲突，且无法通过股东会或者股东大会解决，公司经营管理发生严重困难的。 ④经营管理发生其他严重困难，公司继续存续会使股东利益受到重大损失的情形。 （2）排除事由： 股东以知情权、利润分配请求权等权益受到损害，或者公司亏损、财产不足以偿还全部债务，以及公司被吊销企业法人营业执照未进行清算等为由，提起解散公司诉讼的，人民法院不予受理

五、股权在离婚中的分割

离婚时，以一方名义在有限责任公司中所持有的股权为夫妻共同财产，而另一方不是该公司股东的，将该股权部分或者全部转让给该股东的配偶时，按以下情形分别处理：

（1）夫妻双方协商一致将该股权部分或者全部转让给该股东的配偶，过半数股东同意、其他股东明确表示放弃优先购买权的，该股东的配偶可以成为该公司股东。

（2）夫妻双方就该股份转让份额和转让价格等事项协商一致后：

①过半数股东不同意转让，但愿意以同等价格购买该股权的，人民法院可以对转让出资所得财产进行分割。

②过半数股东不同意转让，也不愿意以同等价格购买该股权的，视为其同意转让，该股东的配偶可以成为该公司股东。

其他股东是否同意转让	其他股东是否优先购买	股权是否成功转让
同意	不购买	成功
不同意	不购买	成功
不同意	购买	对转让股权所得财产进行分割

小结：

(1) 有限责任公司股权的对内转让：自由转让原则。

(2) 有限责任公司股权的对外转让：

①同意规则：其他股东过半数的同意 + 推定其他股东同意（其他股东满 30 日未答复的 + 其他股东半数以上既不同意也不购买）

②优先购买：同等条件下，公司其他股东优先购买。

- 行使期限：先由章程确定，章程无或者不明确则由通知确定，通知无或者不明确或短于 30 日，则法定 30 日。

- 救济期间：知道或者应当知道同等条件之日起 30 日内，且不得超过股权变更登记之日起满 1 年的时间点。

- 转让股东可以在其他股东行使优先购买权时，反悔，不再转让。

(3) 有限责任公司股权的强制执行：

①通知公司和全体股东。

②不需要同意。

③其他股东有优先购买权，在通知之日起 20 日内行使。

(4) 异议股东的股权收购请求权：对以下事项投反对票的有限责任公司的股东有权要求公司以合理价格回购其股权：

①连续五年盈利，能分利而不分。

②公司合并、分立、转让主要财产。

③营业期限届满或其他章定解散事由出现而不解散的。

(5) 股权在离婚中的分割：只有其他股东不同意转让，且行使优先购买权时，配偶才不能获得转让股权，此时对股权转让所得进行分割。

考点 12　股东的义务

命题分析

"股东的义务"是主观题的常考知识点，2014 年、2015 年、2016 年、

2018 年的主观题曾连续进行考查。从考查内容来看，股东的义务包括股东的一般义务、控股股东的特别义务、公司实际控制人及其义务三部分。其中，股东一般义务中的出资义务是重中之重，命题人比较喜欢将其与股东出资的方式、出资的规则以及瑕疵出资的责任结合考查。故而，考生需注意把握各个重点知识点的联系，锻炼自己融会贯通的学习能力。

考点解析

权利和义务总是相伴而行的，股东享有权利，自然也要承担义务。所谓股东的义务，是指作为公司股东，应当根据出资协议、公司章程和法律、行政法规的规定，履行的相应义务。因不同义务的主体不同，股东义务可以分为全体股东的共同义务、控股股东的特别义务以及公司实际控制人的义务。

一、全体股东的共同义务

所谓全体股东的共同义务，是指公司全体股东都必须履行的义务，不区分其持股比例的多少和对公司控制力的大小而有所差别。具体而言，这些义务主要包括：

（一）出资义务

主要从义务本身出发，概括性阐述股东出资义务的基本内容。"出资方式"和"出资程序"请参见"有限责任公司的设立条件"的专章内容；股东违反出资义务而产生的责任请参见"瑕疵出资责任"的专章内容；"抽逃出资"请参见"抽逃出资"的专章内容。因此，以上三点内容本章均不再赘述，仅仅探讨股东出资义务本身。

概念	出资义务是指股东应当根据出资协议和公司章程的规定，履行向公司出资的义务。这是股东最主要的义务
内容	积极义务：股东应当按期足额缴纳公司章程中规定的各自所认缴的出资额。 （1）以货币出资的：应当将货币出资足额存入有限责任公司在银行开设的账户； （2）以非货币财产出资的：应当依法办理其财产权的转移手续，使公司取得出资物的合法权利并能够有效行使该权利 消极义务：股东不得抽逃出资。 （1）概念：抽逃出资是指向公司出资后又以各种名义或者手段将出资从公司转移。 （2）认定： A. 制作虚假财务会计报表虚增利润进行分配； B. 通过虚构债权债务关系将其出资转出； C. 利用关联交易将出资转出； D. 其他未经法定程序将出资抽回的行为

	续表
履行方式	根据出资协议或者公司章程的具体约定，按照如下方式履行出资义务： （1）约定为出资一次缴纳的，股东应当一次性足额缴纳出资； （2）约定为出资分期缴纳的，股东应当按照约定的期限按时缴纳出资； （3）股东逾期缴纳出资的，应当向已履行出资义务的股东承担违约责任； （4）对于已缴纳给公司的出资财产，股东不能抽回
不受诉讼时效期间的限制	具体而言，股东违反出资义务（未履行出资义务、未全面履行出资义务或者抽逃出资），不得以诉讼时效为由进行以下抗辩： （1）不得以此为由抗辩公司或者其他股东要求其向公司履行出资义务或者返还出资的请求； （2）不得以此为由抗辩公司债权人要求其在未出资本息范围内对公司债务不能清偿的部分承担补充赔偿责任的请求
违反出资义务的法律后果	股东应当承担相应责任：违反出资义务的股东应当承担瑕疵出资和抽逃出资的相应责任 公司可以限制股东的权利： （1）股东未履行或者未全面履行出资义务或者抽逃出资，公司有权根据公司章程或者股东会决议对其利润分配请求权、新股优先认购权、剩余财产分配请求权等股东权利作出相应的合理限制； （2）此处是"限制"而非"剥夺"，且限制须是"相应的、合理的" 公司可以解除股东的资格： （1）有限责任公司的股东未履行出资义务或者抽逃全部出资，经公司催告缴纳或者返还，其在合理期间内仍未缴纳或者返还出资，公司可以以股东会决议解除该股东的股东资格； （2）股份有限公司的认股人未按期缴纳所认股份的股款，经公司发起人催缴后在合理期间内仍未缴纳，公司发起人可以另行募集该股份，实际上也产生了使原股东失权的效果

（二）不干涉公司正常经营的义务

（1）积极义务：股东依据公司章程规定的关于股东会或股东大会的权限以及公司法规定的股东权利行使权利，应当尊重公司董事会和监事会依据公司法和公司章程各自履行自己的职责。

（2）消极义务：股东不得干涉董事会、经理的正常经营管理活动，不得干涉监事会的正常工作。

（三）特定情形下的表决权禁行义务

股东特定情形下的表决权禁行义务，即利害关系股东的表决权回避义务。具体而言，包括以下要点：

（1）公司为公司股东或者实际控制人提供担保的，必须经股东会或者股东大会决议。

（2）被提供担保的股东或者受被提供担保的实际控制人支配的股东，不得参加关于该事项的股东会或者股东大会决议的表决。

（3）关于上述担保事项的表决由出席会议的其他股东所持表决权的过半数通过。

（四）不得滥用股东权利的义务

1. 义务内容

（1）积极义务：公司股东应当遵守法律、行政法规和公司章程，依法行使股东权利。

（2）消极义务：①不得滥用股东权利损害公司或者其他股东的利益；②不得滥用公司法人独立地位和股东有限责任损害公司债权人的利益。

2. 违反后果

（1）公司股东滥用股东权利给公司或者其他股东造成损失的，应当依法承担赔偿责任。

（2）公司股东滥用公司法人独立地位和股东有限责任，逃避债务，严重损害公司债权人利益的，应当对公司债务承担连带责任。

二、控股股东、实际控制人的特别义务

控股股东与实际控制人基于其控股地位或者实际控制地位，往往对公司决议拥有较大的影响力和支配力，并可以以此控制公司的重大决策、左右公司的正常经营，如此则非常容易导致其滥用权利，损害公司、股东或者公司债权人的合法利益。因此，我国公司法对控股股东规定了特别义务、对实际控制人也规定了特定义务。换而言之，控股股东既要承担股东的一般义务，又要承担控股股东的特别义务；而实际控制人虽然不是公司股东，不必承担股东的一般义务，但是基于其实际控制地位也要负担一定的义务。

（一）控股股东与实际控制人的概念

控股股东	以持股比例为认定标准：控股股东，是指其出资额占有限责任公司资本总额50%以上或者其持有的股份占股份有限公司股本总额50%以上的股东
	以对公司决议影响力为认定标准：控股股东，是指出资额或者持有股份的比例虽然不足50%，但依其出资额或者持有的股份所享有的表决权已足以对股东会、股东大会的决议产生重大影响的股东
实际控制人	概念：实际控制人，是指虽不是公司的股东，但通过投资关系、协议或者其他安排，能够实际支配公司行为的人
	实例：A公司独资设立B公司，B公司同时是C公司的控股股东，那么A公司就是C公司的实际控制人

（二）不得滥用控股股东的地位，损害公司和其他股东利益的义务

（1）义务主体：此项义务<u>仅仅针对控股股东，不针对实际控制人</u>。

（2）违反义务的行为：实践中滥用股东权利的行为主要是控股股东实施的。至于滥用控股地位的行为方式，可以说是多种多样。最典型行为方式则是控股股东以资本多数决原则为依托，<u>违反法律规定滥用股东权利导致公司不分配利润，给其他股东造成损失</u>。

（三）不得利用其关联关系损害公司利益的义务

1. 义务主体

此项义务的主体有公司控股股东、实际控制人、董事、监事、高级管理人员。

2. 关联关系的认定

（1）积极情形：关联关系，是指公司控股股东、实际控制人、董事、监事、高级管理人员与其直接或者间接控制的企业之间的关系，以及可能导致公司利益转移的其他关系。

（2）消极情形：国家控股的企业之间不仅仅因为同受国家控股而具有关联关系。

3. 违法义务的行为

最典型的行为方式就是上述义务主体利用其关联关系，控制公司与其直接或间接控制的企业进行不公平的交易，从而损害公司和其他股东的利益。

4. 履行法定程序不能豁免关联交易赔偿责任

关联交易损害公司利益，原告公司依据《公司法》第 21 条规定请求控股股东、实际控制人、董事、监事、高级管理人员赔偿所造成的损失，被告仅以该交易已经履行了信息披露、经股东会或者股东大会同意等法律、行政法规或者公司章程规定的程序为由抗辩的，人民法院不予支持。公司没有提起诉讼的，符合《公司法》第 151 条第 1 款规定的股东，可以依据《公司法》第 151 条第 2 款、第 3 款规定向人民法院提起诉讼。

（四）滥用权利的赔偿义务

1. 控股股东的赔偿义务

（1）对公司或者其他股东：公司股东（一般股东 + 控股股东）滥用股东权利给公司或者其他股东造成损失的，应当依法承担赔偿责任；

（2）对公司债权人：公司股东（一般股东 + 控股股东）滥用公司法人独立地位和股东有限责任，逃避债务，严重损害公司债权人利益的，应当对公司

债务承担连带责任。

2. 实际控制人的赔偿义务

公司的实际控制人（也包括控股股东、董事、监事、高级管理人员）利用其关联关系损害公司利益，给公司造成损失的，应当承担赔偿责任。

考点13　有限责任公司的组织机构

命题分析

"有限责任公司的组织机构"主要包括"股东会""董事会""经理""监事会"四部分内容。总体来说，本考点属于理解难度不大，但需要记准记牢的知识点。本考点曾在2017年主观题中进行了考查。

在该知识点中，"股东会的职权""董事会的组成和职权""经理的职权"以及"监事会的组成和职权"属于常考点，且常常与"公司决议效力"等知识点结合在一起进行综合考查。

考点解析

公司组织机构是公司存在和运行的制度体现与保障，是公司成为法人组织的必要条件，也是公司实现有效治理的基础。

作为"法人"的典型代表，公司通过特定的组织机构来实现其意志、履行其行为。在现代有限责任公司中，组织机构大致包括权力机关、决策机关、执行机关、监督机关。与之相对，我国公司法规定的有限责任公司组织机构主要包括股东会、董事会（执行董事）、经理、监事会。具体而言，公司治理机关类型与公司组织机构的对应如下：

机关类型	组织机构	具体说明
权力机关	股东会	（1）股东作为公司的出资者和所有者理应对公司享有最高权力，而股东行使权力的机关即为股东会。 （2）一般而言，股东会为公司必设机构，行使公司最高的决策权
决策机关	董事会	董事会由股东会选举产生，由董事组成，行使公司日常经营的决策权和业务执行权
监督机关	监事会	监事会的主要职责是监督董事、董事会和经理的经营行为，对其违法和不当的经营行为和其他可能侵犯公司利益、股东利益的行为进行约束
执行机关	经理	（1）经理是实际上对公司日常经营进行管理的公司机关； （2）经理主要负责落实董事会的决策并向董事会报告工作

> **注意**：通过上表中关于公司组织机构的职能定位来理解下文中其各自具体的职权。

一、股东会

（一）股东会的性质与组成

1. 性质

（1）股东会是有限责任公司的权力机关。除公司法有特别规定的（一人公司和国有独资公司）以外，有限责任公司必须设立股东会。

（2）股东会是非常设机关，仅以会议形式存在，只有在召开股东会会议时，股东会才会作为公司机关存在。

2. 组成

有限责任公司股东会由全体股东组成。股东是按其所认缴出资额向有限责任公司缴纳出资的人。

（二）股东会的职权

根据《公司法》第37条的规定，股东会行使下列职权：

职权	说明
【决定】公司的经营方针和投资计划	（1）"经营方针"关乎公司经营发展的大致方向，不具备具体可操作性。例如，"公司发展坚持'以人为本'""公司生产坚持'绿色原则'"。 （2）"投资计划"为公司投资业务的大致方向，同样也不具备具体的可操作性。例如，"公司今年要进行证券投资"
【选举和更换】非由职工代表担任的董事、监事 【决定】有关董事、监事的报酬事项	（1）人事任免权： ①有权选举和更换董事和监事（由职工代表担任的除外）； ②无权决定聘任和解聘经理、副经理以及财务负责人（属于董事会职权）； ③无权选举和更换董事长、副董事长（其产生办法由公司章程规定）。 （2）报酬决定权： ①有权决定董事和监事的报酬事项（包括年薪、董事责任保险费）； ②无权决定经理、副经理以及财务负责人的报酬事项（属于董事会的职权）

续表

职权	说明
【审议批准】董事会的报告	董事会和监事会向股东会负责，因此，董事会和监事会的报告应由股东会审议批准
【审议批准】监事会或者监事的报告	
【审议批准】公司的年度财务预算方案、决算方案	公司的年度财务预算和决算方案属于公司一个会计年度内的最为重大的财务管理事项。因此，由股东会决定
【审议批准】公司的利润分配方案和弥补亏损方案	利润分配方案和弥补亏损方案是对公司经营所得的重大安排，直接涉及全体股东的切身利益。因此，由股东会决定
对公司增加或者减少注册资本作出决议	增资、减资以及发行债券属于公司资本的重大变更事项，由股东会决定
对发行公司债券作出决议	
对公司合并、分立、解散、清算或者变更公司形式作出决议	公司的合并、分立、解散、清算、变更公司形式以及修改公司章程与公司的生存发展直接相关。因此，由股东会决定
修改公司章程	
公司章程规定的其他职权	

【注意】对前款所列事项股东以书面形式一致表示同意的，可以不召开股东会会议，直接作出决定，并由全体股东在决定文件上签名、盖章

有限责任公司股东会的职权

"两个方向性决策"	决定公司的经营方针和投资计划
"两个人、两个报告"	（1）选举和更换非由职工代表担任的董事、监事，决定有关董事、监事的报酬事项； （2）审议批准董事会的报告； （3）审议批准监事会或者监事的报告
"四个最终财权"	（1）审议批准公司的年度财务预算方案、决算方案； （2）审议批准公司的利润分配方案和弥补亏损方案； （3）对公司增加或者减少注册资本作出决议； （4）对发行公司债券作出决议
"公司的章程与生死"	（1）对公司合并、分立、解散、清算或者变更公司形式作出决议； （2）修改公司章程
"其他"	公司章程规定的其他职权

（三）股东会的召开

股东会分为两种，定期会议与临时会议。

1. 召开会议的提议

（1）定期会议：依照公司章程的规定按时召开。

（2）临时会议：代表十分之一以上表决权的股东，三分之一以上的董事，监事会或者不设监事会的公司的监事有权提议召开。

2. 会议的召集与主持

（1）首次会议：由出资最多的股东召集和主持，依照本法规定行使职权。

（2）有限责任公司设立董事会的：

①股东会会议由董事会召集，董事长主持；

②董事长不能履行职务或者不履行职务的，由副董事长主持；

③副董事长不能履行职务或者不履行职务的，由半数以上董事共同推举一名董事主持。

（3）有限责任公司不设董事会的，股东会会议由执行董事召集和主持。

（4）董事会或者执行董事不能履行或者不履行召集股东会会议职责的：

①由监事会或者不设监事会的公司的监事召集和主持；

②监事会或者监事不召集和主持的，代表十分之一以上表决权的股东可以自行召集和主持。

有限责任公司股东会的召集与主持

1.董事会或者执行董事召集主持	董事会或者执行董事召集时： 1. 设立董事会的 （1）召集：董事会召集 （2）主持： ①原则上，董事长 ②董事长不能履行或不履行职务时，副董事长 ③副董事长不能履行或不履行职务时，半数以上董事共同推举一名董事 2. 设立执行董事的 召集和主持：执行董事
2.监事会或者监事召集主持	监事会或者监事召集主持时： 召集和主持：监事会或者监事（不设监事会时）
3.大股东（1/10以上表决权）自行召集和主持	股东召集和主持时： 召集和主持：代表1/10以上表决权的股东

【注意】首次股东会会议由出资最多的股东召集和主持

3. 召开会议的通知程序

（1）首先，按照公司章程规定或者全体股东的约定通知。

（2）其次，当公司章程未规定，全体股东也未另作约定时，应当于会议召开 15 日前通知全体股东。

（3）股东会应当对所议事项的决定做成会议记录，出席会议的股东应当在会议记录上签名。

> **扩展说明 1**：请求召开股东（大）会不可诉
>
> 股东请求判令公司召开股东（大）会的，人民法院应当告知其按照《公司法》第 40 条或者第 101 条规定的程序自行召开。股东坚持起诉的，人民法院应当裁定不予受理；已受理的，裁定驳回起诉。

（四）股东会决议

（1）表决权行使规则：股东会会议由股东按照出资比例行使表决权；但是，公司章程另有规定的除外。

例如，甲有限责任公司章程可以规定，甲有限责任公司股东会的表决权不按照股东的出资比例行使，而是实行一人一票制；又例如，乙公司的章程规定出资比例为 70% 的股东 A，行使股东会表决权时，表决比例为 40%，其他的比例由除 A 以外的其他 3 名股东平均持有。

（2）议事方式和表决程序：股东会的议事方式和表决程序，除本法有规定的外，由公司章程规定。

（3）公司的表决规则：

①就普通事项进行决议：

- 当公司章程未另有规定时，表决权过半数即可通过。
- 当公司章程另有规定时，按照以下规则进行处理：

A. 公司章程对通过比例有更严格规定（例如 70%）时，从其规定；

B. 公司章程对通过比例有更宽松规定（例如 40%）时，该规定无效，按照法定的通过比例进行决议。

②就下列重大事项进行决议，必须按照法律规定，经代表 2/3 以上表决权的股东通过（注意：不是股东人数的 2/3 以上，而是表决权的 2/3 以上）：

- 修改公司章程；
- 增加或者减少注册资本的决议；
- 公司合并、分立、解散以及变更公司形式的决议。

③股东以书面形式一致表示同意的，可以不召开股东会会议，直接作出决定，并由全体股东在决定文件上签名、盖章。

④利害关系股东表决权的排除

公司为公司股东或者实际控制人提供担保时，会涉及利害关系股东表决权的排除，具体处理规则如下：

公司转投资及担保事项的决议

对外（向其他企业投资或为他人提供担保）	对内（为股东或实际控制人提供担保）
(1) 决议机关：按照章程规定，由董事会或者股东会、股东大会决议。 (2) 额度限制：公司章程对投资或者担保的总额及单项投资或者担保的数额有限额规定的，不得超过规定的限额	(1) 决议机关：必须经股东会或者股东大会决议（章程无自治空间）。 (2) 利害关系股东表决权的排除：该股东或者该实际控制人支配的股东，不得参加前款规定事项的表决。 (3) 表决通过：由出席会议的其他股东所持表决权过半数通过

扩展说明：公司法定代表人违章对外担保的问题

公司法定代表人违章对外担保的问题，是指在公司对外担保问题上，法定代表人未按照公司章程或者公司权力机构的决议为他人提供担保的，此时该如认定担保合同的效力，如何平衡公司、股东与担保权人之间的利益关系？

法定代表人违反公司章程规定，越权实施对外担保时，应当区分公司的类型采取如下处理规则：

	一般公司	专业担保公司
处理规则	担保权人仅需要从形式上审查公司章程、公司决议是否签章齐全，公司决议内容是否符合公司章程的要求即可认定其为善意相对人，不要求其实质审查签章是否真实 若担保权人系善意相对人，担保合同为有效合同，符合条件的，公司应当承担相应的担保责任； 公司在承担相应的担保责任后，可以依照相关法律规定、公司章程等请求法定代表人承担相应的民事责任	担保权人无须就担保公司章程或者董事会、股东（大）会决议是否对法定代表人代表权限制进行形式审查，推定其为善意相对人
具体理由	(1) 担保业务并非公司的日常业务范围。为他人提供担保属于公司非常规的、特殊的财产处分行为； (2) 公司对外提供担保，不单单是公司章程或者公司权力机构决议对法定代表人代表权的约定限制问题，而且通过《公司法》第16条对外进行了公示； (3) 公司对外担保涉及相对人与法人之间重大利益平衡，需要对相对人科以形式上的注意义务	(1) 公司是以为他人提供担保为主营业务的担保公司，或者是开展保函业务的银行或者非银行金融机构； (2) 公司为其直接或者间接控制的公司开展经营活动向债权人提供担保； (3) 公司与主债务人之间存在相互担保等商业合作关系； (4) 担保合同系由单独或者共同持有公司三分之二以上表决权的股东签字同意

扩展说明2：表决权能否受限

股东认缴的出资未届履行期限，对未缴纳部分的出资是否享有以及如何行使表决权等问题，应当根据公司章程确定。公司章程没有规定的，应当按照认缴出资的比例确定。如果股东（大）会作出不按认缴出资比例而按实际出资比例或者其他标准确定表决权的决议，股东请求确认决议无效的，人民法院应当审查该决议是否符合修改公司章程所要求的表决程序，即必须经代表三分之二以上表决权的股东通过。符合的，人民法院不予支持；反之，则依法予以支持。

二、董事会

（一）董事会的性质与组成

1. 性质

董事会是有限责任公司的业务执行机关，享有业务执行权和日常经营的决策权。

2. 组成

（1）人数

①一般而言，董事会成员为3~13人，非职工代表董事由股东会任免；

②股东人数较少或者规模较小的有限责任公司，可以设一名执行董事，不设董事会。

（2）职工代表董事

①"应当有"：两个以上的国有企业或者两个以上的其他国有投资主体投资设立的有限责任公司，其董事会成员中应当有公司职工代表。

②"可以有"：其他有限责任公司董事会成员中可以有公司职工代表。

③产生方式：董事会中的职工代表由公司职工通过职工代表大会、职工大会或者其他形式民主选举产生（注意：职工代表董事并非由公司股东会选举和更换）。

(3) 董事长的产生办法

董事长、副董事长的产生办法

公司类型	有限责任公司	股份有限公司	国有独资公司
人数的设置	董事会设董事长一人，可以设副董事长		
产生办法	董事长、副董事长的产生办法由公司章程【规定】	董事长和副董事长由董事会以全体董事的过半数【选举】产生	董事长、副董事长由国有资产监督管理机构从董事会成员中【指定】

> **扩展说明 1**：公司法定代表人的确定
> ①公司法定代表人不等于董事长。
> ②A. 公司法定代表人依照公司章程的规定，由董事长、执行董事或者经理（没有监事）担任，并依法登记。
> B. 公司法定代表人变更，应当办理变更登记。

> **扩展说明 2**：董事长的职权
>
> | 概述 | 公司法未明确规定董事长的职责（董事长可以是公司的法定代表人） |
> | --- | --- |
> | 具体职权 | 一般而言，董事长的职权有：
(1) 主持股东会会议，召集和主持董事会会议；
(2) 检查董事会决议的实施情况；
(3) 对外代表公司；
(4) 设立分公司时，向公司登记机关申请登记，领取营业执照；
(5) 公司章程规定的其他职权 |

(4) 董事的任职期限

①董事任期由公司章程规定，但每届任期不得超过三年（≤3 年）。

②董事任期届满时，连选可以连任，并无任职届数的限制。

③董事任期届满未及时改选，或者董事在任期内辞职导致董事会成员低于法定人数的，在改选出的董事就任前，原董事仍应当依照法律、行政法规和公司章程的规定，履行董事职务。否则，可能违反董事的忠诚义务和勤勉义务，给公司造成损失的，应当承担相应的赔偿责任。

例如，甲公司董事会共有 A、B、C 3 名董事，A 董事由于其个人原因在任期内申请辞职。由于甲公司总共只有 3 名董事，属于最低的法定人数，因此，

A 在改选出新的董事就任前，应当继续履行董事职务。

（5）董事的职务解除等

董事任期届满前被股东会或者股东大会有效决议解除职务，其主张解除不发生法律效力的，人民法院不予支持。董事职务被解除后，因补偿与公司发生纠纷提起诉讼的，人民法院应当依据法律、行政法规、公司章程的规定或者合同的约定，综合考虑解除的原因、剩余任期、董事薪酬等因素，确定是否补偿以及补偿的合理数额。

（二）董事会的召开和决议

1. 会议的召集与主持

（1）董事会会议由董事长召集和主持；

（2）董事长不能履行职务或者不履行职务的，由副董事长召集和主持；

（3）副董事长不能履行职务或者不履行职务的，由半数以上董事共同推举一名董事召集和主持。

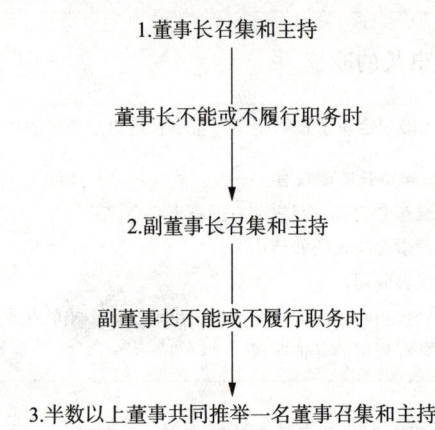

有限责任公司董事会的召集与主持

注意：董事会的召集和主持与股东会不同，不存在持有10%以上表决权的股东召集和主持会议的情形。

2. 董事会的表决规则

（1）董事会决议的表决，实行一人一票。

注意： 表决权行使规则

股东会	董事会
股东会会议由股东按照出资比例行使表决权；但是公司章程另有规定的除外	董事会决议的表决，实行一人一票

（2）董事会的议事方式和表决程序，除本法有规定的外，由公司章程规定。

（3）董事会应当对所议事项的决定做成会议记录，出席会议的董事应当在会议记录上签名。

（三）董事会的职权

根据《公司法》第46条的规定，董事会行使下列职权：

（1）【召集】股东会会议，并向股东会报告工作。

（2）【执行】股东会的决议。

（3）【决定】公司的经营计划和投资方案；

董事会"决定公司的经营计划和投资方案"与股东会
"决定公司的经营方针和投资计划"职权的区分

	股东会	董事会
职权	决定公司的经营方针和投资计划	决定公司的经营计划和投资方案
特点	股东会的职权属于"方向性"或者"战略性"的，其计划和方针不具备具体操作性	董事会的职权属于"战术性"的，在股东会规定的"方向"引导下，进行具体的实施，其方案和计划具备操作性

例如，甲有限责任公司股东会做出了"公司年度核心业务为高科技产品生产"的决议（经营方针），于是甲公司董事会和乙科研机构签订了"A科技产品委托研发"的协议（经营计划）

（4）【制订】公司的年度财务预算方案、决算方案。

（5）【制订】公司的利润分配方案和弥补亏损方案。

（6）【制订】公司增加或者减少注册资本以及发行公司债券的方案。

（7）【制订】公司合并、分立、解散或者变更公司形式的方案。

注意： 关于上述方案，董事行使的职权是"制订权"（给出初步意见），而股东会行使的职权是"审议批准权"（最终拍板）。

(8)【决定】公司内部管理机构的设置。
(9)【决定】聘任或者解聘公司经理及其报酬事项，并根据经理的提名决定聘任或者解聘公司副经理、财务负责人及其报酬事项。

> **注意**：董事会有权直接任免的是经理，而副经理和财务负责人的人选只能在经理提名的范围内决定。

(10)【制定】公司的基本管理制度。
(11) 公司章程规定的其他职权。

> **注意**：执行董事的职权由公司章程规定。

有限责任公司董事会职权

"为股东会服务"	(1) 召集股东会会议，并向股东会报告工作； (2) 执行股东会的决议
"制订四种方案"	(1) 制订公司的年度财务预算方案、决算方案； (2) 制订公司的利润分配方案和弥补亏损方案； (3) 制订公司增加或者减少注册资本以及发行公司债券的方案； (4) 制订公司合并、分立、解散或者变更公司形式的方案
"决定四个事项"	(1) 决定公司的经营计划和投资方案； (2) 决定公司内部管理机构的设置； (3) 决定聘任或者解聘公司经理及其报酬事项，并根据经理的提名决定聘任或者解聘公司副经理、财务负责人及其报酬事项； (4) 制定公司的基本管理制度
"其他"	公司章程规定的其他职权

有限责任公司股东会职权与董事会职权的区分

	股东会职权	董事会职权
职权定位	重大事项的最终决定权	重大事项的提议、落实以及日常事务的决定权
经营方面	决定经营方针	决定经营计划
投资方面	决定投资计划	决定投资方案
人事任免方面	非由职工代表担任的董事、监事的任免及其报酬事项	经理的任免及其报酬事项，副经理和财务负责人（根据经理的提名）的任免及其报酬事项
重大决策方面	审议批准（方案）、作出决议	制订方案（年度财务预算、决算方案、分红、补亏、增减资、合并、分立、变更形式以及解散、清算等方案）

三、经理

（一）经理概述

（1）有限责任公司的经理是负责公司日常经营管理工作的高级管理人员。
（2）有限责任公司可以设经理，由董事会决定聘任或者解聘（非股东会）。
（3）经理对董事会负责，属于董事会的"辅助执行机构"。
（4）根据公司章程的规定，经理可以作为公司的法定代表人。
（5）执行董事可以兼任公司经理。
（6）经理列席董事会会议。
（7）公司章程对经理职权另有规定的，从其规定。

（二）经理的职权

根据《公司法》第49条的规定，经理行使下列职权：
（1）【主持】公司的生产经营管理工作，【组织实施】董事会决议；
（2）【组织实施】公司年度经营计划和投资方案；
（3）【拟订】公司内部管理机构设置方案；
（4）【拟订】公司的基本管理制度；
（5）【制定】公司的具体规章；
（6）【提请】聘任或者解聘公司副经理、财务负责人；
（7）【决定】聘任或者解聘除应由董事会决定聘任或者解聘以外的负责管理人员；
（8）董事会授予的其他职权；

董事会职权与经理职权的区分

	董事会	经理
董事会决议	作出	组织实施
经营计划和投资方案	决定	组织实施
公司内部管理机构设置	决定	拟订方案
公司的基本管理制度	制定	拟订
公司的具体规章		制定
副经理、财务负责人	决定任免	提请任免

四、监事会

（一）监事会的性质与组成

1. 性质

（1）监事会是经营规模较大的有限责任公司的常设监督机关，专司监督职能。

（2）监事会向股东会负责，并且向其报告工作。

2. 组成

由监事组成，其成员不得少于三人。

（1）人数：成员不得少于三人（≥3人）。股东人数较少或者规模较小的有限责任公司，可以设一至二名监事，不设监事会。

（2）职工代表：

①监事会应当包括股东代表和适当比例的公司职工代表，其中职工代表的比例不得低于三分之一（≥1/3），具体比例由公司章程规定。

②监事会中的职工代表由公司职工通过职工代表大会、职工大会或者其他形式民主选举产生。

董事会和监事会中职工代表的区别

有限责任公司董事会中的职工代表	有限责任公司监事会中的职工代表
（1）"必须有"的情形： ①两个以上的国有企业或者两个以上的其他国有投资主体投资设立的有限责任公司； ②此时，职工代表的比例无强制性规定。 （2）"可以有"的情形（也可以没有）： 其他有限责任公司董事会成员中可以有公司职工代表。	（1）监事会中必须有职工代表。 （2）具体比例由公司章程规定，但不得低于三分之一（≥1/3）。

（3）监事会主席：

①监事会设主席一人，由全体监事过半数选举产生；

> **注意区分**：有限责任公司董事长的产生办法由公司章程规定。
>
> 例如，甲有限责任公司的章程可以规定董事长由全体董事过半数选举产生，也可以规定董事长必须由董事中同时具有法律和会计专业背景的人担任。但是，甲有限责任公司的监事会主席，必须由全体监事过半数选举产生。

②监事会主席负责召集和主持监事会会议。

（4）任期：

①监事的任期每届为 3 年［董事任期由公司章程规定，但不得超过三年（≤3 年）］。

例如，甲有限责任公司的章程可以规定董事的任期为 1 年半，只要不超过 3 年即可；但甲公司的监事的任期只能是 3 年。

②监事任期届满，连选可以连任。

③监事任期届满未及时改选，或者监事在任期内辞职导致监事会成员低于法定人数的，在改选出的监事就任前，原监事仍应当依照法律、行政法规和公司章程的规定，履行监事职务。否则，可能违反监事的忠诚义务和勤勉义务，给公司造成损失的，应当承担相应的赔偿责任。【与董事相同】

（5）董事、高级管理人员不得兼任监事。

（二）监事会的召开与决议

1. 监事会的召开

监事会每年度至少召开一次会议，监事可以提议召开临时监事会会议。

2. 监事会的召集与主持

（1）监事会主席召集和主持监事会会议。

（2）监事会主席不能履行职务或者不履行职务的，由半数以上监事共同推举一名监事召集和主持监事会会议。

有限责任公司监事会的召集与主持

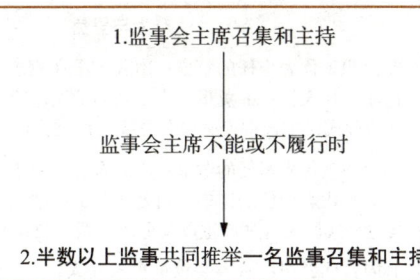

3. 监事会的表决规则

（1）监事会的议事方式和表决程序，除本法有规定的外，由公司章程规定。

（2）监事会决议应当经半数以上监事通过。

（3）监事会应当对所议事项的决定做成会议记录，出席会议的监事应当在会议记录上签名。

（三）监事会的职权

1. 监事会的职权

一般职权	（1）监事会、不设监事会的公司的监事行使下列职权： ①检查公司财务； ②对董事、高级管理人员执行公司职务的行为进行监督，对违反法律、行政法规、公司章程或者股东会决议的董事、高级管理人员提出罢免的建议； ③当董事、高级管理人员的行为损害公司的利益时，要求董事、高级管理人员予以纠正； ④提议召开临时股东会会议，在董事会不履行本法规定的召集和主持股东会会议职责时召集和主持股东会会议； ⑤向股东会会议提出提案； ⑥依照本法第151条的规定，对董事、高级管理人员提起诉讼； ⑦公司章程规定的其他职权
质询建议权	监事可以列席董事会会议，并对董事会决议事项提出质询或者建议
调查权	（1）监事会、不设监事会的公司的监事发现公司经营情况异常，可以进行调查； （2）必要时，可以聘请会计师事务所等协助其工作，费用由公司承担

2. 监事会行使职权的保障

监事会、不设监事会的公司的监事行使职权所必需的费用，由公司承担。

五、公司治理主要参与者的产生与罢免

董事（董事长）、监事（监事会主席）、经理、副经理以及财务负责人的产生和罢免如下表所示：

职位	产生与罢免
董事	（1）非由职工代表担任的董事：由股东会（股东大会）选举和更换； （2）由职工代表担任的董事：由公司职工通过职工代表大会、职工大会或者其他形式民主选举产生以及更换（两类公司）
监事	（1）非由职工代表担任的监事：由股东会（股东大会）选举和更换； （2）由职工代表担任的监事：由公司职工通过职工代表大会、职工大会或者其他形式民主选举产生以及更换（两类公司）
董事长	（1）有限责任公司：董事会设董事长一人，可以设副董事长。董事长、副董事长的产生办法由公司章程规定； （2）股份有限公司：董事会设董事长一人，可以设副董事长。董事长和副董事长由董事会以全体董事的过半数选举产生
监事会主席	（1）有限责任公司：监事会设主席一人，由全体监事过半数选举产生； （2）股份有限公司：监事会设主席一人，可以设副主席。监事会主席和副主席由全体监事过半数选举产生
经理	由董事会决定聘任与解聘（两类公司）
副经理、财务负责人	（1）由经理提名聘任或者解聘； （2）由董事会决定聘任或者解聘（两类公司）

考点14　公司决议瑕疵

命题分析

"公司决议瑕疵"主要包括"公司决议的瑕疵类型"和"公司瑕疵决议的诉讼"两大块内容。

在近十年的主观题中,"公司决议瑕疵类型"在2012年、2015年的主观题中进行了考查,2015年甚至有2小问都考查该考点。由此可见该考点的分量!而且,命题人的考查思路一般都是考查考生能否准确判断公司某个决议的效力类型。

《最高人民法院关于适用〈中华人民共和国公司法〉若干问题的规定(四)》对该考点作了大量的补充性规定,新增加了"决议不成立"的瑕疵类型,这部分内容预计会受到命题人的青睐,考生应当给予足够的重视。

考点解析

一、公司决议瑕疵类型

关于股东会、董事会决议的瑕疵类型,我国《公司法》采取的是"三分法",即把公司的决议的效力类型具体分为"决议不成立""决议可撤销"以及"决议无效"三种。公司的决议不仅会牵涉公司的经营发展,而且与董事、监事、高级管理人员、股东以及债权人等主体的利益休戚相关。因此,决议的内容和程序都必须合法、公正。如果决议内容或者程序上有瑕疵,其效力就会受到影响。具体而言,我国公司决议的瑕疵类型如下:

类型	法定事由
决议无效	"内容违法": 公司股东会或者股东大会、董事会的决议内容违反法律、行政法规的无效
决议可撤销	(1) 原则 ① "程序违法或违章" 股东会或者股东大会、董事会的会议召集程序、表决方式违反法律、行政法规或者公司章程。 ② "内容违章" 决议内容违反公司章程。 (2) 例外: "轻微程序瑕疵的排除" 股东请求撤销股东会或者股东大会、董事会决议,会议召集程序或者表决方式仅有轻微瑕疵,且对决议未产生实质影响的,人民法院不予支持

续表

类型	法定事由
决议不成立（新增）	（1）公司未召开会议的，但依据《公司法》第37条第2款或者公司章程规定可以不召开股东会或者股东大会而直接作出决定，并由全体股东在决定文件上签名、盖章的除外； （2）会议未对决议事项进行表决的； （3）出席会议的人数或者股东所持表决权不符合公司法或者公司章程规定的； （4）会议的表决结果未达到公司法或者公司章程规定的通过比例的； （5）导致决议不成立的其他情形

二、公司决议瑕疵诉讼

有效公司决议（包括股东会决议和董事会决议）的形成，既有程序上的要求，又有内容上的要求。当公司决议的形成在程序和内容上存在瑕疵时，股东有权提起公司决议瑕疵诉讼，以确认相关决议的效力。具体而言，处理规则如下：

	决议不成立（新增）	决议可撤销	决议无效
事由	（1）公司未召开会议的，但依据《公司法》第37条第二款或者公司章程规定可以不召开股东会或者股东大会而直接作出决定，并由全体股东在决定文件上签名、盖章的除外； （2）会议未对决议事项进行表决的； （3）出席会议的人数或者股东所持表决权不符合公司法或者公司章程规定的； （4）会议的表决结果未达到公司法或者公司章程规定的通过比例的； （5）导致决议不成立的其他情形	（1）程序违法或违章：股东会或者股东大会、董事会的会议召集程序、表决方式违反法律、行政法规或者公司章程。 （2）内容违章：决议内容违反公司章程。 （3）轻微程序瑕疵的排除：会议召集程序或者表决方式仅有轻微瑕疵，且对决议未产生实质影响的，人民法院不予支持	内容违法：公司股东会或者股东大会、董事会的决议内容违反法律、行政法规的无效
提起诉讼的期间限制	无	决议作出之日起六十日内，请求人民法院撤销	无
当事人	（1）原告： ①决议不成立之诉与决议无效之诉：与决议有利害关系的股东、董事、监事等； ②决议可撤销之诉：股东，且应当在起诉时具有公司股东资格 （2）被告：公司 （3）第三人：决议涉及的其他利害关系人 （4）共同原告：一审法庭辩论终结前，其他有原告资格的人以相同的诉讼请求申请参加前款规定诉讼的，可以列为共同原告		

续表

	决议不成立（新增）	决议可撤销	决议无效
担保	人民法院可以应公司的请求，要求原告提供相应担保		
法律后果	（1）公司根据股东会或者股东大会、董事会决议已办理变更登记的，人民法院宣告该决议无效、不成立，或者撤销该决议后，公司应当向公司登记机关申请撤销变更登记。 （2）对善意相对人的保护 股东会或者股东大会、董事会决议被人民法院判决确认无效、不成立，或者撤销的，公司依据该决议与善意相对人形成的民事法律关系不受影响		

【说明】

1. 决议瑕疵诉讼的原告

（1）决议不成立、无效之诉的原告

根据《最高人民法院关于适用〈中华人民共和国公司法〉若干问题的规定（四）》的规定，决议不成立、无效之诉的原告为 股东、董事、监事等。此处的"等"字，可以解释为直接利害关系人①。具有直接利害关系的人均可提起诉讼，请求法院确认决议不成立或者无效。比如具有直接利害关系的公司的高级管理人员、职工、债权人等。

（2）决议撤销之诉的原告

根据《最高人民法院关于适用〈中华人民共和国公司法〉若干问题的规定（四）》的规定，决议撤销之诉的原告为 起诉时具有股东资格的股东。对比决议不成立、无效之诉的原告来看，决议撤销之诉的原告范围仅限于"股东"，这主要是由于决议不成立、无效的效力瑕疵严重程度明显大于决议可撤销的严重程度。因此，具有直接利害关系的人均可提请确认决议不成立或者无效。

同时，还应当注意到，此处适格原告还仅限于起诉时具有股东资格的股东，起诉时已经丧失股东资格的人不是适格原告。

2. 决议瑕疵诉讼法律后果中"对于善意相对人的保护"的问题

《最高人民法院关于适用〈中华人民共和国公司法〉若干问题的规定（四）》在第6条关于保护善意相对人的规定中，仅明确"决议无效""决议被撤销"时，公司依据该决议与善意相对人形成的民事法律关系不受影响，并未明确规定"决议不成立"时，善意相对人的保护问题。本书认为，在"决

---

① 参照《最高人民法院关于适用〈中华人民共和国公司法〉若干问题的规定（四）意见稿》可知，正式稿中删除了草案"有直接利害关系的高级管理人员、职工、债权人"的规定；同时，保留"等"字，扩大了司法实践中法官的自由裁量权，同时，增加了适格原告的判断难度。因此，此处的"等"字，本书倾向于将其解释为"直接利害关系人"，不仅仅包括高管、职工、债权人，也包括其他直接利害关系人。

议不成立"的情形下，公司依据该决议与善意相对人形成的民事法律关系也不受影响。①

例如，2013 年 A、B、C、D、E 五人共同出资设立甲有限责任公司，均已足额出资，其出资比例分别为 44%、32%、13%、6%、5%。2014 年，甲公司就为股东 A 提供担保而召开股东会，A、D、E 出席，而 B、C 未出席。投票表决时，A、D、E 均表示同意，因此甲公司做出了股东会决议，为 A 提供担保，与 A 之债权人善意的乙订立担保合同。①由于"对内担保"时（为公司股东或者实际控制人提供担保时），利害关系股东的表决权被排除，此时 A 没有表决权，有效的表决为 D、E 的表决，而此时 D、E 的表决比例仅为 11%，未过半，因此该决议的作出具有"会议的表决结果未达到公司法或者公司章程规定的通过比例"的瑕疵，属于不成立的决议。②此时，直接利害关系人，比如甲的股东、董事、监事、具有直接利害关系的高级管理人、具有直接利害关系的职工、具有直接利害关系的债权人，可以向人民法院提起确认该决议不成立之诉。③人民法院可以应公司的请求，要求原告提供相应担保。④法院判决决议不成立之后，公司根据该决议与债权人乙所签订的担保合同不受影响。甲公司承担担保责任后有权向 A 追偿。

考点 15　公司董、监、高的义务和责任

命题分析

"公司董、监、高的任职资格和义务"是商法客观题的重要考点，但主观题较少涉及，仅在 2012 年进行了考查。但随着主观题考试方式改革，死记硬背的知识点如"任职资格"不可能在主观题中考查，但"董、监、高的义务和责任"这种理论性和实践性都很强的考点必将成为主观题命题人青睐的对象。此外，该知识点一般与股东代表诉讼结合在一起考查，考生需整体把握。

---

① 首先，本书认为"无效决议"与"不成立决议"均属于具有严重瑕疵的决议，且"决议无效"瑕疵严重度高于"决议不成立"，因为"决议无效"的"违法性"更为明显，属于内容违法；而就"决议不成立"而言，其"违法性"特征弱于"决议无效"，因为违反章程也可被确认为"决议不成立"。同时"决议不成立"的瑕疵主要在于程序方面的瑕疵，程序瑕疵的后果一般轻于内容瑕疵。所以"决议无效"瑕疵严重度高于"决议不成立"。其次，本书认为"决议不成立"的瑕疵程度高于"决议可撤销"，因为"可撤销的决议"存在可以自愈的情形，而"不成立的决议"则不存在自愈的情形。那么三者中瑕疵严重度最高的"无效决议"，以及瑕疵严重度最低的"可撤销决议"均承认保护善意相对人，那么瑕疵严重度居于两者之间的"不成立的决议"也应保护善意相对人。

考点解析

一、公司董、监、高的义务

概述	公司董事、监事、高级管理人员对公司负有忠实义务和勤勉义务： （1）忠实义务：强调董事、监事、高级管理人员应当忠诚于公司，不得为有损公司利益的行为； （2）勤勉义务：强调董事、监事、高级管理人员应当积极履行职责，依法谋求公司利益和股东利益的最大化
共同义务	遵守法律、行政法规，遵守公司章程，忠实履行职务，维护公司利益
	不得利用在公司的地位和职权为自己牟取私利
	不得利用职权收受贿赂或者其他非法收入
	不得侵占公司的财产
	不得泄露公司秘密
	列席会议并接受质询的义务：股东会或者股东大会要求董事、监事、高级管理人员列席会议的，董事、监事、高级管理人员应当列席并接受股东的质询
	如实提供有关情况和资料的义务：董事、高级管理人员应当如实向监事会或者不设监事会的有限责任公司的监事提供有关情况和资料，不得妨碍监事会或者监事行使职权
特定性义务	义务主体： （1）主体范围：仅限于公司的董事和高级管理人员； （2）法理说明：上述两类主体负责公司的经营决策和日常管理，其行为直接关乎公司和股东的利益，故法律对他们有更多、更为具体的规则和要求，其中特别体现在对他们的禁止性规定方面
	绝对禁止的特定性义务： （1）挪用公司资金； （2）将公司资金以其个人名义或者以其他个人名义开立账户存储； （3）接受他人与公司交易的佣金归为己有； （4）擅自披露公司秘密
	相对禁止的特定性义务： （1）公款私借或者对外担保：违反公司章程的规定，未经股东会、股东大会或者董事会同意，将公司资金借贷给他人或者以公司财产为他人提供担保； （2）自我交易：违反公司章程的规定或者未经股东会、股东大会同意，与本公司订立合同或者进行交易； （3）侵夺公司商业机会或者违反竞业限制行为：未经股东会或者股东大会同意，利用职务便利为自己或者他人谋取属于公司的商业机会 （4）其他特定性义务：违反对公司忠实义务的其他行为 （5）违反特定性义务的责任： 董事、高级管理人员违反上述特定性义务所得的收入应当归公司所有

二、公司董、监、高的责任

责任主体	责任来源	责任内容
董事、高管	违反其特定性的经营义务	违法所得的收入应当归公司所有
	股东抽逃出资，董事、高管协助其抽逃出资	(1) 对公司或者其他股东：应当对抽逃出资的股东返还出资本息承担连带责任； (2) 对债权人：应当在抽逃出资本息范围内对公司债务不能清偿的部分承担连带责任
	董事、高管未尽忠实义务和勤勉义务而使公司增资时应缴的出资未缴足	(1) 对公司、其他股东或者债权人：应当对此承担相应的赔偿责任； (2) 承担责任后，可以向违反出资义务的股东追偿
董事、监事、高管	违反法律、行政法规或者公司章程的规定，给公司造成损失	应当对公司承担赔偿责任
	上市公司董事、监事、高管将其持有该公司的股票进行短线交易	由此所得收益归该公司所有，公司董事会应当收回其所得收益

三、董事、监事、高管侵害公司或者股东利益的救济

（一）董事、监事、高管侵害公司利益时的救济——股东代表诉讼

股东代表诉讼将在后面内容中探讨，所以在此不再赘述，仅阐述其概念和列举相关规定。

1. 概念

股东代表诉讼，又称派生诉讼、股东代位诉讼，是指当公司的合法权益受到董事、监事、高管以及他人不法侵害而公司却怠于起诉时，符合条件的股东即以自己的名义起诉，所获赔偿归于公司的一种诉讼制度。

2. 相关规定

（1）董事、高级管理人员有《公司法》第149条规定的情形的，有限责任公司的股东、股份有限公司连续180日以上单独或者合计持有公司1%以上股份的股东，可以书面请求监事会或者不设监事会的有限责任公司的监事向人民法院提起诉讼。

（2）监事有《公司法》第149条规定的情形的，前述股东可以书面请求董事会或者不设董事会的有限责任公司的执行董事向人民法院提起诉讼。

（3）监事会、不设监事会的有限责任公司的监事，或者董事会、执行董

事收到前款规定的股东书面请求后拒绝提起诉讼，或者自收到请求之日起30日内未提起诉讼，或者情况紧急、不立即提起诉讼将会使公司利益受到难以弥补的损害的，前款规定的股东有权为了公司的利益以自己的名义直接向人民法院提起诉讼。

（4）他人侵犯公司合法权益，给公司造成损失的，（1）中规定的股东可以依照前两款的规定向人民法院提起诉讼。

（二）董事、高管侵害股东利益时的救济——股东直接诉讼

董事、高级管理人员（注意：没有监事）违反法律、行政法规或者公司章程的规定，损害股东利益的，股东可以向人民法院提起诉讼。

考点16 股东代表诉讼制度

命题分析

"股东代表诉讼"是历年客观题的重量级考点，但近十年的主观题没有考查过。该考点具体包括"股东代表诉讼制度的特征""股东代表诉讼的当事人""股东代表诉讼的前置程序"等知识点。《最高人民法院关于适用〈中华人民共和国公司法〉若干问题的规定（四）》第23~26条、《最高人民法院关于适用〈中华人民共和国公司法〉若干问题的规定（五）》第1~2条与《九民纪要》第24~27条对该制度的基本内容予以细化补充，容易结合"董、监、高的义务和责任"进行综合考查。本考点在2020年法考主观题中出现的频率应该较高，考生务必足够重视。

考点解析

一、股东代表诉讼制度概述

（一）概念

股东代表诉讼，又称为派生诉讼、股东代位诉讼，是指当公司的合法权益受到不法侵害而公司却怠于起诉时，公司的股东以自己的名义起诉，所获赔偿归于公司的一种诉讼制度。

具体而言，当公司的利益受到公司董事、监事、高级管理人员以及他人的侵害时，公司的相应机关应当代表公司提起诉讼，维护公司的合法权益。但是，当公司的相应机关未能够及时履行、拒绝履行该职责或者情况紧急时，公司的股东可以以自己的名义为了公司的利益而提起诉讼，维护公司的合法权益，这就是股东代表诉讼制度。

股东代表诉讼是一种代位诉讼，只有在公司内部救济手段穷尽的情况下才可以适用。

（二）特征

股东代表诉讼制度具有如下特征：

基本特征	具体内容
救济对象方面	与股东直接诉讼（救济股东个人的权利和利益）不同，股东代表诉讼救济的是被公司董事、经理或者其他人侵害的公司权利和利益； 在股东代表诉讼中，公司是直接的受害人，股东是间接的受害人
诉因方面	能够提起诉讼的股东所依据的实体意义上的诉权不专属哪一个股东，而是属于公司，原告股东只是以代表人的资格，代位行使原本属于公司的诉权； 对同一事实其他股东也可以提起代表诉讼，并且在诉讼中也无法排除其他股东的介入
诉讼当事人方面	股东以自己的名义提起诉讼，即股东具有原告的身份； 被告是实施侵害公司利益的行为人，包括公司的董事、监事、高管以及其他人（公司不是被告）
诉讼后果方面	诉讼后果由公司承担，归于公司

（三）基本功能

1. 背景

股东代表诉讼制度是随着对少数股东权利保护的加强而逐渐发展起来并不断完善的。在公司权力中心由股东大会转移至董事会和公司管理层后，股东权得不到充分保护和救济的社会问题日益突出。股东代表诉讼制度即是在此背景下而产生的。

2. 基本功能

（1）救济功能：即在公司利益受到董事、监事、高级管理人员、控股股东以及其他人的非法侵害时，通过股东提起代表诉讼的方式，使公司及时获得经济赔偿或者其他救济，保护公司的合法权益，并最终保护全体股东的合法权益。

（2）预防功能：通过增加公司董事、监事、高级管理人员、控股股东等相关人员从公司谋取不正当利益的风险成本，从而起到预防、减少该类行为的作用。

二、股东代表诉讼具体规则

（一）适用该制度的情形

（1）公司的董事、监事、高级管理人员执行公司职务时违反法律、行政法规或者公司章程的规定，给公司造成损失的。

（2）他人侵犯公司合法权益，给公司造成损失的。

（3）关联交易损害公司利益，而公司没有提起诉讼的。

（4）关联交易合同存在无效或者可撤销情形，公司没有起诉合同相对方的。

（二）股东的资格要求

（1）有限责任公司的股东（无持股期间和持股比例的要求）。

（2）股份有限公司连续 180 日以上单独或者合计持有公司 1% 以上股份的股东。

（三）交叉请求前置程序

一般而言，股东必须先穷尽公司内部的救济手段，即先书面请求相应机关向法院提起诉讼。

（1）董事、高级管理人员侵害公司利益的，股东可以书面请求监事会或者不设监事会的有限责任公司的监事向人民法院提起诉讼。

（2）监事侵害公司利益的，可以书面请求董事会或者不设董事会的有限责任公司的执行董事向人民法院提起诉讼。

（3）他人侵害公司合法利益的，股东可以书面请求董事会或者不设董事会的有限责任公司的执行董事向人民法院提起诉讼。

> **注意1**：他人侵害公司利益时，不支持监事会或者不设监事会的有限责任公司的监事代表公司对他人提起诉讼。

> **注意2**：在股东向公司有关机关提出书面申请之时，存在公司有关机关提起诉讼的可能性。如果查明的相关事实表明，根本不存在这种可能性的，人民法院不应当以原告未履行前置程序为由驳回起诉。
>
> （1）法理依据：监事会或者不设监事会的有限责任公司的监事的主要职责是监督公司的董事和高级管理人员。

（2）法律依据：《最高人民法院关于适用〈中华人民共和国公司法〉若干问题的规定（四）》第 23 条规定："监事会或者不设监事会的有限责任公司的监事依据公司法第一百五十一条第一款规定对董事、高级管理人员提起诉讼的，应当列公司为原告，依法由监事会主席或者不设监事会的有限责任公司的监事代表公司进行诉讼。

董事会或者不设董事会的有限责任公司的执行董事依据《公司法》第一百五十一条第一款规定对监事提起诉讼的，或者依据《公司法》第一百五十一条第三款规定对他人提起诉讼的，应当列公司为原告，依法由董事长或者执行董事代表公司进行诉讼。"

（四）公司直接诉讼

在上述股东的书面请求下，若公司的相应机关（董事会或监事会）接受了股东上述书面请求，则其可以代表公司，直接起诉，维护公司的利益。

控股股东、实际控制人、董事或高管侵害公司利益时	监事侵害公司利益时	他人侵害公司合法利益时
（1）被告：控股股东、实际控制人、董事或高管。 （2）原告：公司，依法由监事会主席或者不设监事会的有限责任公司的监事代表公司进行诉讼	（1）被告：监事。 （2）原告：公司，依法由董事长或者执行董事代表公司进行诉讼	（1）被告：他人。 （2）原告：公司，依法由董事长或者执行董事代表公司进行诉讼

例如，甲有限责任公司股东 A，发现董事长 B 通过其妻经营的乙公司（与甲公司经营同种业务），大量掠夺公司机会，给公司造成了严重损失，A 遂书面请求公司的监事会提起诉讼，监事会在收到请求后的第 15 天提起了诉讼。①有限责任公司的股东在代表诉讼制度中没有资格的限制，因此 A 只要具有有限责任公司股东身份即可请求监事会提起诉讼。②交叉请求前置程序：董事或者高级管理人员侵害公司利益的，A 应当书面请求监事会提起诉讼。③监事会提起的诉讼中，被告为董事长 A，原告为公司，由监事会主席或者不设监事会的有限责任公司的监事代表公司进行诉讼。

（五）股东代表诉讼

1. 一般规则

符合资格的股东提起代表诉讼的前提	以下条件满足一项即可： （1）相应机关收到前款规定的股东书面请求后拒绝提起诉讼。 （2）相应机关自收到请求之日起30日内未提起诉讼。 （3）情况紧急、不立即提起诉讼将会使公司利益受到难以弥补的损害的
原告	以下符合资格的股东可以自己的名义提起诉讼： （1）有限责任公司的股东（无持股期间和持股比例的要求）。 （2）股份有限公司连续180日以上单独或者合计持有公司1%以上股份的股东。 （3）被告不得以行为发生时原告尚未成为公司股东为由抗辩该股东不是适格原告
被告	侵权人（控股股东、实际控制人、董事、高管、监事、他人）
第三人	公司
共同原告	一审法庭辩论终结前，符合《公司法》第151条第1款规定条件的其他股东，以相同的诉讼请求申请参加诉讼的，应当列为共同原告
胜诉利益	（1）胜诉利益归属于公司； （2）股东无权请求被告直接向其承担民事责任
诉讼费用	股东的诉讼请求部分或者全部得到人民法院支持的，公司应当承担股东因参加诉讼支付的合理费用。 【注意】不要求股东的诉讼请求全部得到法院的支持

2. 特殊规则

他人侵犯公司的合法权益，给公司造成损失的，上述股东可以依照上述规定向人民法院提起诉讼。

例如，甲股份有限公司股东A，发现公司的合作伙伴乙公司在与甲公司的交易中有欺诈行为，给公司造成了严重损失，A遂书面请求公司的董事会或者执行董事提起诉讼，要求乙公司承担赔偿责任，董事会或者执行董事在收到请求后的30天内未提起诉讼。①股份有限公司的股东在代表诉讼制度中有资格的限制，股东需连续180日以上单独或者合计持有公司1%以上的股份，假设A满足该条件。②穷尽内部救济：他人侵害公司利益的，A应当先书面请求董事会或者执行董事提起诉讼。③董事会或者执行董事在收到请求后的30天内未提起诉讼，因此，A此时可以以自己的名义提起诉讼。④股东提起的代表诉讼中，被告为乙公司（他人），原告为A（股东），公司为第三人，一审法庭辩论终结前，其他符合条件的股东，以相同的诉讼请求申请参加诉讼的，列为共同原告。⑤若 A 胜诉则胜诉利益归属于公司，A 部分或者全部诉讼请求得到人民法院支持的，公司应当承担股东因参加诉讼支付的合理费用。

> **扩展说明1**：股东代表诉讼的反诉：股东依据《公司法》第151条第3款的规定提起股东代表诉讼后，被告以原告股东恶意起诉侵犯其合法权益为由提起反诉的，人民法院应予受理。被告以公司在案件纠纷中应当承担侵权或者违约等责任为由对公司提出的反诉，因不符合反诉的要件，人民法院应当裁定不予受理；已经受理的，裁定驳回起诉。

> **扩展说明2**：股东代表诉讼的调解：公司是股东代表诉讼的最终受益人，为避免因原告股东与被告通过调解损害公司利益，人民法院应当审查调解协议是否为公司的意思。只有在调解协议经公司股东（大）会、董事会决议通过后，人民法院才能出具调解书予以确认，至于具体决议机关，取决于公司章程的规定。公司章程没有规定的，人民法院应当认定公司股东（大）会为决议机关。

考点17　公司的司法解散

命题分析

"公司的司法解散"是受命题人青睐的考点。考生在备考过程中，尤其需要注意司法判决解散的适用条件及其程序性要求。

该考点曾在2012年、2017年的主观题中进行考查，其中有一次结合强制清算考查。但鉴于司法解散的条件和程序规则比较僵硬，估计今后在主观题中的考查频率会有所降低。

考点解析

一、公司解散的概述

（一）概念

公司解散是指已经成立的公司基于一定的合法事由而使公司消灭的法律行为。

（二）特征

（1）公司解散的目的和结果是公司永久性停止存在并消灭法人资格和市场经营主体资格。

（2）公司和有关机关在作出公司解散决定后，公司并未立即终止，其法人资格仍然存在，一直到公司清算完毕并注销后才消灭其主体资格。

（3）为了维护债权人和所有股东的利益，公司解散必须要经过法定清算程序；但是，在公司因合并或分立而解散时，则不必进行清算。[1]

（三）原因

公司解散的原因有三大类：其一，一般解散的原因；其二，强制解散的原因；其三，股东请求解散，即司法判决解散。

具体而言，如下表所示：

公司解散的原因	基本概念	具体情形
一般解散的原因	只要出现了解散公司的事由，公司即可解散	公司章程规定的营业期间届满或者公司章程规定的其他解散事由出现时。 【注意】此时并不意味着公司必须解散，公司可以通过修改公司章程而使公司继续存在： （1）有限责任公司：须经持有2/3以上表决权的股东通过该决议； （2）股份有限公司：须经出席股东大会会议的股东所持表决权的2/3以上通过该决议
		股东会或者股东大会决议解散
		因公司合并或者分立需要解散
强制解散的原因	由于某种情况的出现，主管机关或者是人民法院命令公司解散	主管机关决定。国有独资公司由国家授权投资的机构或者国家授权的部门作出解散的决定，该国有独资公司应即解散
		责令关闭。公司违反法律、行政法规被主管机关依法责令关闭的，应当解散
		被吊销营业执照

---

[1] 赵旭东主编：《公司法学》，高等教育出版社2015年4月第4版，第368页。

续表

公司解散的原因	基本概念	具体情形
请求解散的原因（司法判决解散）	当公司经营管理发生严重困难（公司治理陷入僵局），继续存续会使股东利益受到重大损失，通过其他途径不能解决的，持有公司全部股东表决权10%以上的股东可以请求人民法院解散公司	"两年以上无法开会"：公司持续两年以上无法召开股东会或者股东大会，公司经营管理发生严重困难的
		"两年以上无法作出有效决议"：股东表决时无法达到法定或者公司章程规定的比例，持续两年以上不能做出有效的股东会或者股东大会决议，公司经营管理发生严重困难的
		"董事长期冲突"：公司董事长期冲突，且无法通过股东会或者股东大会解决，公司经营管理发生严重困难
		"其他"：经营管理发生其他严重困难，公司继续存续会使股东利益遭受重大损失的情形

【司法判决解散的排除情形】股东以知情权、利润分配请求权等权益受到损害，或者公司亏损、财产不足以偿还全部债务，以及公司被吊销企业法人营业执照未进行清算等为由，提起解散公司诉讼的，人民法院不予受理

二、司法判决解散之诉

（一）概述

考点	具体内容
适用前提	须公司治理陷入僵局：公司经营管理发生严重困难
	须有严重后果：继续存续会使股东利益遭受重大损失
	须得穷尽其他救济：通过其他途径不能解决的
	原告资格：单独或者合计持有公司全部股东表决权10%以上的股东
	须得股东请求：法院须得根据股东的请求而决定强制解散公司
适用情形	"两年以上无法开会"：公司持续两年以上无法召开股东会或者股东大会，公司经营管理发生严重困难的
	"两年以上无法决议"：股东表决时无法达到法定或者公司章程规定的比例，持续两年以上不能做出有效的股东会或者股东大会决议，公司经营管理发生严重困难的
	"董事长期冲突"：公司董事长期冲突，且无法通过股东会或者股东大会解决，公司经营管理发生严重困难
	"其他"：经营管理发生其他严重困难，公司继续存续会使股东利益遭受重大损失的情形

续表

考点	具体内容
排除情形	股东以知情权、利润分配请求权等权益受到损害为由的
	股东以公司亏损、财产不足以偿还全部债务为由的
	股东以公司被吊销企业法人营业执照未进行清算等为由的
管辖地	地域管辖： (1) 由公司住所地人民法院管辖。公司住所地是指公司主要办事机构所在地。 (2) 公司办事机构所在地不明确的，由其注册地人民法院管辖
	级别管辖： (1) 基层人民法院管辖县、县级市或者区的公司登记机关核准登记公司的解散诉讼案件； (2) 中级人民法院管辖地区、地级市以上的公司登记机关核准登记公司的解散诉讼案件
	【注意】就管辖地的确定而言，公司清算案件与公司解散诉讼案件是相同的
解散与清算的关系	两者不可同时提起：股东提起解散公司诉讼，同时又申请人民法院对公司进行清算的，人民法院对其提出的清算申请不予受理
	清算的启动：人民法院可以告知原告，在人民法院判决解散公司后，依据相关规定，自行组织清算或者另行申请人民法院对公司进行清算
保全	申请时间：股东提起解散公司诉讼时。 【注意】保全须依申请作出，法院不可主动适用
	申请种类：向人民法院申请财产保全或者证据保全
	允许保全的条件：在股东提供担保且不影响公司正常经营的情形下，人民法院可予以保全
当事人的诉讼地位	原告： (1) 单独或者合计持有公司全部股东表决权10%以上的股东； (2) 其他股东或者有关利害关系人可以申请以共同原告或者第三人身份参加诉讼。 【注意】原告提起解散公司诉讼应当告知其他股东，或者由人民法院通知其参加诉讼
	被告： (1) 股东提起解散公司诉讼应当以公司为被告； (2) 原告以其他股东为被告一并提起诉讼的，人民法院应当告知原告将其他股东变更为第三人； (3) 原告坚持不予变更的，人民法院应当驳回原告对其他股东的起诉
诉讼与调解的关系	审判要求：人民法院审理解散公司诉讼案件，应当注重调解
	"能调则调"：在不违反法律、行政法规强制性规定的前提下，以下两种情形法院可以进行调解 (1) 当事人协商同意由公司或者股东收购股份； (2) 当事人协商同意以减资等方式使公司存续
	"当判则判"：当事人不能协商一致使公司存续的，人民法院应当及时判决

续表

考点	具体内容
诉讼与调解的关系	调解后果： （1）经人民法院调解公司收购原告股份的，公司应当自调解书生效之日起六个月内将股份转让或者注销； （2）股份转让或者注销之前，原告不得以公司收购其股份为由对抗公司债权人。换而言之，在此之前，原告依然是该公司的股东，需要承担股东的法定义务。例如，公司债权人有权请求未履行或者未全面履行出资义务的股东在未出资本息范围内对公司债务不能清偿的部分承担补充赔偿责任
判决效力	判决解散的效力：人民法院关于解散公司诉讼作出的判决，对公司全体股东具有法律约束力
	判决驳回的效力：人民法院判决驳回解散公司诉讼请求后，提起该诉讼的股东或者其他股东又以同一事实和理由提起解散公司诉讼的，人民法院不予受理

（二）重点理解

本重点知识点的要点和难点在于"如何认定公司经营管理发生严重困难"。我们可以通过提出并解决以下两个问题来详细地阐述：

	问题说明	解答
问题一	司法解释中明确列举的三种情形——"持续两年以上无法召开股东会、持续两年以上无法形成有效的股东会决议、公司董事长期冲突且无法通过股东会或者股东大会解决，"与"公司经营管理发生严重困难的"之间在逻辑上是什么关系？	（1）两者不是彼此割裂、完全对立的关系，前三种明确列举的情形本来就属于"公司经营管理发生严重困难"的外化表现。 （2）换而言之，在满足《公司法》第182条关于穷尽内部救济而无法解决的前提条件下，只要公司经营管理出现了上述三种情形，即可认定该公司实质性地陷入"公司僵局"，持有公司全部股东表决权10%以上的股东，即可以请求人民法院解散公司
问题二	"公司资金缺乏、严重亏损"是否构成认定"公司经营管理发生严重困难"的必要条件？	根据最高人民法院发布的指导案例[①]，判断公司经营管理是否发生严重困难，应当从公司组织结构的运行状态进行综合分析。即使公司处于盈利状态，但其股东会机制长期失灵，内部管理有严重障碍，已经陷入僵局状态，可以认定公司经营管理发生严重困难。进一步解释如下："公司经营管理发生严重困难"的侧重点在于公司管理方面存在严重内部障碍，如股东会机制失灵、无法就公司的经营管理进行决策等，不应片面地理解为公司资金缺乏、严重亏损等经营性困难

（三）股东诉讼之汇总

1. 概念

股东享有诉权，当自己的利益或者公司的利益受到不法侵害时，股东可以

[①] 最高人民法院指导案例8号，最高人民法院审判委员会讨论通过，2012年4月9日发布。

向人民法院提起诉讼，以维护自己或者公司的合法权益。

2. 种类

不同权利被侵害时，股东所行使的具体诉权是不同的。以股东提起诉讼的目的为标准，即股东提起诉讼是为保护自己的利益还是保护公司的利益，可以将股东提起的诉讼分为直接诉讼和代表诉讼。

（1）两大基本诉讼：股东直接诉讼与股东代表诉讼

诉讼类型	适用情形	原告	被告	诉讼名义及后果
股东直接诉讼	当股东个人的利益遭到公司或者董事、高管的不法侵害时，股东可以公司或者董事、高级管理人员为被告，提起诉讼	利益受到损害的股东	损害股东利益的公司、董事和高管	（1）股东以自己的名义提起诉讼；（2）胜诉利益归属于股东个人；（3）股东参加诉讼的成本由其个人承担
股东代表诉讼（股东代位诉讼）	（1）公司的董事、监事、高级管理人员执行公司职务时违反法律、行政法规或者公司章程的规定，给公司造成损失，而公司息于追究其责任的情形；（2）他人侵犯公司合法权益，而公司息于追究其责任的情形；（3）关联交易损害公司利益，而公司未提起诉讼的情形；（4）关联交易合同存在无效或者可撤销情形，公司没有起诉相对方的	（1）有限责任公司的股东；（2）股份有限公司连续180日以上单独或者合计持有公司1%以上股份的股东	侵害公司利益的董事、监事、高级管理人员以及他人	（1）股东以自己的名义提起诉讼；（2）胜诉利益归属于公司；（3）公司须对股东参加诉讼支付的合理费用予以补偿

（2）股东直接诉讼的类型

诉讼类型	适用情形	原告	被告	诉讼后果
司法判决解散之诉	公司经营管理发生严重困难，继续存续会使股东利益遭受重大损失，通过其他途径不能解决，单独或者合计持有公司全部股东表决权10%以上的股东可以请求人民法院解散公司	（1）应当以单独或者合计持有公司全部股东表决权10%以上的股东为原告；（2）其他股东或者有关利害关系人可以申请以共同原告或者第三人身份参加诉讼	（1）应当以公司为被告；（2）原告以其他股东为被告一并提起诉讼的，人民法院应当告知原告将其他股东变更为第三人；（3）原告坚持不予变更的，人民法院应当驳回原告对其他股东的起诉	（1）胜诉：法院关于解散公司诉讼作出的判决，对公司全体股东具有法律约束力；（2）败诉：法院判决驳回诉讼请求后，提起该诉讼的股东或者其他股东又以同一事实和理由提起解散公司诉讼的，人民法院不予受理

续表

诉讼类型	适用情形	原告	被告	诉讼后果
公司决议效力瑕疵之诉	当公司决议的形成在程序和内容上存在瑕疵时,股东有权提起公司决议瑕疵诉讼,以确认相关决议的效力	(1) 应当以公司股东、董事、监事等为原告; (2) 决议可撤销之诉的原告为股东时,要求其起诉时具有股东资格; (3) 一审法庭辩论终结前,其他有原告资格的人以相同的诉讼请求申请参加前款规定诉讼的,为共同原告	(1) 应当以公司为被告; (2) 决议涉及的其他利害关系人为第三人	(1) 胜诉:人民法院判决确认股东会或者股东大会、董事会决议为无效、不成立,或者撤销,公司依据该决议与善意相对人形成的民事法律关系不受影响。 (2) 败诉:人民法院应当驳回其诉讼请求,维持决议的效力
股东知情权之诉	股东以自己的知情权受到公司侵害为由向人民法院提起的诉讼	有限责任公司的股东: (1) 起诉时,须具有股东资格; (2) 但原告有初步证据证明在持股期间其合法权益受到损害,请求依法查阅或者复制其持股期间的公司特定文件材料的除外	应当以公司为被告	(1) 胜诉:人民法院应当在判决中明确查阅或者复制公司特定文件材料的时间、地点和特定文件材料的名录; (2) 败诉:人民法院应当驳回起诉或者其诉讼请求
利润分配请求权之诉	存在载明具体分配方案的股东会或者股东大会的有效决议而公司无正当理由拒绝执行,或者滥用股东权利导致公司不分配利润,损害股东利益的,该股东有权向法院提起利润分配请求权之诉	请求公司分配利润的股东; 一审法庭辩论终结前,其他股东基于同一分配方案请求分配利润并申请参加诉讼的,应当列为共同原告	应当以公司为被告	(1) 胜诉:人民法院应当判决公司按照决议载明的具体分配方案向股东分配利润; (2) 败诉:人民法院应当驳回其诉讼请求

考点18 公司的清算

命题分析

"公司的清算"与"公司的解散"重要性大致相当,主要包括"清算组织的成立""清偿顺序"以及"剩余财产的分割"等知识点。

近十年本考点只在2017年考了1次,且与司法解散结合在一起考。该知识点本身难度不大,但较为琐碎繁杂,主要集中于《最高人民法院关于适用

《中华人民共和国公司法》若干问题的规定（二）》之中，命题人往往喜欢以"鱼目混珠"或者"以偏概全"之法来考查考生是否真正掌握。所以，对于该考点，考生需要精确掌握。

考点解析

一、公司清算概述

（一）清算的概念

（1）概念：清算是指终结已解散公司的一切法律关系，处理公司剩余财产的程序。

（2）适用：公司除因合并和分立无须清算，以及因破产而解散的公司适用破产清算程序外，其他解散的公司，都应当按照公司法的规定进行清算。

（二）清算的分类

	非破产清算	破产清算
概念	公司非因破产原因而在破产程序之外进行的清算	公司被宣告破产，依破产程序进行的清算
发生的原因	非因破产原因导致的解散（因公司合并和分立导致的解散除外，此时无须清算）	因破产原因导致的解散
清算的启动	（1）公司应当在解散事由出现之日起15日内成立清算组，开始清算； （2）逾期不成立清算组进行清算的，债权人可以申请人民法院指定有关人员组成清算组进行清算	非经法院介入不可启动：须经人民法院作出宣告破产的裁定后，方可进入破产清算程序
适用的程序	适用一般的清算程序	适用破产清算程序
适用的法律	适用公司法	适用破产法

（三）清算的流程

清算的流程比较复杂，现以表格的形式进行归纳阐述。

公司清算流程	具体规则
成立清算组	自行成立清算组：非因破产原因解散的公司（公司合并和分立无须清算），应当在解散事由出现之日起15日内成立清算组，开始清算。 （1）有限责任公司的清算组由股东组成； （2）股份有限公司的清算组由董事或者股东大会确定的人员组成
	法院指定清算组（强制清算）
	适用情形：公司解散逾期不成立清算组进行清算的，债权人可以申请人民法院指定有关人员组成清算组进行清算： （1）公司解散逾期不成立清算组进行清算的； （2）虽然成立清算组但故意拖延清算的；

续表

公司清算流程	具体规则
成立清算组	(3) 违法清算可能严重损害债权人或者股东利益的。 【注意】具有上述情形，而债权人未提起清算申请，公司股东有权申请人民法院指定清算组对公司进行清算
	清算组成员的产生：人民法院受理公司清算案件，应当及时指定有关人员组成清算组。清算组成员可以从下列人员或者机构中产生： (1) 公司股东、董事、监事、高级管理人员； (2) 依法设立的律师事务所、会计师事务所、破产清算事务所等社会中介机构； (3) 依法设立的律师事务所、会计师事务所、破产清算事务所等社会中介机构中具备相关专业知识并取得执业资格的人员
	清算组成员的更换：人民法院指定的清算组成员有下列情形之一的，人民法院可以根据债权人、股东的申请，或者依职权更换清算组成员： (1) 有违反法律或者行政法规的行为； (2) 丧失执业能力或者民事行为能力； (3) 有严重损害公司或者债权人利益的行为
债权申报	通知或者公告债权人申报债权：清算组应当自成立之日起10日内通知债权人，并于60日内在报纸上公告。具体要求如下： (1) 清算组应当将公司解散清算事宜书面通知全体已知债权人； (2) 根据公司规模和营业地域范围在全国或者公司注册登记地省级有影响的报纸上进行公告
	债权人申报债权： (1) 申报时间：债权人应当自接到通知书之日起30日内，未接到通知书的自公告之日起45日内，向清算组申报其债权。 (2) 申报要求：债权人申报债权，应当说明债权的有关事项，并提供证明材料。 (3) 清算组登记债权：清算组应当对债权进行登记
	债权人对清算组核定债权的异议： (1) 债权人对清算组核定的债权有异议的，可以要求清算组重新核定。 (2) 清算组不予重新核定，或者债权人对重新核定的债权仍有异议，债权人有权以公司为被告向人民法院提起诉讼请求确认
	债权人补充申报债权： (1) 债权的补充申报： ①债权人在规定的期限内未申报债权，在公司清算程序终结前补充申报的，清算组应予登记； ②公司清算程序终结，是指清算报告经股东会、股东大会或者人民法院确认完毕；

续表

公司清算流程	具体规则
债权申报	(2) 补充申报债权的清偿： ①原则： A. 可以在公司尚未分配财产中依法清偿； B. 公司尚未分配财产不能全额清偿，债权人可以主张股东以其在剩余财产分配中已经取得的财产予以清偿。 ②例外：但债权人因重大过错未在规定期限内申报债权的除外。 【注意】债权人或者清算组，无权以公司尚未分配财产和股东在剩余财产分配中已经取得的财产，不能全额清偿补充申报的债权为由，向人民法院提出破产清算申请
	在申报债权期间，清算组不得对债权人进行清偿
清理财产、制定清算方案、清偿债务	清理财产：清算组对公司资产、债权、债务进行清理
	清算方案的制定与确认： (1) 概括：清算组在清理公司财产、编制资产负债表和财产清单后，应当制定清算方案，并报股东会、股东大会或者人民法院确认。 (2) 具体操作： ①公司自行清算的，清算方案应当报股东会或者股东大会决议确认； ②人民法院组织清算的，清算方案应当报人民法院确认。 ③未经确认的清算方案，清算组不得执行
	清偿债务： 【自行清算】清算组在清理公司财产、编制资产负债表和财产清单后，应当按照下列规则清偿公司债务： (1) 公司财产不足清偿债务的： ①清算组应当依法向人民法院申请宣告破产； ②公司经人民法院裁定宣告破产后，清算组应当将清算事务移交给人民法院。 【注意】此时，清算组直接向法院申请宣告破产，不存在"与债权人协商制作有关债务清偿方案的情形"。 (2) 公司财产能够清偿公司债务的： 清算组应当先拨付清算费用，然后按下列顺序清偿： ①支付职工的工资、社会保险费用和法定补偿金； ②缴纳所欠税款； ③清偿公司债务。 【法院指定清算】人民法院指定的清算组在清理公司财产、编制资产负债表和财产清单后，应当按照下列规则清偿公司债务： (1) 公司财产不足清偿债务的： ①首先，可以协商制作债务清偿方案，避免向法院申请宣告破产： 清算组可以与债权人协商制作有关债务清偿方案。 A. 债务清偿方案的认可：债务清偿方案经全体债权人确认且不损害其他利害关系人利益的，人民法院可依清算组的申请裁定予以认可；

续表

公司清算流程	具体规则
清理财产、制定清算方案、清偿债务	B. 债务清偿方案的执行效果：清算组依据该清偿方案清偿债务后，应当向人民法院申请裁定终结清算程序。 ②其次，债务清偿方案制作失败的，依法向法院申请宣告破产： 债权人对债务清偿方案不予确认或者人民法院不予认可的： A. 清算组应当依法向人民法院申请宣告破产。 B. 经人民法院裁定宣告破产后，清算组应当将清算事务移交给人民法院。 C. 公司被依法宣告破产的，依照有关企业破产的法律实施破产清算。 （2）公司财产能够清偿公司债务的： 清算组应当先拨付清算费用，然后按照下列顺序清偿： ①支付职工的工资、社会保险费用和法定补偿金； ②缴纳所欠税款； ③清偿公司债务 清算活动的限制： （1）公司经营活动的限制：清算期间，公司存续，但不得开展与清算无关的经营活动。 （2）处分公司财产的限制：任何人未经清算组批准，不得处分公司财产。尤其是公司财产在未依照前款规定清偿前，不得分配给股东。 （3）清算时间的限制： ①人民法院组织清算的，清算组应当自成立之日起六个月内清算完毕。 ②因特殊情况无法在6个月内完成清算的，清算组应当向人民法院申请延长
分配剩余财产	分配剩余公司财产：在支付清算费用和清偿公司债务后，清算组应将剩余的公司财产分配给股东 具体操作： （1）有限责任公司按照股东的出资比例进行分配； （2）股份有限公司按照股东持有的股份比例进行分配； （3）公司财产在未清偿公司债务前，不得分配给股东
清算程序终结	概念：公司清算程序终结，是指清算报告经股东会、股东大会或者人民法院确认完毕 具体操作：公司清算结束后，清算组应当制作清算报告，报股东会、股东大会或者人民法院确认，并报公司登记机关，申请注销登记，同时提交下列文件： （1）公司清算组负责人签署的注销登记申请书； （2）公司依据公司法作出的决议或者决定，或行政机关责令关闭的文件； （3）股东会、股东大会或者人民法院确认的清算报告； （4）企业法人营业执照； （5）法律、行政法规规定应当提交的其他文件 公司终止的标志：注销登记申请经公司登记机关核准注销登记

二、清算组概述

（一）清算组概述

（1）概念：清算组即清算机构，是企业经营终止后执行清算事务并代表企业行使职权的权力机构，它主要负责解散公司财产的保管、清理、处理和分配工作等。

（2）清算组成员：清算组成员的产生因清算组的成立方式而有所不同；此外，人民法院指定成立的清算组，其成员的产生和更换必须符合《最高人民法院关于适用〈中华人民共和国公司法〉若干问题的规定（二）》规定的条件。以上两点具体内容参照"清算的流程"中的"成立清算组"一栏的相关内容，在此不再赘述。

（二）清算组的职权和义务

清算组在清算期间行使下列职权，履行下列义务：

清算组的职权	清算组的义务
清理公司财产，分别编制资产负债表和财产清单	清算组成员应当忠于职守，依法履行清算义务
通知、公告债权人	
处理与清算有关的公司未了结的业务	
清缴所欠税款以及清算过程中产生的税款	清算组成员不得利用职权收受贿赂或者其他非法收入，不得侵占公司财产
清理债权、债务	
处理公司清偿债务后的剩余财产	
代表公司参与民事诉讼活动	

重点说明 1：公司参与诉讼的相关规定

	依法清算结束并办理注销登记前	未依法清算即注销
主体资格	存在	不存在
当事人	公司	该公司的股东、发起人或出资人
代表公司参与诉讼的责任人	（1）公司成立清算组：由清算组负责人代表公司参与诉讼；（2）尚未成立清算组：由原法定代表人代表公司参与诉讼	公司主体资格已经消灭，不再有被代表参与诉讼之必要，相关诉讼直接以该公司的股东、发起人或出资人为当事人即可

重点说明 2：解散公司诉讼案件和公司清算案件的管辖

地域管辖	由公司住所地人民法院管辖： （1）公司住所地是指公司主要办事机构所在地； （2）公司办事机构所在地不明确的，由其注册地人民法院管辖
级别管辖	基层人民法院管辖：县、县级市或者区的公司登记机关核准登记公司的解散诉讼案件和公司清算案件
	中级人民法院管辖：地区、地级市以上的公司登记机关核准登记公司的解散诉讼案件和公司清算案件

三、清算过程中的法律责任

公司清算过程中，若相关责任主体未履行或者善意履行其法定的义务，侵害公司或者债权人的合法权益，则公司和债权人有权要求其承担相应的赔偿责任：

清算组或者清算组成员的责任	归责原则：清算组成员因故意或者重大过失给公司或者债权人造成损失的，应当承担赔偿责任
	违法、违规以及违章进行清算的规制： （1）概述：清算组成员从事清算事务时，违反法律、行政法规或者公司章程给公司或者债权人造成损失，公司或者债权人有权主张其承担赔偿责任。 （2）股东的救济： ①有限责任公司的股东、股份有限公司连续 180 日以上单独或者合计持有公司 1% 以上股份的股东有权以清算组成员有上述行为为由向人民法院提起股东代表诉讼； ②公司已经清算完毕注销，上述股东可以参照股东代表诉讼中"他人侵犯公司权益"的规定，直接以清算组成员为被告、其他股东为第三人向人民法院提起股东代表诉讼
	未依法履行通知和公告义务的责任： 清算组未依法履行通知和公告义务，导致债权人未及时申报债权而未获清偿，债权人有权主张清算组成员对因此造成的损失承担赔偿责任
	清算组执行未经确认的清算方案的责任： 清算组执行未经确认的清算方案给公司或者债权人造成损失，公司、股东或者债权人有权主张清算组成员承担赔偿责任

续表

有限责任公司的股东、股份有限公司的董事和控股股东，以及公司实际控制人的责任	（1）未依法成立清算组的责任： 有限责任公司的股东、股份有限公司的董事和控股股东未在法定期限内成立清算组开始清算，导致公司财产贬值、流失、毁损或者灭失，债权人有权主张其在造成损失范围内对公司债务承担赔偿责任
	（2）无法清算的责任： ①有限责任公司的股东、股份有限公司的董事和控股股东因怠于履行义务，导致公司主要财产、账册、重要文件等灭失，无法进行清算，债权人有权主张其对公司债务承担连带清偿责任。 ②《最高人民法院关于适用〈中华人民共和国公司法〉若干问题的规定（二）》第18条第2款规定的"怠于履行义务"，是指有限责任公司的股东在法定清算事由出现后，在能够履行清算义务的情况下，故意拖延、拒绝履行清算义务，或者因过失导致无法进行清算的消极行为。股东举证证明其已经为履行清算义务采取了积极措施，或者小股东举证证明其既不是公司董事会或者监事会成员，也没有选派人员担任该机关成员，且从未参与公司经营管理，以不构成"怠于履行义务"为由，主张其不应当对公司债务承担连带清偿责任的，人民法院依法予以支持
	（3）因实际控制人的原因导致的责任： 若以上两种情形（未成立清算组和无法清算的）系实际控制人的原因造成，债权人有权主张实际控制人对公司债务承担相应民事责任
	（4）在公司解散后恶意处置公司财产和骗取注销登记的责任： 有限责任公司的股东、股份有限公司的董事和控股股东，以及公司的实际控制人在公司解散后，恶意处置公司财产给债权人造成损失，或者未经依法清算，以虚假的清算报告骗取公司登记机关办理法人注销登记，债权人有权主张其对公司债务承担相应赔偿责任
	（5）未经清算即办理注销登记的责任： ①一般责任：公司未经清算即办理注销登记，导致公司无法进行清算，债权人有权主张有限责任公司的股东、股份有限公司的董事和控股股东，以及公司的实际控制人对公司债务承担清偿责任； ②股东和第三人因承诺而导致的责任：公司未经依法清算即办理注销登记，股东或者第三人在公司登记机关办理注销登记时承诺对公司债务承担责任，债权人有权主张其对公司债务承担相应民事责任
	（6）本表四类主体之间责任的分担： 有限责任公司的股东、股份有限公司的董事和控股股东，以及公司的实际控制人为二人以上的，其中一人或者数人承担了本表中第（1）~（3）条以及第（5）条第①项四种民事责任后，有权主张其他人员按照过错大小分担责任

续表

未出资股东的责任	（1）公司解散时股东尚未缴纳的出资的处理： ①性质：公司解散时，股东尚未缴纳的出资均应作为清算财产。 ②种类：股东尚未缴纳的出资，包括到期应缴未缴的出资，以及分期缴纳尚未届满缴纳期限的出资
	（2）未缴出资股东、公司设立时其他股东或者发起人的连带清偿责任：公司财产不足以清偿债务时，债权人有权主张未缴出资股东，以及公司设立时的其他股东或者发起人在未缴出资范围内对公司债务承担连带清偿责任

扩展说明 1：因果关系抗辩

有限责任公司的股东举证证明其"怠于履行义务"的消极不作为与"公司主要财产、账册、重要文件等灭失，无法进行清算"的结果之间没有因果关系，主张其不应对公司债务承担连带清偿责任的，人民法院依法予以支持。

扩展说明 2：诉讼时效期间

公司债权人请求股东对公司债务承担连带清偿责任，股东以公司债权人对公司的债权已经超过诉讼时效期间为由抗辩，经查证属实的，人民法院依法予以支持。公司债权人以《最高人民法院关于适用〈中华人民共和国公司法〉若干问题的规定（二）》第 18 条第 2 款为依据，请求有限责任公司的股东对公司债务承担连带清偿责任的，诉讼时效期间自公司债权人知道或者应当知道公司无法进行清算之日起计算。

考点 19　破产申请的受理

命题分析

"破产申请的受理"是商法中的重要考点，重点考查破产申请受理的法律效力，但以往主观题没有考查过。在供给侧结构性改革背景下，破产法的相关制度显得越来越重要，考生需要重视。

考点解析

人民法院受理破产申请后，标志着破产程序正式启动，该司法程序对债务人、债务人的有关人员、债务人的债务人或财产持有人、管理人、有关债务人或其财产的民事诉讼、仲裁或者保全措施均有重要影响。

效力对象	具体影响
债务人的有关人员 （企业的法定代表人或者人民法院决定的企业财务管理人员和其他经营管理人员）	（1）妥善保管其占有和管理的财产、印章和账簿、文书等资料； （2）根据人民法院、管理人的要求进行工作，并如实回答询问； （3）列席债权人会议并如实回答债权人的询问； （4）未经人民法院许可，不得离开住所地； （5）不得新任其他企业的董事、监事、高级管理人员
债务人	对个别债权人的债务清偿无效
债务人的债务人或者财产持有人	（1）应当向管理人清偿债务或者交付财产。 （2）故意违反前款规定向债务人清偿债务或者交付财产，使债权人受到损失的，不免除其清偿债务或者交付财产的义务
管理人	（1）管理人对破产申请受理前成立而债务人和对方当事人均未履行完毕的合同有权决定解除或者继续履行，并通知对方当事人。管理人自破产申请受理之日起二个月内未通知对方当事人，或者自收到对方当事人催告之日起三十日内未答复的，视为解除合同。 （2）管理人决定继续履行合同的，对方当事人应当履行；但是，对方当事人有权要求管理人提供担保。管理人不提供担保的，视为解除合同
有关债务人或其财产的民事诉讼、仲裁或者保全措施	人民法院受理破产申请后： （1）有关债务人财产的保全措施应当解除，执行程序应当中止。 （2）已经开始而尚未终结的有关债务人的民事诉讼或者仲裁应当中止；在管理人接管债务人的财产后，该诉讼或者仲裁继续进行。 （3）有关债务人的民事诉讼，只能向受理破产申请的人民法院提起

扩展说明：

《九民纪要》

107.【继续推动破产案件的及时受理】充分发挥破产重整案件信息网的线上预约登记功能，提高破产案件的受理效率。当事人提出破产申请的，人民法院不得以非法定理由拒绝接收破产申请材料。如果可能影响社会稳定的，要加强府院协调，制定相应预案，但不应当以"影响社会稳定"之名，行消极不作为之实。破产申请材料不完备的，立案部门应当告知当事人在指定期限内补充材料，待材料齐备后以"破申"作为案件类型代字编制案号登记立案，并及时将案件移送破产审判部门进行破产审查。注重发挥破产和解制度简便快速清理债权债务关系的功能，债务人根据《企业破产法》第95条的规定，直接提出和解申请，或者在破产申请受理后宣告破产前申请和解的，人民法院应当依法受理并及时作出是否批准的裁定。

108.【破产申请的不予受理和撤回】人民法院裁定受理破产申请前，提出破产申请的债权人的债权因清偿或者其他原因消灭的，因申请人不再具备申请资格，人民法院应当裁定不予受理。但该裁定不影响其他符合条件的主体再次提出破产申请。破产申请受理后，管理人以上述清偿符合《企业破产法》第31条、第32条为由请求撤销的，人民法院查实后应当予以支持。人民法院裁定受理破产申请系对债务人具有破产原因的初步认可，破产申请受理后，申请人请求撤回破产申请的，人民法院不予准许。除非存在《企业破产法》第12条第2款规定的情形，人民法院不得裁定驳回破产申请。

109.【受理后债务人财产保全措施的处理】要切实落实破产案件受理后相关保全措施应予解除、相关执行措施应当中止、债务人财产应当及时交付管理人等规定，充分运用信息化技术手段，通过信息共享与整合，维护债务人财产的完整性。相关人民法院拒不解除保全措施或者拒不中止执行的，破产受理人民法院可以请求该法院的上级人民法院依法予以纠正。对债务人财产采取保全措施或者执行措施的人民法院未依法及时解除保全措施、移交处置权，或者中止执行程序并移交有关财产的，上级人民法院应当依法予以纠正。相关人员违反上述规定造成严重后果的，破产受理人民法院可以向人民法院纪检监察部门移送其违法审判责任线索。人民法院审理企业破产案件时，有关债务人财产被其他具有强制执行权力的国家行政机关，包括税务机关、公安机关、海关等采取保全措施或者执行程序的，人民法院应当积极与上述机关进行协调和沟通，取得有关机关的配合，参照上述具体操作规程，解除有关保全措施，中止有关执行程序，以便保障破产程序顺利进行。

110.【受理后有关债务人诉讼的处理】人民法院受理破产申请后,已经开始而尚未终结的有关债务人的民事诉讼,在管理人接管债务人财产和诉讼事务后继续进行。债权人已经对债务人提起的给付之诉,破产申请受理后,人民法院应当继续审理,但是在判定相关当事人实体权利义务时,应当注意与企业破产法及其司法解释的规定相协调。上述裁判作出并生效前,债权人可以同时向管理人申报债权,但其作为债权尚未确定的债权人,原则上不得行使表决权,除非人民法院临时确定其债权额。上述裁判生效后,债权人应当根据裁判认定的债权数额在破产程序中依法统一受偿,其对债务人享有的债权利息应当按照《企业破产法》第46条第2款的规定停止计算。人民法院受理破产申请后,债权人新提起的要求债务人清偿的民事诉讼,人民法院不予受理,同时告知债权人应当向管理人申报债权。债权人申报债权后,对管理人编制的债权表记载有异议的,可以根据《企业破产法》第58条的规定提起债权确认之诉。

考点20 债务人财产

命题分析

"债务人财产"是破产法中的重要考点,主要包括"撤销权和追回权"和"出卖人取回权""抵销权"三部分内容。2014年主观题曾对此进行考查,2018年在民商法综合大题中考查了出卖人取回权。在目前"去产能、去库存"的宏观经济背景下,破产法相关制度与公司法、合同法、物权法以主观题方式进行综合考查的概率越来越高,需要引起考生足够的重视。

考点解析

一、撤销权和追回权的追诉对象

当债务人无力清偿债务或有无力清偿债务之虞时,债权人对债务人的财产存在着公平受偿的期待,此时保持债务人责任财产的圆满状态则非常重要。为防止债务人不正当减少其责任财产,从而侵犯到债权人及其他利益相关人的利益的行为,法律授予了破产管理人撤销权和追回权。

（一）撤销权的追诉对象

1. 可撤销的欺诈破产行为

可撤销的欺诈破产行为是指人民法院受理破产申请前1年内，涉及债务人财产的下列行为，管理人有权请求人民法院予以撤销：

（1）无偿转让财产的；

（2）以明显不合理的价格进行交易的；

（3）对没有财产担保的债务提供财产担保的；

（4）对未到期的债务提前清偿的；

（5）放弃债权的。

在正常情况下，企业的上述行为虽然会减损自身财产，但基于意思自治原则，法律无权进行干涉。但当企业出现经营危机时，上述行为所损害的就不仅是企业自身，而是包括众多债权人在内的利益相关人的合法利益，因此管理人有权予以撤销。

需要注意的是，《最高人民法院关于适用〈中华人民共和国企业破产法〉若干问题的规定（二）》对于以上部分情形被撤销后如何进一步处理做出了安排。针对第（2）项，交易被撤销后，买卖双方应当依法返还从对方获取的财产或者价款，对于债务人应返还受让人已支付价款所产生的债务，受让人有权请求作为共益债务予以清偿。

针对第（4）项，破产申请受理前1年内债务人提前清偿的未到期债务，在破产申请受理前已经到期，管理人不得请求撤销该清偿行为。但是该清偿行为发生在破产申请受理前6个月内且债务人出现破产情形的除外（即属于下文所述的可撤销的个别清偿行为的情形）。

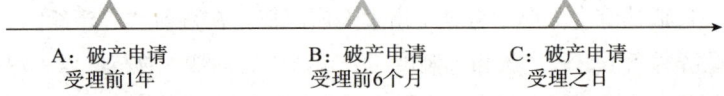

A：破产申请受理前1年　　B：破产申请受理前6个月　　C：破产申请受理之日

时间段 AC 是破产申请受理前 1 年内，时间段 BC 是破产申请受理前 6 个月。

个别清偿未到期的债务：

（1）若清偿日在时间段 AC 之内（破产申请受理前 1 年内），该债务在 C 点以后（破产申请受理之后）才到期的，属于可撤销清偿。

（2）一般来说，若清偿日在时间段 AC 之内（破产申请受理前 1 年内），该债务在 C 点之前（破产申请受理之前）已经到期的，属于有效清偿；但是，如果清偿时债务人已经出现破产原因，则作如下处理：

①若债务人已经出现了破产原因，而清偿日在时间段 AB 之内，该债务在 C 点之前（破产申请受理之前）已经到期，则属于有效清偿，不得撤销；

②若债务人已经出现了破产原因，而清偿日在时间段 BC 之内（破产申请

受理前6个月内），此时债务即使在C点之前（破产申请受理之前）到期，也属于可撤销清偿。

个别清偿已经到期的债务：

清偿日在时间段AB之内，则属于有效清偿。若清偿日在BC之内，则可能构成可撤销的偏颇性清偿行为。

2. 可撤销的个别清偿行为（可撤销的偏颇性清偿行为）

人民法院受理破产申请前6个月内，债务人已经出现不能清偿到期债务，并且资产不足以清偿全部债务或者明显缺乏清偿能力的情形，仍对个别到期债权进行清偿的，管理人有权请求人民法院予以撤销。但是个别清偿使债务人财产受益的除外。

简而言之，构成可撤销的个别清偿行为需要满足3个条件：破产申请受理前6个月内＋出现破产原因＋清偿已到期债权。

但是以下几种情形的个别清偿是有效的：

（1）债务人对以自有财产设定担保物权的债权进行的个别清偿，但是债务清偿时担保财产的价值低于债权额的除外；

（2）债务人经诉讼、仲裁、执行程序对债权人进行的个别清偿，但是债务人与债权人恶意串通损害其他债权人利益的除外；

（3）债务人为维系基本生产需要而支付水费、电费等的；

（4）债务人支付劳动报酬、人身损害赔偿金的；

（5）使债务人财产受益的其他个别清偿。

	可撤销的破产欺诈行为 （法院受理破产申请1年内）	可撤销的个别清偿行为 （法院受理破产申请前6个月内）
具体情形	（1）无偿转让财产的； （2）以明显不合理的价格进行交易的； （3）对没有财产担保的债务提供担保的； （4）对未到期的债务提前清偿的； （5）放弃债权的	法院受理破产申请前6个月内，债务人已经具备破产原因的情形，仍对个别债权人（已到期债权）进行清偿，管理人有权撤销
例外	对未到期的债务提前清偿的，若该债务在破产申请受理前已经到期的，不予撤销。 但是，该清偿行为发生在破产申请受理前6个月内且债务人出现破产原因的，可以撤销	（1）债务人对以自有财产设定担保物权的债权进行的个别清偿，但清偿时担保财产的价值低于债权额除外； （2）债务人经诉讼、仲裁、执行程序对债权人进行的个别清偿，但债务人与债权人恶意串通损害其他债权人利益的除外； （3）债务人为维系基本生产需要而支付水费、电费等的个别清偿； （4）债务人支付劳动报酬、人身损害赔偿金的个别清偿； （5）使债务人财产受益的其他个别清偿

续表

	可撤销的破产欺诈行为 （法院受理破产申请 1 年内）	可撤销的个别清偿行为 （法院受理破产申请前 6 个月内）
行使后果	（1）债务人所实施的财产处分行为无效； （2）管理人行使撤销权所对应的财产，列入债务人财产	

3. 无效的欺诈破产行为

债务人有以下两种行为时，因其主观恶意更大，且对债权人的损害也更为严重，因此无论何时发生，任何人在任何时候均得主张该行为无效：

（1）为逃避债务而隐匿、转移财产的；

（2）虚构债务或者承认不真实的债务的。

（二）追回权的追诉对象

（1）债务人的责任财产包括股东已经认缴而未实际缴纳的股款，对此部分财产，管理人可行使追回权使债务人的财产恢复圆满状态。

（2）人民法院受理破产申请后，债务人的出资人尚未完全履行出资义务的，管理人应当要求该出资人缴纳所认缴的出资，而不受出资期限的限制。

（3）出资人无权以认缴出资尚未届至公司章程规定的缴纳期限或者违反出资义务已经超过诉讼时效为由抗辩。即出资不受诉讼时效的限制。

（4）管理人可以代表债务人提起诉讼，要求公司的发起人和负有监督股东履行出资义务的董事、高级管理人员，或者协助抽逃出资的其他股东、董事、高级管理人员、实际控制人等，对股东违反出资义务或者抽逃出资承担相应责任，并将追回的财产归入债务人财产。

二、对企业管理层的特别追回权

（一）概述

当债务人出现不能清偿到期债务，并且资不抵债或者明显缺乏清偿能力的情形时，债务人的董事、监事和高级管理人员等仍有可能利用自身职务的便利或权力而获取非正常收入或侵占企业的财产。对此部分财产，管理人应当追回。

（二）非正常收入

非正常收入是指在债务人出现破产原因之时，其董事、监事和高级管理人员利用职权获取的收入。具体而言，包括以下三类：

（1）绩效奖金；

（2）普遍拖欠职工工资情况下获取的工资性收入；

（3）其他非正常收入。

（三）处理

管理人追回此部分财产后，应当按照如下规则进行处理：

（1）董事、监事和高级管理人员，因返还绩效奖金和其他非正常收入所形成的债权，作为普通破产债权清偿。

（2）董事、监事和高级管理人员，因返还工资性收入所形成的债权：

①对于按照该企业职工平均工资计算的部分，作为拖欠职工工资清偿；

②对于高于该企业职工平均工资计算的部分，作为普通破产债权清偿。

（3）对于董事、监事和高级管理人员侵占的财产，由管理人直接追回。

三、出卖人取回权

（1）人民法院受理破产申请时，出卖人已将买卖标的物向作为买受人的债务人发运，债务人尚未收到且未付清全部价款的，出卖人可以取回在运途中的标的物。

（2）但是，管理人可以支付全部价款，请求出卖人交付标的物。

四、抵销权

（1）债权人在破产申请受理前对债务人负有债务的，可以向管理人主张抵销。

（2）禁止抵销的情形：

①债务人的债务人在破产申请受理后取得他人对债务人的债权的。

②债权人已知债务人有不能清偿到期债务或者破产申请的事实，对债务人负担债务的；但是，债权人因为法律规定或者有破产申请1年前所发生的原因而负担债务的除外。

③债务人的债务人已知债务人有不能清偿到期债务或者破产申请的事实，对债务人取得债权的；但是，债务人的债务人因为法律规定或者有破产申请1年前所发生的原因而取得债权的除外。

考点21 债权申报

命题分析

"债权申报"的考查内容涉及民法、商法诸多部门法，在2014年主观题中曾进行考查。预计今后在主观题中出现的概率较高，重点考查内容是"债权申报的范围"。

考点解析

一、债权申报的期限

(一) 概念

债权申报期限是允许债权人向法院申报其债权的固定期间。限定债权申报期间,对于破产程序及时、顺利进行是必要的。

(二) 我国的规定

我国破产法对债权申报的期限实行法定范围内的法院酌定主义,具体规定如下:

(1) 人民法院受理破产申请后,确定债权人申报债权的期限。

(2) 债权申报期限自人民法院发布受理破产申请公告之日起计算,最短不得少于 30 日,最长不得超过 3 个月。

(3) 债权人应当在人民法院确定的债权申报期限内向管理人申报债权。

二、债权申报的范围

(一) 可申报债权的一般规定

1. 可申报债权需要满足的要求

(1) 须为以财产给付为内容的请求权

①给付标的为劳务或不作为的请求权,不能申报;

②因为行为人不履行或不适当履行产生的赔偿请求权,可以申报。

(2) 须为以债务人财产为受偿基础的请求权

①此处的债务人的财产是指受破产程序约束的财产;

②信托财产或法律规定不受破产程序约束的财产不是此处债务人的财产;

③是否有财产担保,不影响债权的申报资格。

(3) 须为法院受理破产申请前成立的债权

①债权的到期时间不影响债权申报资格;

②未到期的债权,在破产案件受理时视为到期。

(4) 须为平等民事主体之间的请求权

①对债务人的罚款等财产性行政性处罚,不得申报;

②但是在破产程序结束后,如果债务人因为重整或者和解而继续存续,处罚机关可以根据情况决定是否执行原来的处罚决定。

(5) 须为合法有效的债权

下列债权不得申报：

①存在合同法或其他法律规定无效原因的债权；

②诉讼时效已经届满的债权；

③无证据或证据为虚假的债权、有相反证据证明为虚假的债权（申报人提供的证据材料不足以证明其真实性和有效性的债权，在补足证据前推定为不得申报）。

2. 违反一般规定的后果

(1) 不具备上述条件的债权被申报的，管理人有权提出异议；

(2) 申报人坚持申报的，管理人可以在债权表中另页记载，并载明所发现的问题，以供债权人会议作出决定；

(3) 必要时，管理人可以请求人民法院裁定不予确认。

（二）可申报债权的范围

	范围	处理
可申报的债权	未到期的债权	在破产申请受理时视为到期
	利息请求权	(1) 附利息的债权自破产申请受理时起停止计息； (2) 破产申请受理前的利息，随本金一同申报
	有担保的债权	债权人申报债权时，应当书面说明债权的数额和有无财产担保，并提交有关证据
	待定债权	(1) 概念：待定债权是指其效力有待确定的债权； (2) 要求：申报时必须说明其待定的状况
	连带债权	(1) 申报方式：连带债权人可以由其中一人代表全体连带债权人申报债权，也可以共同申报债权。 (2) 申报要求：申报的债权是连带债权的，应当书面说明债权的数额和有无财产担保，并提交有关证据
	连带债务人的代位求偿权	(1) 现时求偿权的申报：债务人的保证人或者其他连带债务人已经代替债务人清偿债务的，以其对债务人的求偿权申报债权。 (2) 将来求偿权的申报：债务人的保证人或者其他连带债务人尚未代替债务人清偿债务的，以其对债务人的将来求偿权申报债权。但是，债权人已经向管理人申报全部债权的除外
	连带债务的债权人	(1) 法定情形：在连带债务人之一破产时，其债权人有权在破产程序中申报债权。 (2) 分别申报：连带债务人数人被裁定适用破产程序的，其债权人有权就全部债权分别在各破产案件中申报债权
	待履行合同相对人的赔偿请求权	管理人或者债务人依照本法规定解除合同的，对方当事人以因合同解除所产生的损害赔偿请求权申报债权

续表

范围		处理
可申报的债权	善意受托人的请求权	债务人是委托合同的委托人,被裁定适用破产程序,受托人不知该事实,继续处理委托事务的,受托人以由此产生的请求权申报债权
	票据付款人的请求权	债务人是票据出票人,被裁定适用破产程序的,该票据的付款人继续付款或者承兑的,付款人以由此产生的请求权申报债权
	其他	受理破产申请前债务人尚未支付的案件受理费、执行申请费

(三)不可申报的债权的范围

范围		说明
不可申报债权	职工债权,<u>不必</u>申报	(1)类型:债务人所欠职工的工资和医疗、伤残补助、抚恤费用,所欠的应当划入职工个人账户的基本养老保险、基本医疗保险费用,以及法律、行政法规规定应当支付给职工的补偿金。 (2)处理: ①不必申报,由管理人调查后列出清单并予以公示; ②职工对清单记载有异议的,可以要求管理人更正; ③管理人不予更正的,职工可以向人民法院提起诉讼
	非合法有效的债权,<u>不得</u>申报	下列非合法有效债权,不得申报: (1)存在合同法或其他法律规定无效原因的债权; (2)诉讼时效已经届满的债权; (3)无证据或证据为虚假的债权、有相反证据证明为虚假的债权(申报人提供的证据材料不足以证明其真实性和有效性的债权,在补足证据前推定为不得申报)
	权利本身不是债权,<u>不得</u>申报	以下权利不是债权,不得申报: (1)破产费用、共益债务(本质是费用); (2)取回权(本质是物权); (3)罚款(属于行政处罚)、罚金(属于刑事处罚)、违约金; 【注意】惩罚性违约金不可作为破产债权申报,但补偿性违约金可以;前者往往高于实际损失,允许其申报对其他债权人不公平。 (4)债权人参加债权人会议的费用(本质是费用,自付)
	非以财产给付为内容的债权,<u>不得</u>申报	(1)给付标的为劳务或不作为的请求权,不能申报; (2)因为行为人不履行或不适当履行产生的赔偿请求权,可以申报
	破产受理后,债务人欠缴款项产生的滞纳金	债务人未履行生效法律文书应当加倍支付的迟延利息和劳动保险金的滞纳金,不得申报

> **总结**:债权申报的范围主要包括可申报债权的范围和不可申报债权的范围两个知识点。考生可以从法理上,也就是可申报债权的一般规定出发来判断某债权是否可以作为破产债权进行申报。

可以申报的债权	不可申报的债权
(1)未到期的债权。	(1)职工债权。
(2)利息请求权。	(2)无效的债权。
(3)有担保的债权。	(3)诉讼时效已经届满的债权。
(4)待定债权:附条件、附期限的债权和诉讼、仲裁未决的债权。	(4)无证据或证据为虚假的债权、有相反证据证明为虚假的债权。
(5)连带债权人的债权。	(5)破产费用和共益债权。
(6)连带债务人的代位求偿权。	(6)取回权。
(7)待履行合同相对人的赔偿请求权。	(7)罚金、罚款、违约金。
(8)善意受托人的请求权。	(8)债权人参加债权人会议的费用。
(9)票据付款人的请求权	(9)给付标的为劳务或不作为的债权

三、债权申报的方式

(1)债权人申报债权时,应当书面说明债权的数额和有无财产担保,并提交如下有关证据:

①债权证明。即证明债权的真实性、有效性的文件,如合同、借据、法院判决等。

②身份证明。债权人自己申报的,应当提交合法有效的身份证明,代理申报人应当提交委托人的有效证明文件、授权委托书和债权证明。

③担保证明。申报的债权有财产担保的,应当提交证明财产担保的证据。

(2)破产案件受理后,债权人向人民法院提起新诉讼的,应予驳回。其起诉不具有债权申报的效力。

四、逾期申报和未申报的后果

(1)债权人应当在人民法院确定的债权申报期限内向管理人申报债权。

(2)在人民法院确定的债权申报期限内,债权人未申报债权的,按照如下规则进行处理:

①债务人破产程序尚未终结的:在破产财产最后分配之前,债权人可以补充申报。

②债务人破产程序已经终结的:除非债务人有保证人或者其他连带债务人,该未申报债权成为永久履行不能。

③债务人重整的:该未申报债权在重整计划执行期间不得行使权利;在重整计划执行完毕以后,可以按照重整计划规定的同类债权的清偿条件行使权利。

④债务人和解的:该未申报债权在和解协议执行期间不得行使权利;在和解协议执行完毕以后,可以按照和解协议规定的清偿条件行使权利。

⑤补充分配不具有溯及力:此前已进行的分配,不再对其补充分配。

⑥补充申报费用自费:为审查和确认补充申报债权的费用,由补充申报人承担。

考点22　破产清算

命题分析

"破产清算"是商法中的重要考点,重点考查破产清偿顺序,以往都是以客观题形式考查,近十年的主观题都没有考查。在破产案件井喷以及法考主观题改革背景下,破产清算制度在主观题中的地位越显重要,可与合同法、物权法、担保法甚至侵权法等法律进行综合考查,考生需要高度重视。此外,破产清偿有关立法存在一些不完善之处,2017年最高人民法院《全国法院破产审判工作会议纪要》对相关问题作了完善,可资参考。

考点解析

一、担保权人的地位

债务人被宣告破产后,债务人称为破产人,债务人财产称为破产财产,人民法院受理破产申请时对债务人享有的债权称为破产债权。对破产人的特定财产享有担保权的权利人,对该特定财产享有优先受偿的权利。

根据上述定义,担保财产在破产宣告后从债务人财产变为破产财产,担保债权人对破产人享有的债权属于破产债权。但担保权人对担保财产享有别除权,可以就其拍卖所得优先受偿,即担保权人不依赖于破产程序即可受偿。未能完全受偿的,其未受偿的债权作为普通债权;放弃优先受偿权利的,其债权作为普通债权。

《全国法院破产审判工作会议纪要》相关规定

25. 担保权人权利的行使与限制。在破产清算和破产和解程序中,对债务人特定财产享有担保权的债权人可以随时向管理人主张就该特定财产变价处置行使优先受偿权，管理人应及时变价处置，不得以须经债权人会议决议等为由拒绝。但因单独处置担保财产会降低其他破产财产的价值而应整体处置的除外。

二、破产清偿顺序

优先受偿	特别优先权（如《合同法》第286条）
	担保债权
	破产费用和共益债务
劣后受偿	职工相关请求权/债权
	职工其他社保费用和破产人所欠税款
	普通破产债权

《全国法院破产审判工作会议纪要》相关规定

27. 企业破产与职工权益保护。破产程序中要依法妥善处理劳动关系，推动完善职工欠薪保障机制，依法保护职工生存权。由第三方垫付的职工债权，原则上按照垫付的职工债权性质进行清偿；由欠薪保障基金垫付的，应按照《企业破产法》第113条第1款第（二）项（税款）的顺序清偿。债务人欠缴的住房公积金，按照债务人拖欠的职工工资性质清偿。

28. 破产债权的清偿原则和顺序。对于法律没有明确规定清偿顺序的债权，人民法院可以按照人身损害赔偿债权优先于财产性债权、私法债权优先于公法债权、补偿性债权优先于惩罚性债权的原则合理确定清偿顺序。因债务人侵权行为造成的人身损害赔偿，可以参照《企业破产法》第113条第1款第（一）项规定的顺序清偿，但其中涉及的惩罚性赔偿除外。破产财产依照《企业破产法》第113条规定的顺序清偿后仍有剩余的，可依次用于清偿破产受理前产生的民事惩罚性赔偿金、行政罚款、刑事罚金等惩罚性债权。

考点23　破产重整

命题分析

"破产重整"是商法中的重要考点，重点考查破产重整程序的启动、重整营业保护的特别规定与重整计划、关联企业实质合并重整等，2019年的主观题对此进行了考查。《破产法》上对破产重整规定的内容较为简单，但实践中较为复杂。2017年最高人民法院《全国法院破产审判工作会议纪要》与2019年《九民纪要》对相关问题作了完善，可资参考。

考点解析

一、实质合并破产

（一）概念

关联企业的实质合并破产，是指多个集团关联企业视为一个单一企业，合并资产与负债，在同一财产分配与债务清偿的基础上进行破产程序，保护实质合并重整或清算，各企业的法人人格在破产程序中不再独立。①

（二）适用条件

首先，实质合并规则仅在关联企业成员法人人格存在高度混同、区分各自财产的成本过于高昂、严重损害债权人利益的情况下，才可例外适用。其次，对于不当利用关联关系损害债权人利益的行为，现有破产法上的撤销权制度、无效行为制度，以及公司法上的法人人格否认制度等均在一定程度上提供了救济，因此对于个别关联交易或不当关联关系能够通过上述制度予以纠正的，应当优先在现有制度框架内解决。再次，企业之间的关联关系日益呈现出复杂性和多样性，针对不符合实质合并规则适用条件的关联企业，从促进企业集团整体债务危机的解决、提升资产整体处置效益等目标考虑，在保持法人人格独立性的基础上，可以积极探索对关联企业破产案件集中审理或协调审理的方式，以促进破产程序公平高效进行。

二、2019年《九民纪要》相关内容

111.【债务人自行管理的条件】重整期间，债务人同时符合下列条件的，经申请，人民法院可以批准债务人在管理人的监督下自行管理财产和营业事务：①债务人的内部治理机制仍正常运转；②债务人自行管理有利于债务人继续经营；③债务人不存在隐匿、转移财产的行为；④债务人不存在其他严重损害债权人利益的行为。债务人提出重整申请时可以一并提出自行管理的申请。经人民法院批准由债务人自行管理财产和营业事务的，企业破产法规定的管理

---

① 王欣新：关联企业实质合并破产标准研究，载《法律适用》2017年第8期。

人职权中有关财产管理和营业经营的职权应当由债务人行使。管理人应当对债务人的自行管理行为进行监督。管理人发现债务人存在严重损害债权人利益的行为或者有其他不适宜自行管理情形的，可以申请人民法院作出终止债务人自行管理的决定。人民法院决定终止的，应当通知管理人接管债务人财产和营业事务。债务人有上述行为而管理人未申请人民法院作出终止决定的，债权人等利害关系人可以向人民法院提出申请。

112.【重整中担保物权的恢复行使】重整程序中，要依法平衡保护担保物权人的合法权益和企业重整价值。重整申请受理后，管理人或者自行管理的债务人应当及时确定设定有担保物权的债务人财产是否为重整所必需。如果认为担保物不是重整所必需，管理人或者自行管理的债务人应当及时对担保物进行拍卖或者变卖，拍卖或者变卖担保物所得价款在支付拍卖、变卖费用后优先清偿担保物权人的债权。在担保物权暂停行使期间，担保物权人根据《企业破产法》第75条的规定向人民法院请求恢复行使担保物权的，人民法院应当自收到恢复行使担保物权申请之日起三十日内作出裁定。经审查，担保物权人的申请不符合第75条的规定，或者虽然符合该条规定但管理人或者自行管理的债务人有证据证明担保物是重整所必需，并且提供与减少价值相应担保或者补偿的，人民法院应当裁定不予批准恢复行使担保物权。担保物权人不服该裁定的，可以自收到裁定书之日起十日内，向作出裁定的人民法院申请复议。人民法院裁定批准行使担保物权的，管理人或者自行管理的债务人应当自收到裁定书之日起十五日内启动对担保物的拍卖或者变卖，拍卖或者变卖担保物所得价款在支付拍卖、变卖费用后优先清偿担保物权人的债权。

113.【重整计划监督期间的管理人报酬及诉讼管辖】要依法确保重整计划的执行和有效监督。重整计划的执行期间和监督期间原则上应当一致。二者不一致的，人民法院在确定和调整重整程序中的管理人报酬方案时，应当根据重整期间和重整计划监督期间管理人工作量的不同予以区别对待。其中，重整期间的管理人报酬应当根据管理人对重整发挥的实际作用等因素予以确定和支付；重整计划监督期间管理人报酬的支付比例和支付时间，应当根据管理人监督职责的履行情况，与债权人按照重整计划实际受偿比例和受偿时间相匹配。重整计划执行期间，因重整程序终止后新发生的事实或者事件引发的有关债务人的民事诉讼，不适用《企业破产法》第21条有关集中管辖的规定。除重整计划有明确约定外，上述纠纷引发的诉讼，不再由管理人代表债务人进行。

114.【重整程序与破产清算程序的衔接】重整期间或者重整计划执行期间，债务人因法定事由被宣告破产的，人民法院不再另立新的案号，原重整程序的管理人原则上应当继续履行破产清算程序中的职责。原重整程序的管理人不能继续履行职责或者不适宜继续担任管理人的,人民法院应当依法重新指定管理人。重整程序转破产清算案件中的管理人报酬,应当综合管理人为重整工作和清算工作分别发挥的实际作用等因素合理确定。重整期间因法定事由转入破产清算程序的,应当按照破产清算案件确定管理人报酬。重整计划执行期间因法定事由转入破产清算程序的,后续破产清算阶段的管理人报酬应当根据管理人实际工作量予以确定,不能简单根据债务人最终清偿的财产价值总额计算。重整程序因人民法院裁定批准重整计划草案而终止的,重整案件可作结案处理。重整计划执行完毕后,人民法院可以根据管理人等利害关系人申请,作出重整程序终结的裁定。

115.【庭外重组协议效力在重整程序中的延伸】继续完善庭外重组与庭内重整的衔接机制,降低制度性成本,提高破产制度效率。人民法院受理重整申请前,债务人和部分债权人已经达成的有关协议与重整程序中制作的重整计划草案内容一致的,有关债权人对该协议的同意视为对该重整计划草案表决的同意。但重整计划草案对协议内容进行了修改并对有关债权人有不利影响,或者与有关债权人重大利益相关的,受到影响的债权人有权按照企业破产法的规定对重整计划草案重新进行表决。

第三部分 典型真题解析

2019 年（一）①

一、试题（本题 53 分）

案情：

甲公司主业为轮胎生产制造，为扩大生产规模，向乙公司借款 8000 万元。在还款期限到来之前，双方签订"以物抵债协议"，约定将甲公司的一幢办公楼过户给乙公司，以抵偿该笔借款本息，但协议签订后双方并未办理过户登记。

扫一扫 看微课视频

甲公司的债权人丙公司获悉前述"以物抵债"协议后认为，甲公司的办公楼市价值 1.2 亿元，用来抵债价格过低，遂提起诉讼，要求撤销该协议。诉讼中，乙公司认为，甲公司还有其他大量财产可偿还丙公司债务，丙公司主张撤销的理由不成立。

其后，甲公司又向丁公司借款，这时甲公司可动用的实物财产几乎已全用于抵押或出质担保。无奈，甲公司大股东 A 在未与妻子商量的情况下，向丁公司提供了保证担保。

丁公司认为，这种保证尚无法保障甲公司履行义务，于是甲公司又将一张以自己为收款人的汇票出质，背书"出质"字样后，交付给丁公司。但出票人在汇票上记载有"不得转让"的字样。

为获得更多融资，甲公司与戊公司签订合同，将闲置的生产车间出租给戊公司。在该租赁合同订立时，甲公司车间尚有部分原材料、半成品没有清点，结果戊公司在租赁期间使用了这些原材料和半成品。

现甲公司的另一债权人罗马轮胎公司因甲公司不能偿还到期债务，对其提起债务清偿诉讼。罗马公司认为，因甲公司在与戊公司的租赁合同履行中，财产没有清点清楚，存在财产混同，遂在诉讼中主张甲公司与戊公司存在"人

---

① 作者注：本题为 2019 年第四题。因本题为商法、民事诉讼法综合题，此处只保留与商法有关的问题和解析。本题系作者在综合网上考生回忆版的基础上，按照真题标准改造而成。

格混同",并要求戊公司与甲公司承担连带清偿责任。在前述案件审理过程中,法院根据罗马公司的请求依法对甲公司的财产进行保全。

其间,甲公司与买受人己公司订立一份轮胎买卖合同。己公司已经支付货款,但甲公司一直没有交付轮胎,遂起诉甲公司要求其履行轮胎的交付义务,并获得胜诉判决。己公司收到轮胎后认为该批轮胎质量大不如前,于是又向法院起诉甲公司,提出解除合同、返还货款并赔偿损失的诉讼请求。

此外,为了资金周转,甲公司利用其控股地位,向其全资子公司多次无偿调取资金。当各子公司出现资金短缺时,甲公司就在其所有全资子公司之间统一调度资金使用,导致关联公司之间账目混乱不清。

甲公司全资子公司的债权人庚公司、辛公司,因到期债权不能获得清偿,向法院申请对甲公司及其所有全资子公司进行合并重整。

问题:
5. 因汇票记载"不得转让",甲公司对丁公司的出质是否有效?为什么?
6. 罗马轮胎公司关于甲公司与戊公司存在人格混同并要求其承担连带清偿责任的主张是否成立?为什么?
8. 庚公司、辛公司是否可以请求甲公司及其所有全资子公司进行合并重整?为什么?
9. 假设甲公司及其全资子公司可以进行合并重整,则重整程序开始后,对于相关公司已经开始的民事诉讼程序有何影响?
10. 合并重整程序开始后,对于所有债权人的影响是什么?

二、答案精讲

5. 因汇票记载"不得转让",甲公司对丁公司的出质是否有效?为什么?

答案:有效。理由是:出质合同有效,"不得转让"的记载不影响出质的效力;出质人有处分权;经过"出质"背书;完成票据交付。

难度:难

考点:对汇票进行质押的效力的影响因素

命题和解题思路:本题实质上是对影响汇票质押效力的因素进行了全面考查。将一个商法领域的票据行为,简单化为《物权法》的物权担保行为,你会觉得思路清晰、回答准确、得分高效!本题解题的关键在于准确把握"权利质押"的相关规定,以及《票据法》的特别规定,有机地将一般法与特别法联系起来,没有特别法的规定,则可按照一般法作答。

答案解析：

首先，根据《物权法》第223条规定，汇票可以设立质权。以汇票设立质权首先要订立书面合同，质权自权利凭证交付给质权人时设立。本案中，甲公司将一张以自己为收款人的汇票出质，背书"出质"字样，并且将该汇票交付给丁公司，而且本案中不存在其他使得该出质行为无效的法定事由。其次，根据《票据法》第27条规定，出票人在汇票上记载"不得转让"字样，该记载限制了票据的转让，但并不必然限制票据的出质。而且，当事人对票据行为的禁止或限制性约定，一般不会作为法律行为无效的判断依据。再按照物权法的"区分原则"，即使存在"质押合同"的效力瑕疵，也未必导致"质权"的设立无效。再次，"票据行为的无因性"，也使得当事人设置的行为限制条件，难以成为票据流通的障碍。因此，甲公司对丁公司的出质有效，不仅质押合同有效，质权也有效设立。

6. 罗马轮胎公司关于甲公司与戊公司存在人格混同并要求其承担连带清偿责任的主张是否成立？为什么？

答案：不成立。一方面，因为人格混同需要满足关联关系，而本题中戊公司与甲公司之间系租赁合同关系，并不存在直接或者间接的控制关系，或者直接或间接地同为第三者控制等。另一方面，戊公司仅使用了甲公司生产车间闲置的原材料和半成品，并不存在财产上的混同，故不能主张二者存在人格混同并要求其承担连带清偿责任。

难度：中

考点：关联公司的人格混同

命题和解题思路：本题旨在考查关联公司人格混同的构成要件。对此，考生首先应当把握如何认定"关联公司"。我国《公司法》虽未明确何为关联公司，但《企业所得税法实施条例》第109条规定了关联公司或者关联方。同时，《税收征收管理法实施细则》第51条也作了类似规定等。其次，考生要把握如何认定关联公司的"人格混同"。一般来讲，需要从以下几个层面进行判断：①关联公司人格混同的表征特征，即人员混同、业务混同和财务混同。②关联公司人格混同的实质要素，即财产混同。如关联公司的住所地、营业场所相同，共同使用同一办公设施、机器设备、公司之间的资金混同，各自收益不加区分，公司之间的财产随意调用等。③关联公司人格混同的结果要素，即人格混同的程度必须达到"严重损害债权人利益"的后果时，法院才可否认关联公司的法人格，让关联公司之间承担连带责任。

答案解析：

根据《公司法》第20条第3款的规定，公司股东滥用公司法人独立地位和股东有限责任，逃避债务，严重损害公司债权人利益的，应当对公司债务承担连带责任。从其规定来看，其规制的对象是股东，行为主体和责任主体都是股东，若将股东扩张解释至关联公司，则显然超出了扩张解释的范畴。但是，关联公司人格混同的原因多是由于股东滥用了公司法人独立地位和股东有限责任所致，否认关联公司各自的独立人格，将关联公司视为一体，对其中特定公司的债权人的请求承担连带责任，实质就是将滥用关联公司人格的股东责任延伸至完全由其控制的关联公司上，由此来救济利益受损的债权人。另一方面，关联公司的人员、业务、财务等方面交叉或混同，导致各自财产无法区分，丧失独立人格的，则构成人格混同，关联公司人格混同，严重损害债权人利益的，则适用于关联公司人格否认，可以要求关联公司相互之间对外部债务承担连带责任。

在这里，如何认定"关联公司"和"人格混同"成为判断的要点。首先，对于关联公司，我国公司法上并未对关联公司的概念作出规定，但是根据《企业所得税法实施条例》第109条规定及其他法规，可以对关联公司进行界定。其次，对于人格混同，我国公司法上也未明确具体规定的内容，从司法实践来看，一般可以从以下几个方面进行判断：①关联公司人格混同的表征因素；②关联公司人格混同的实质因素；③关联公司人格混同的结果因素。

据此可知，在认定戊公司与甲公司是否存在人格混同时，首先应当考虑两公司是否具有关联关系。从案情中可知，甲公司与戊公司之间系租赁合同关系，两公司之间不存在直接或者间接的控制关系，也不直接或者间接地同为第三者控制，故两公司之间不构成关联公司。另一方面，在租赁合同期间，戊未经甲允许仅使用了甲公司车间尚有的部分原材料和半成品，而并不构成财产上的混同，故不存在人格混同的要素。

8. 庚公司、辛公司是否可以请求甲公司及其所有全资子公司进行合并重整？为什么？

答案：

答案一：可以。由案情可知，甲公司与全资子公司系关联公司，且两者之间账目混乱不清，存在相互任意调动财产的情况，由此可以认定甲公司与其全资子公司之间财产混同。这种财产混同造成了人格混同。当关联企业之间存在法人人格高度混同、区分各关联企业成员财产成本过高、严重损害债权人公平清偿利益时，可例外适用关联企业实质合并破产重整。

答案二：不可以。我国《破产法》并未规定可以合并重整；合并重整可能造成公司债权人之间的不公平受偿。

难度： 中

考点： 关联企业实质合并破产重整

命题和解题思路： 本题旨在考查关联企业人格混同的认定和关联企业实质合并破产的适用。根据《全国法院民商事审判工作会议纪要（征求意见稿）》第 11 条的规定，人格混同的最主要表现为公司的财产与股东的财产是否混同且无法区分，当股东随意无偿调拨公司资金或者财产、股东用公司的资金偿还股东个人的债务或者调拨资金到关联公司等，不作财务记载的，则可以认定为财产混同，因财产混同构成人格混同。当关联企业成员之间存在高度人格混同、区分各关联企业成员财产的成本过高、严重损害债权人公平清偿利益时，可例外适用关联企业实质合并破产方式进行审理。即关联企业破产是以单独破产为原则，只有在穷尽一切方法后仍不能解决关联企业人格混同、区分各关联企业成员财产的成本过高、严重损害债权人公平清偿利益的情况下才可以适用实质合并破产。

答案解析：

答案一：根据《全国法院民商事审判工作会议纪要（征求意见稿）》第 11 条的规定，认定公司人格与股东人格是否存在混同，最根本的判断标准是公司是否具有独立意志和独立利益，最主要的表现是公司的财产与股东的财产是否混同且无法区分。出现以下情形之一的，可以认定财务或者财产混同：①股东随意无偿调拨公司资金或者财产，不作财务记载的；②股东用公司的资金偿还股东个人的债务，或者调拨资金到关联公司，不作财务记载的；③公司账簿与股东账簿不分；④股东自身收益与公司盈利不加区分，致使双方利益不清；⑤公司的财产记载于股东名下，由股东占有、使用。从案情中可知，甲公司与其子公司系关联公司，且甲公司与其子公司之间账目混乱不清，存在相互之间统一调度资金使用的现况，由此可以认定甲公司与其子公司之间存在财务或者财产混同。因此，财产混同造成了人格混同。另，根据《全国法院破产审判工作会议纪要》第 32 条的规定，人民法院在审理企业破产案件时，应当尊重企业法人人格的独立性，以对关联企业成员的破产原因进行单独判断并适用单个破产程序为基本原则。当关联企业成员之间存在法人人格高度混同、区分各关联企业成员财产的成本过高、严重损害债权人公平清偿利益时，可例外适用关联企业实质合并破产方式进行审理。即对于关联企业成员的破产，一般以单个破产程序为原则，例外情形下适用实质合并破产。从案情可知，甲公司与其子公司系关联公司，且两者之间存在高度的人格混同，并给债权人造成严重损害，因此，可以适用实质破产重整。

答案二：一方面，根据《公司法》第 3 条的规定，公司具有独立的法人人格，享有独立的法人财产权，股东以其认缴的出资额或者认购的股份为限承担责任。即法人人格独立和股东有限责任是公司制度的重要基石。相反，关联企业的实质合并则与公司的法人独立、股东有限责任相背离。另一方面，若对关联企业适用实质合并，会损害关联企业中个别成员以及其债权人的利益，即同一个关联公司的成员进行交易的债权人可能信赖特定债务人独立的信用而不知道债务人（即关联企业之间）的附属关系，从而会因合并而遭遇不公平。因此，关联企业不适用于实质合并。

9. 假设甲公司及其全资子公司可以进行合并重整，则重整程序开始后，对于相关公司已经开始的民事诉讼程序有何影响？

答案：已经进行的民事诉讼程序中止；已经中止的诉讼待管理人接管财产后，再行恢复；执行程序中止；案件涉及的诉讼保全措施全部解除。

难度：易

考点：破产程序启动的效力

命题和解题思路：本题旨在考查破产程序启动的效力。破产程序包括重整、和解和清算。破产制度一方面是实现债权人的公平清偿，而另一方面是防范债务人企业破产、挽救债务人企业，实现债务人企业的持续经营，因此，破产程序优先于其他诉讼程序。即破产程序一旦启动，正在进行的诉讼、正在进行中有关债务人财产的民事执行程序应当中止，对于民事保全措施应全部解除。

答案解析：

破产制度是以规范破产程序、公平保护债权人利益、救济债务人和维护市场经济秩序的一种制度。民事诉讼程序、执行程序以及保全程序是满足个别债权人的程序，而与以满足集团性债权为目的的破产程序相冲突，因此，破产程序优先于个别性的民事诉讼程序、执行程序以及保全程序等。根据《破产法》第19条和第20条的规定，人民法院受理破产申请后，有关债务人财产保全措施应当解除；执行程序应当中止；已经开始而尚未终结的有关债务人的民事诉讼或者仲裁应当中止；在管理人接管债务人的财产后，该诉讼或者仲裁继续进行。

10. 合并重整程序开始后，对于所有债权人的影响是什么？

答案：在实体上，债权人不得单独请求或接受甲公司或其他全资子公司的清偿。在程序上，债权人可以向管理人申报债权，若对记载的债权有异议时，则可以要求法院确认债权。

难度：易

考点：破产程序启动后对债权人的影响

命题和解题思路：本题旨在考查破产程序启动后对债权人的影响。一方面，破产程序的目的在于公平地对待所有债权人，若允许某个债权人在法院受理破产申请后获得个别清偿，毫无疑问将减少其他债权人通过破产程序获得清偿的比例，造成债权人之间的实际不公平，这与破产程序的宗旨相违背，因此，在破产程序中禁止个别清偿。另一方面，为了实现对所有债权人平等清偿的目的，破产程序一经开始，债权人对破产人享有的债权均视为到期，且只能通过破产程序受偿。

答案解析：

根据《破产法》的规定，人民法院受理破产申请，标志着破产程序的开始，所有债权都必须通过破产程序获得清偿。在清偿时，同一顺序的所有债权人地位平等，按债权数额的比例分配。如果人民法院在受理破产申请后，仍然允许债务人对个别债权人的债权进行清偿，就会造成个别债权人与其他债权人实际受偿的不平等，使个别债权人能够全部或大部分得到清偿，而其他债权人的债权则较少得到清偿，甚至得不到清偿。因此，为了保障在债务人被宣告破产后，所有的破产债权人都能够得到平等的清偿，在受理破产申请后，禁止债务人对个别债权人的清偿。即债权人不得单独请求或接受债务人的清偿。另一方面，根据《破产法》的规定，在人民法院受理破产申请时，对债务人享有债权的债权人，有权依照破产法规定程序行使权利。破产程序中，管理人既是债务人财产的管理者，也是受理债权申报的主体。为了便于债权人申报债权，债权的申报应当向管理人提出。当债权人对债权表记载的债权有异议的，则可以向受理破产申请的人民法院提起诉讼，确认其债权。

2019 年（二）[①]

一、试题（本题 27 分）

案情：

甲公司于 2015 年成立，注册资本为 8000 万元，由 A、B、C、D 四家公司作为股东，持股比例分别为 51%、37%、8%、4%，均完成实缴出资。甲公司董事会有 5 名成员，分别由 A、B、C 公司派员出任，席位比例为 2∶2∶1。B 公司名下 37% 的股权，其中有 17% 属于 E 公司。B 公司在甲公司董事会的一个席位由 E 公司指派王某担任，甲公司召开股东会，王

[①] 作者注：本题为 2019 年第五题选做题（二）。因本题为商法、民事诉讼法综合题，此处只保留与商法有关的问题和解析。本题系作者在综合网上考生回忆版的基础上，按照真题标准改造而成。

某均参加，E公司偶尔还会派其他人参加股东会。甲公司和其他股东均知情，但并未表示反对。

2017年7月，甲公司拟增资1000万，由投资者乙公司全部认购。C公司同意增资，但提出两项主张：一是按照其实缴出资比例优先认缴；二是对其他股东放弃的优先认缴部分也行使优先认缴权。其他股东均反对C公司的主张。

2018年5月，B公司将自己名下的20%股权出质给D公司，又将10%股权出质给丙公司，均办理了股权质押登记。E公司不知晓上述情况，丙公司亦不知道B公司代持股情况。后因B公司逾期未偿还所欠D公司借款，D公司遂向法院申请实现担保物权。

2019年4月，E公司的债权人丁公司获得法院胜诉判决，申请法院强制执行。法院查明E公司对甲公司的实际出资情况后，对B公司代持的实际上属于E公司的股权直接采取拍卖措施。

问题：

1. C公司的第一项主张能否成立？为什么？
2. C公司的第二项主张能否成立？为什么？
3. D公司能否取得股权质权？为什么？
4. 丙公司能否取得股权质权？为什么？
5. 若法院在审理实现担保物权案件过程中，E公司获知此事，对其应如何救济？为什么？若案件进入执行程序，E公司可以如何救济？
6. 法院对B公司名下股权强制执行，B、D、E、丙公司是否可就该强制执行提出异议？为什么？

二、答案精讲

1. C公司的第一项主张能否成立？为什么？

答案： 成立。根据《公司法》规定，公司新增资本时，股东有权优先按照实缴的出资比例认缴出资。但是，全体股东约定不按照出资比例优先认缴出资的除外。本题中，甲公司拟增资1000万元，而甲公司未另外作出规定，因此，C公司有权主张按其实缴出资比例优先认缴。

难度： 中

考点： 有限责任公司新增资本的优先认缴权

命题和解题思路： 本题考查有限责任公司新增资本的优先认缴权。《公司法》第34条规定了公司新增资本时股东有权优先按照实缴的出资比例认缴出资。该规定的目的是确认有限责任公司股权比例的稳定性，避免大股东滥用控制权肆意稀释小股东的情形。因此,公司或者股东会不得剥夺小股东在公司增资中按照实缴出资比例认缴出资的权利。

答案解析:

《公司法》第34条规定:"股东按照实缴的出资比例分取红利;公司新增资本时,股东有权优先按照实缴的出资比例认缴出资。但是,全体股东约定不按照出资比例分取红利或者不按照出资比例优先认缴出资的除外。"本题题干中并未表明甲公司全体股东不按照出资比例优先认缴出资,因此,C公司有权按照其实缴出资比例优先认缴。

2. C公司的第二项主张能否成立?为什么?

答案:

第一种观点:不成立。根据《公司法》规定,现行法律仅对增资情况下股东行使优先认缴权的范围和方式进行了规定,除章程特殊约定的情形外,将股东的认缴范围限制在实缴的出资比例范围内,并未对股东放弃优先认缴权的情形下其他股东的优先认缴权作出规定,因此,股东对其他股东放弃认缴的增资份额主张优先认缴权无法律依据。故C公司的主张不成立。

第二种观点:成立。公司增加资本时,股东自身不行使优先认缴权时,允许第三人认缴增加的效果相当于股权转让,而根据公司法的规定,股权对外转让时,其他股东享有优先认缴权。故C公司对其他股东放弃的优先认缴部分享有优先认缴权。

难度: 难

考点: 有限责任公司新增资本中优先认缴权放弃的法律后果

命题和解题思路: 本题旨在考查有限责任公司新增资本中优先认缴权放弃的法律后果。根据《公司法》第34条的规定,除全体股东另有约定外,股东有权优先按照实缴的出资比例认缴出资。对此规定,存在两种不同的观点:一种观点认为,该实缴出资比例是针对全体股东而言的,即我国是严格将优先认缴权的比例限定在股东实缴出资比例范围内,股东对其他股东放弃部分不得行使;另一种观点认为,该实缴出资比例是针对行使优先认缴权的股东而言的,即股东对于其他股东所放弃行使的部分可以按照实缴出资比例优先认缴。因此,公司可以依据自身需要决定是否赋予股东对其他股东放弃的优先认缴权作出规定,若为避免公司增资中"引狼入室"或者维护有限责任公司的人合性,则可以约定股东对其他股东放弃部分的优先认缴权;若公司有迫切融资的需要及意愿,则可以约定股东对于其他股东放弃部分不得行使优先认缴权,进而为公司提供融资渠道,增进融资效率。

答案解析：

第一种观点：不成立。《公司法》第34条规定："股东按照实缴的出资比例分取红利；公司新增资本时，股东有权优先按照实缴的出资比例认缴出资。但是，全体股东约定不按照出资比例分取红利或者不按照出资比例优先认缴出资的除外。"该规定仅对增资情况下股东行使优先认缴权的范围和方式进行了规定，除章程特殊约定的情形外，将股东的认缴范围限制在实缴的出资比例范围内，并未对股东放弃优先认缴权的情形下其他股东的优先认缴权作出规定。故C公司的主张不成立。

第二种观点：成立。根据公司法的规定，公司新增资本时，其他股东放弃优先认缴权的行为相当于股权转让。根据《公司法》第71条规定："有限责任公司的股东之间可以相互转让其全部或者部分股权。股东向股东以外的人转让股权，应当经其他股东过半数同意……其他股东自接到书面通知之日起满三十日未答复的，视为同意转让。其他股东半数以上不同意转让的，不同意的股东应当购买该转让的股权；不购买的，视为同意转让。经股东同意转让的股权，在同等条件下，其他股东有优先购买权……"该条款的目的是维护有限责任公司的人合性。同理，在公司新增资本的情形下，若其他股东放弃优先认缴权，那么为了维护有限责任公司的人合性，相比于公司以外的第三人，C公司享有优先认缴权。

3. D公司能否取得股权质权？为什么？

答案：不能。根据《物权法》规定，处分共有的不动产或者动产的，应当经占份额三分之二以上的按份共有人或者全体共同共有人同意。本题中，一方面，B公司名下37%的股权，其中有17%属于E公司，即B公司持有的37%股权事实上由B公司和E公司共同共有。由此，B公司在处分其股权时，应当遵守共同共有财产的处分规则，须经全体共同共有人的同意。另一方面，E公司指派王某担任甲公司的董事并参加股东会，而甲公司和其他股东均知情。由此可知，对于B公司的处分行为，D公司系知情，不构成善意取得，故D公司不能取得股权质权。

难度：中

考点：共有股权的处分行为；善意取得

命题和解题思路：本题旨在考查共有股权的处分行为与善意取得。股权系共同共有的情形下，对于一方处分共有股权的行为，应当遵守共同共有财产的处分规则。另一方面，对于处分共有股权的相对方，应当结合案情事实，结合相对方是否明知、是否为善意等因素进行综合分析。若相对方不知情或者善意，支付对价且进行了变更登记等，则共有财产的处分行为有效。

答案解析：

《物权法》第 97 条规定："处分共有的不动产或者动产以及对共有的不动产或者动产作重大修缮的，应当经占份额三分之二以上的按份共有人或者全体共同共有人同意，但共有人之间另有约定的除外。"本题中，B 公司名下 37%的股权，其中有 17%属于 E 公司，即 37%股权属于共同共有财产，因此，B 公司在对其股权进行处分时，应当经该股权全体共同共有人的同意。

《物权法》第 106 条规定："无处分权人将不动产或者动产转让给受让人的，所有权人有权追回；除法律另有规定外，符合下列情形的，受让人取得该不动产或者动产的所有权：（一）受让人受让该不动产或者动产时是善意的；（二）以合理的价格转让；（三）转让的不动产或者动产依照法律规定应当登记的已经登记，不需要登记的已经交付给受让人。受让人依照前款规定取得不动产或者动产的所有权的，原所有权人有权向无处分权人请求赔偿损失。当事人善意取得其他物权的，参照前两款规定。"由此可知，取得质权的前提是善意，而本题中，E 公司指派王某担任甲公司的董事并参加股东会，而甲公司和其他股东均知情，且未表示反对，则可以视为 D 公司知情，尽管办理了股权质押登记，但 D 公司不构成善意取得，不能取得股权质权。

4. 丙公司能否取得股权质权？为什么？

答案：丙公司能取得股权质权。根据《物权法》规定，B 公司将 10%的股权出质给丙公司时，丙公司并不知情其与 E 公司之间存在代持关系且办理了股权质押登记，构成善意取得，故丙公司可以取得股权质权。

难度：中

考点：股权质权的善意取得

命题和解题思路：本题旨在考查股权质权的善意取得。根据《物权法》第 106 条规定，动产质权的善意取得应对满足以下条件：①善意取得的标的限于动产；②质权人取得动产的占有；③须以设定质权为目的；④质权人须为善意。本题中，B 公司将其持有 20%股权出质给 D 公司之后，又将 E 公司持有的 17%股权中的 10%出质给丙公司，构成无权处分，但本题中显示丙公司并不知道 B 公司的股权代持情况，故构成善意取得。

答案解析：

《最高人民法院关于适用〈中华人民共和国公司法〉若干问题的规定（三）》第 25 条规定："名义股东将其登记于其名下的股权转让、质押或者以其他方式处分，实际出资人以其对于股权享有实际权利为由，请求认定处分股权行为无效的，人民法院可以参照物权法第一百零六条的规定处理。"另，《物权法》

第106条规定："无处分权人将不动产或者动产转让给受让人的，所有权人有权追回；除法律另有规定外，符合下列情形的，受让人取得该不动产或者动产的所有权：（一）受让人受让该不动产或者动产时是善意的；（二）以合理的价格转让；（三）转让的不动产或者动产依照法律规定应当登记的已经登记，不需要登记的已经交付给受让人。受让人依照前款规定取得不动产或者动产的所有权的，原所有权人有权向无处分权人请求赔偿损失。当事人善意取得其他物权的，参照前两款规定。"本题中，B公司将10%的股权出质给丙公司时，丙公司并不知情B公司与E公司存在股权代持关系，且办理了股权质押登记，因而丙公司可以取得股权质权。

5. 若法院在审理实现担保物权案件过程中，E公司获知此事，对其应如何救济？为什么？若案件进入执行程序，E公司可以如何救济？

答案：（1）可以提出异议或者提起确权诉讼。因为E公司对B公司质押的股权有共有权，其可以作为利害关系人提出异议，还可以通过诉讼要求法院确认其享有的份额。

（2）若案件进入执行程序，E公司可基于自己对B公司质押的股权有共有权而提出执行标的异议；异议若被法院驳回，E公司则可以提起案外人异议之诉。

难度： 难

考点： 实现担保物权案件对利害关系人的救济、案外人对执行标的异议及案外人异议之诉

命题和解题思路： 本题考查对股权被代持的E公司在实现担保物权程序以及执行程序中的救济方式。执行程序中对案外人权利的救济方式是民诉法的传统重点，在主观题中频繁考查，而对实现担保物权程序中利害关系人的救济则相对冷僻。正确解答本题，应首先在实体法上明确E公司的法律地位；再结合程序法规定判断其诉讼地位，即E公司属于实现担保物权程序的利害关系人，属于执行程序的案外人；最后根据程序法规定即可准确作答。本题的难点在于准确理解诉讼程序和非讼程序的适用关系，不可遗忘对实现担保物权程序利害关系人的诉讼救济。

答案解析：

本题中，B公司持有甲公司37%的股权实际系B公司和E公司所共同共有，E公司对共有的股权按照其份额享有所有权。B公司逾期未偿还所欠D公司借款，D公司向法院申请实现对B公司享有的质权，E公司属于利害关系人。《最高人民法院关于适用〈中华人民共和国民事诉讼法〉的解释》第371

条第2款规定,被申请人或者利害关系人提出异议的,人民法院应当一并审查。据此,若法院在审理实现担保物权案件过程中,E公司获知此事,可以向审理法院提出异议。若异议成立,因存在纠纷会导致实现担保物权程序终结。此外,E公司也可以不对实现担保物权程序提出异议,直接就其纠纷向法院提起确权诉讼,请求法院通过判决确认其享有的股权份额。

《民事诉讼法》第227条规定,执行过程中,案外人对执行标的提出书面异议的,人民法院应当自收到书面异议之日起15日内审查,理由成立的,裁定中止对该标的的执行;理由不成立的,裁定驳回。案外人、当事人对裁定不服,认定原判决、裁定错误的,依照审判监督程序办理;与原判决、裁定无关的,可以自裁定送达之日起15日内向人民法院提起诉讼。据此,若进入执行程序,E公司因其对B公司质押的股权享有共有权,可以针对涉案股权提出执行标的异议;若其异议被驳回,因与原判决、裁定无关,可以提起案外人异议之诉。

6. 法院对B公司名下股权强制执行,B、D、E、丙公司是否可就该强制执行提出异议?为什么?

答案:(1)B公司可提出执行标的异议。因为B公司名下37%的股权实际上属于B公司与E公司共有,B公司可基于股权共有人的身份对执行标的提出异议。B公司作为利害关系人,还可对执行法院的执行行为提出异议。因为对被申请执行的股权不可以直接拍卖,应当先予冻结,被申请人经过一定期限仍不履行义务,才可以对其股权进行拍卖。

(2)D公司无权提起异议。尽管B公司将20%股权出质给D公司,但D公司不构成善意取得,D公司并未取得股权质权。

(3)E公司可提出执行行为异议。因为执行法院不可以直接对实际为E公司的股权进行拍卖,应当先予冻结。

(4)丙公司可提出执行标的异议。根据善意取得的规定,丙公司取得股权质权,可以基于股权质押对执行标的提出异议。丙公司作为利害关系人,还可提出执行行为异议。同样因为执行法院不可以直接对股权进行拍卖,应当先予冻结。

难度:难

考点:案外人对执行标的异议;执行行为异议

命题和解题思路:本题旨在考查执行异议制度的类型和适用对象。执行异议分为执行标的异议和执行行为异议两类,应结合其适用主体和条件,对四个主体能否提出两类异议逐一作出判断,避免遗漏失分,建议对四个主体分列序号作答。如考生将执行异议限缩理解为执行标的异议，同样会漏答失分。对于能否提出执行标的异议，必须要借助某主体是否享有实体权利作出判断，因此解答本题必须以第三问和第四问作为基础。如对第三问和第四问误判，回答本题将产生方向性错误。对于执行行为异议的判断，必须了解财产执行措施，即对财产查封、扣押、冻结后才能进行拍卖、变卖。考生还应注意一个答题细节，答题时应将设问句的表述具体为"执行行为异议""执行标的异议"，笼统用"执行异议"也会失分。

答案解析：

本案是丁公司申请法院对B公司名下实际为E公司所有的股权予以强制执行，执行当事人是丁公司和E公司，而B公司、D公司和丙公司均为案外人。案外人提出执行标的异议的理由是执行行为将对其实体权利造成损害。《最高人民法院关于人民法院办理执行异议和复议案件若干问题的规定》第24条规定，对案外人提出的排除执行异议，人民法院应当审查下列内容：①案外人是否系权利人；②该权利的合法性与真实性；③该权利能否排除执行。据此，本题待判断的各主体能否提出执行标的异议，应首先在实体法上明确案外人是否属于权利人。根据案情表述，B公司是股权共有人，丙公司善意取得股权质权，两者均享有实体权利，均可提出执行标的异议；E公司作为被执行人，当然不属于权利人，也不属于执行程序的案外人，因此无权提出执行标的异议；而D公司并未取得股权质权，不属于权利人，其无权提出执行标的异议。

《最高人民法院关于适用〈中华人民共和国民事诉讼法〉的解释》第486条规定，对被执行的财产，人民法院非经查封、扣押、冻结不得处分。对银行存款等各类可以直接扣划的财产，人民法院的扣划裁定同时具有冻结的法律效力。据此，法院不得直接对股权采取拍卖的处分措施，应先予冻结，经过一定期限被申请人仍不履行义务，才可以对其股权进行拍卖。法院对B公司代持的实际上属于E公司的股权直接采取拍卖措施，违反上述规定。《民事诉讼法》第225条规定，当事人、利害关系人认为执行行为违反法律规定的，可以向负责执行的人民法院提出书面异议。当事人、利害关系人提出书面异议的，人民法院应当自收到书面异议之日起15日内审查，理由成立的，裁定撤销或者改正；理由不成立的，裁定驳回。当事人、利害关系人对裁定不服的，可以自裁定送达之日起10日内向上一级人民法院申请复议。据此，被执行人E公司、利害关系人B公司和丙公司均可提出执行行为异议。而D公司既非执行程序当事人，也不属于利害关系人，无权提出执行行为异议。

2018 年（一）①

一、试题（本题54分）

案情：

甲公司中标某地块的开发权，遂与乙公司签订建设工程承包合同，由乙公司负责建筑施工。合同履行过程中，甲公司拖欠乙公司合同工程款8000万元未付，双方协商将该欠款及500万元利息转为甲公司对乙公司的借款。随后，乙公司协助甲公司以在建工程向某银行进行抵押担保，获得贷款2亿元。双方同意用该笔贷款首先清偿乙公司债权中的5000万元，剩余的1.5亿元归入两公司的共管账户，并作为继续前述房产开发的资本；同时甲公司将其公司公章交给乙公司保管，意在防止甲公司随意对他人举债。两公司还约定，如发生合作争议，由S省q市仲裁委管辖。

后乙公司自拟了一份补充协议，将前述合同中的仲裁机关改为G省c市，并加盖了乙公司和甲公司的印章。同时乙公司为了冲抵甲公司的借款，在向丁公司购买建筑材料时加盖甲公司的印章。

后甲、乙公司发生争议，乙公司向G省c市仲裁委提出仲裁申请，仲裁委受理，甲公司提出管辖异议，认为仲裁协议无效，G省c市仲裁委认为仲裁协议有效，继续审理，并作出了裁决。随后甲公司向法院申请撤销仲裁裁决。

前述房产开发过程中，甲公司与丙公司签订销售委托合同，由丙公司负责甲公司楼盘的销售。该委托合同由丙公司的法定代表人韩某签订，合同上只有韩某的签字，无丙公司公章。合同签订后，甲公司才发现韩某在签订合同之时已被丙公司解除法定代表人职位，另由他人担任，但丙公司尚未进行变更登记。

甲公司取得预售许可证后，丙公司履行委托合同，着手开始销售房屋，许多购房者购买之后又与他人签订租赁合同。后因丙公司销售不力，甲公司向法院起诉请求解除委托合同。一审判决丙公司败诉，丙公司不服提起上诉，在上诉中变更了诉讼请求，请求判决合同无效，并赔偿损失。

后甲公司的开发资金出现短缺，无法支付乙公司两个月的工程进度款。甲公司于是进行民间借贷，与包括戊在内的多名贷款人签订借款合同，同时签订房屋买卖合同，约定甲到期不能偿还借款时向贷款人交付相关房屋。

---

① 作者注：本题为2018年第四题。因本题为民法、商法、民事诉讼法综合题，此处只保留与商法有关的问题和解析。本题系作者在综合网上考生回忆版的基础上，按照真题标准改造而成。

甲公司原计划尽快完成楼盘开发并利用回笼资金偿还借款，但由于其拖欠工程进度款，导致乙公司停工抗辩。甲公司因其资金回笼目的落空，遂提出解除与乙公司的合作开发合同。

后甲公司负债累累，有债权人向A省b市法院提出破产申请，该法院受理了申请。之前与甲公司有供货合同的丁公司听闻甲公司被法院受理破产清算之后，随即通知其运送途中的货车司机停止运货并返回。

乙公司因对甲公司的债权余额出现争议请求法院确认债权，之后乙公司又起诉请求甲公司支付利息，并要求优先受偿。

问题：

9. 丁公司中止向甲公司运货的做法是否有法律依据？为什么？

10. 若甲公司被受理破产后，A省b市法院能否将债权人诉讼交由其他法院管辖？为什么？

11. 若甲公司申请破产后，乙公司与其产生财产纠纷，应由仲裁委管辖还是法院管辖？

二、答案精讲

9. 丁公司中止向甲公司运货的做法是否有法律依据？为什么？

答案： 有法律依据。破产法规定了出卖人的特殊取回权，本案符合出卖人取回的条件。

难度： 易

考点： 债务人财产（出卖人取回权）

命题和解题思路： 出卖人取回权属于破产取回权的特殊情形，命题人主要考查"债务人尚未收到且未付清全部价款"这一构成要件，即使考生不记得破产法的具体规定，但基于朴素的公平正义观也能得出正确结论，本题绝对属于送分题。

答案解析：

《破产法》第39条规定："人民法院受理破产申请时，出卖人已将买卖标的物向作为买受人的债务人发运，债务人尚未收到且未付清全部价款的，出卖人可以取回在运途中的标的物。但是，管理人可以支付全部价款，请求出卖人交付标的物。"对号入座即可正确作答。

10. 若甲公司被受理破产后，A省b市法院能否将债权人诉讼交由其他法院管辖？为什么？

答案： A省b市法院可以将债权人诉讼交由其他法院管辖。因为《最高人民法院关于适用〈中华人民共和国民事诉讼法〉的解释》第42条规定，破产程序中有关债务人的诉讼案件，受理破产申请的人民法院报请上级人民法院批准后，可以将案件在开庭前交下级人民法院审理。《最高人民法院关于适用〈中华人民共和国企业破产法〉若干问题的规定（二）》第 47 条第 3 款规定，受理破产申请的人民法院，如对有关债务人的海事纠纷、专利纠纷、证券市场因虚假陈述引发的民事赔偿纠纷等案件不能行使管辖权，可以由上级人民法院指定管辖。

难度： 易

考点： 管辖权转移（管辖权转移的情形）、指定管辖

命题和解题思路： 本题以破产程序为切入点，考查管辖权向下转移或者指定管辖的适用情形。题目设问方式直白，《最高人民法院关于适用〈中华人民共和国民事诉讼法〉的解释》和《最高人民法院关于适用〈中华人民共和国企业破产法〉若干问题的规定（二）》均有明确的条文规定，在提供法条的主观题考试中绝对属于送分题。

答案解析：

《破产法》第 21 条规定，人民法院受理破产申请后，有关债务人的民事诉讼，只能向受理破产申请的人民法院提起。这是有关债务人诉讼的原则规定，但有例外情形。《最高人民法院关于适用〈中华人民共和国民事诉讼法〉的解释》第 42 条规定，下列第一审民事案件，人民法院依照《民事诉讼法》第 38 条第 1 款规定，可以在开庭前交下级人民法院审理：破产程序中有关债务人的诉讼案件……人民法院交下级人民法院审理前，应当报请其上级人民法院批准。上级人民法院批准后，人民法院应当裁定将案件交下级人民法院审理。据此，A 省 b 市法院受理了对甲公司的破产申请后，债权人提起的有关债务人诉讼案件可以交给下级法院审理。

《最高人民法院关于适用〈中华人民共和国企业破产法〉若干问题的规定（二）》第 47 条第 3 款规定，受理破产申请的人民法院，如对有关债务人的海事纠纷、专利纠纷、证券市场因虚假陈述引发的民事赔偿纠纷等案件不能行使管辖权，可以由上级人民法院指定管辖。据此，上述针对债务人的专业性较强的案件，受理破产的 A 省 b 市法院可以通过 A 省高级人民法院指定管辖的方式交给其他法院审理。

11. 若甲公司申请破产后，乙公司与其产生财产纠纷，应由仲裁委管辖还是法院管辖？为什么？

答案： 应由 S 省 q 市仲裁委管辖该财产纠纷。因为《破产法》第 21 条仅针对民事诉讼的管辖规定，并不排斥仲裁管辖。且甲公司与乙公司约定了仲裁机构，有效的仲裁协议排斥法院管辖，因此甲公司与乙公司的财产纠纷应由 S 省 q 市仲裁委管辖。

难度： 难

考点： 仲裁与民事诉讼的关系

命题和解题思路： 表面上看，本题考查的是破产程序启动后有关债务人的其他财产纠纷的处理方式，实则附带对仲裁与民事诉讼的适用关系予以考查。本题并无直接的解题依据，可参照《破产法》的规定以及财产纠纷中仲裁和民事诉讼的适用关系理论辅助作出判断。解题的关键环节在于准确理解《破产法》第21条规定的适用对象，如果误认为破产程序启动后一切民事纠纷应由受理破产法院管辖，那必然会因误判而失分。本题提醒考生，法考复习一定要细致，须知"细节决定成败"。

答案解析：

《破产法》第21条规定，人民法院受理破产申请后，有关债务人的民事诉讼，只能向受理破产申请的人民法院提起。本条中"民事诉讼"是关键信息，这是关于破产程序开始后民事诉讼管辖的规定，该规定只适用于民事诉讼案件，并不适用于仲裁案件。而对于财产纠纷，诉讼和仲裁的适用是或裁或审的关系，有效的仲裁协议即可排除法院对案件的司法管辖权，本案中甲乙公司明确约定了S省q市仲裁委作为仲裁机构，因此甲公司与乙公司的财产纠纷应由S省q市仲裁委管辖。

2018年（二）[①]

一、试题（本题28分）

案情：

林强、刘珂和孙淼是木豆公司的股东。林强担任公司法定代表人，与刘珂是恋人关系。

2015年4月，木豆公司与林强、刘珂、郝宏、季翔设立遥远公司，签订了《投资人协议》，签署了《遥远公司章程》，规定遥远公司的注册资本是5000万元。其中，木豆公司认缴2000万元，林强认缴1000万元，刘珂认缴500万元，郝宏认缴1000万元，季翔认缴500万元。《章程》还规定，木豆公司和郝宏的出资应在公司设立时一次性缴足，林强、刘珂、季翔认缴的出资在公司成立后三年内缴足。同一天，郝宏与孙淼签订了《委托持股协议》，约定：郝宏在遥远公司认缴的出资由孙淼实际缴纳，股权实际为孙淼所有，孙淼与郝宏之间系委托代持股关系。孙淼与郝宏

---

① 作者注：本题为2018年第五题选做题（二）。本题系作者在综合网上考生回忆版的基础上，按照真题标准改造而成。

将《委托持股协议》进行了公证。

遥远公司成立并领取了企业法人营业执照，营业执照上注明：公司注册资本5000万元，实缴3000万元。刘珂是遥远公司的法定代表人。木豆公司和孙森均按章程的规定以向公司账户汇款的方式足额缴纳了出资，汇款单用途栏内写明"缴纳股权投资款"。

2016年12月，林强分两次从其银行卡向刘珂银行卡分别汇款100万元、80万元。到款当日，刘珂将这两笔款项均汇入遥远公司账户，汇款单用途栏内写明"投资款"。刘珂认缴的出资，尚有320万元未缴足。

2016年12月，季翔向遥远公司账户汇款100万元，尚有400万元未实际缴足。

2017年1月，季翔拟转让股权，其他股东不主张购买，季翔最终将股权转让给皓轩公司，并办理了股权变更登记。

2017年3月，林强与刘珂关系破裂。在刘珂的操作下，遥远公司会计麦子与木豆公司签订了《股权转让协议》，将木豆公司对遥远公司的股权转让给麦子，该《股权转让协议》上加盖有木豆公司公章，法定代表人签字一栏林强的签字系刘珂伪造。遥远公司持该《股权转让协议》到公司登记机关办理了股权变更登记，麦子未实际向木豆公司支付股权转让款。

2017年4月，麦子与七彩钢铁公司签订《股权转让协议》，麦子将其名下的遥远公司股权转让给七彩钢铁公司，七彩钢铁公司向麦子支付全部股权转让款3000万元，遥远公司为七彩钢铁公司办理了股权过户变更登记。

2017年8月，郝宏因拖欠小额贷款公司借款，被法院判决应偿还借款本金300万元及相应的利息及罚息。小额贷款公司申请法院强制执行，法院查封了郝宏在遥远公司的股权。对此，孙森提出案外人异议。

2017年9月，遥远公司因不能偿还银行到期借款3000万元本金及利息，被银行起诉到法院。在该案一审审理期间，银行以林强认缴的出资未足额缴纳为由，追加林强为被告，请求林强对银行债务承担连带清偿责任。

问题：

1. 如林强以刘珂用于出资的180万元是他所汇为由，主张确认刘珂名下的股权实际为林强所有，该主张是否成立？为什么？

2. 季翔向皓轩公司转让股权时，其认缴的出资尚有400万元未缴纳，如认缴期限届满，遥远公司是否可以向皓轩公司催缴？为什么？

3. 木豆公司与麦子签订了《股权转让协议》，并将股权过户到麦子名下，据此是否可以认定麦子已取得遥远公司的股权？为什么？

4. 根据题中所述事实，是否可以认定七彩钢铁公司已取得遥远公司股权？

为什么?

5. 孙淼的案外人执行异议是否成立？为什么？

6. 在银行诉遥远公司和林强的清偿贷款纠纷案件中，林强是否应当对公司债务承担连带责任？为什么？

二、答案精讲

1. 如林强以刘珂用于出资的180万元是他所汇为由，主张确认刘珂名下的股权实际为林强所有，该主张是否成立？为什么？

答案：不成立。刘珂以自己名义认缴并实缴出资，尽管刘珂用于出资的180万元是林强汇给刘珂的，但只能视为内部的借贷或者赠与等关系而不能直接对公司主张股权。

难度：中

考点：股东的概念（股东资格的取得与确认）

命题和解题思路：在公司法实务中，关于当事人与涉事公司之间究竟是属于投资关系，还是借贷关系的真实案例可谓是不胜枚举。本题恰恰是命题人以此为契机并借助案例的方式对该问题进行的深入考查，从而体现了"命题与实务前沿密切联系"的命题规律。如能熟记股东资格认定的形式要件和实质要件，本题不难作答。

答案解析：

《最高人民法院关于适用〈中华人民共和国公司法〉若干问题的规定（三）》第22条规定："当事人之间对股权归属发生争议，一方请求人民法院确认其享有股权的，应当证明以下事实之一：（一）已经依法向公司出资或者认缴出资，且不违反法律法规强制性规定；（二）已经受让或者以其他形式继受公司股权，且不违反法律法规强制性规定。"其中，前者属于原始取得股权的条件。本案中，刘珂认缴500万元，且将180万元的两笔款项均以自己名义汇入遥远公司账户，汇款单用途栏内写明"投资款"，故刘珂对此享有股权，林强充其量可以对刘珂主张债权。

2. 季翔向皓轩公司转让股权时，其认缴的出资尚有400万元未缴纳，如认缴期限届满，遥远公司是否可以向皓轩公司催缴？为什么？

答案：不能。尽管季翔没有全面履行自己的出资义务，但其股权也是可以转让的。受让人是外部第三人皓轩公司，推定受让人对未缴出资不知情，故不能向皓轩公司催缴。

难度：中

考点：有限责任公司的股权转让（转让瑕疵股权的法律后果）

命题和解题思路：未全面履行出资义务的股权转让在实践中屡有发生，究竟由原股东还是新股东补缴出资有不同观点。有法院认为根据权利义务概况转移原则，应当由新股东补缴出资，但《最高人民法院关于适用〈中华人民共和国公司法〉若干问题的规定（三）》规定非善意的受让人才承担连带责任，因此不能简单依据法律的一般原则进行推理。命题人通过这一考点来考查考生掌握特殊规则的能力。

答案解析：

《最高人民法院关于适用〈中华人民共和国公司法〉若干问题的规定（三）》第18条规定："有限责任公司的股东未履行或者未全面履行出资义务即转让股权，受让人对此知道或者应当知道，公司请求该股东履行出资义务、受让人对此承担连带责任的，人民法院应予支持；公司债权人依照本规定第十三条第二款向该股东提起诉讼，同时请求前述受让人对此承担连带责任的，人民法院应予支持。受让人根据前款规定承担责任后，向该未履行或者未全面履行出资义务的股东追偿的，人民法院应予支持。但是，当事人另有约定的除外。"本题所给的事实是其他股东不主张购买，季翔向外部第三人皓轩公司转让股权，皓轩公司视为善意受让人，故遥远公司不能向皓轩公司催缴。

3. 木豆公司与麦子签订了《股权转让协议》，并将股权过户到麦子名下，据此是否可以认定麦子已取得遥远公司的股权？为什么？

答案：不能。尽管麦子可以视为被无权处分人刘珂蒙蔽的善意买受人，且完成股东变更登记，但并未支付股权转让款，不符合善意取得的构成要件，故不能取得股权。

难度：中

考点：股权的善意取得

命题和解题思路：本题旨在考查善意取得制度在股权转让中的适用，所以考生直接判断本案情形是否满足善意取得制度的构成要件即可得出正确结论。因此，本题的解题关键在于麦子能否依据善意取得制度取得该股权。根据股权善意取得的构成要件（无权处分+以合理价格受让+受让人在受让股权时为善意+完成股权变更登记手续），得出麦子不能够取得木豆公司股权的结论。

答案解析：

《最高人民法院关于适用〈中华人民共和国公司法〉若干问题的规定（三）》第25条规定："名义股东将登记于其名下的股权转让、质押或者以其他方式处分，实际出资人以其对于股权享有实际权利为由，请求认定处分股权行为无效的，人民法院可以参照物权法第一百零六条的规定处理。"

《物权法》第106条规定："无处分权人将不动产或者动产转让给受让人的，所有权人有权追回；除法律另有规定外，符合下列情形的，受让人取得该不动产或者动产的所有权：（一）受让人受让该不动产或者动产时是善意的；（二）以合理的价格转让；（三）转让的不动产或者动产依照法律规定应当登记的已经登记，不需要登记的已经交付给受让人。"

4. 根据题中所述事实，是否可以认定七彩钢铁公司已取得遥远公司股权？为什么？

答案：可以。虽然麦子不能取得木豆公司对遥远公司持有的股权，但由于该股权已登记于麦子名下，七彩公司属于信赖该登记的善意买受人，已向麦子支付全部股权转让款，并到公司登记机关办理了股权变更登记，从而取得该股权。

难度：中

考点：股权的善意取得

命题和解题思路：本题旨在考查股权的善意取得制度。本题的解题思路分两步走：第一步，明确麦子是遥远公司的名义股东；第二步，根据相关的司法解释，判断股权无权转让行为的效力。

答案解析：

《最高人民法院关于适用〈中华人民共和国公司法〉若干问题的规定（三）》第25条规定："名义股东将登记于其名下的股权转让、质押或者以其他方式处分，实际出资人以其对于股权享有实际权利为由，请求认定处分股权行为无效的，人民法院可以参照物权法第一百零六条的规定处理。"针对行为人无权处分他人股权，第三人在符合善意取得制度的构成要件时可以依法取得该股权。该制度的立法目的是保护善意第三人的信赖利益，维护交易安全。

5. 孙淼的案外人执行异议是否成立？为什么？

答案：不成立。一方面，虽然郝宏并未实际出资，但其是登记在公司登记机关的名义股东，债权人小额贷款公司作为善意债权人在向郝宏放贷时的信赖利益应得到保护；另一方面，《委托持股协议》即使经过公证，仅具有内部效力，孙淼并非真正意义上的股东，只能依据《委托持股协议》向郝宏主张约定的有关权利，该法律关系具有相对性，在转为正式股东之前无权以内部股权代持协议有效为由对抗外部债权人对显名股东的正当权利。基于此，相关司法解释规定，股权按照工商行政管理机关的登记和企业信用信息公示系统公示的信息来判断案外人是否是有权提出执行异议的权利人，即隐名投资人无权提出股权执行异议。

难度： 难

考点： 名义股东与实际股东；执行异议

命题和解题思路： 名义股东与实际投资人之间的法律关系是考试的热点，以往多考查名义股东将登记于其名下的股权转让、质押或者以其他方式擅自处分，此时参照《物权法》第106条的规定善意取得制度处理。但本题结合民事诉讼法跨学科考查案外人执行异议，此时名义股东是被动处分股权，解题难度大大增加。但万变不离其宗，解答名义股东与实际股东法律纠纷的核心是明确两者属于契约关系，后者只能依据合同相对性向前者主张权利而不能直接向公司主张权利，其并不是真正的股权人，故不能阻止股权被强制执行。

答案解析：

《最高人民法院关于人民法院办理执行异议和复议案件若干问题的规定》第24条规定，对案外人提出的排除执行异议，人民法院应当审查下列内容：①案外人是否系权利人；②该权利的合法性与真实性；③该权利能否排除执行。而对案外人是否"权利人"这一要素，该司法解释第25条规定，对案外人的股权执行异议，人民法院应当按照工商行政管理机关的登记和企业信用信息公示系统公示的信息这一外观标准来判断其是否系权利人。故隐名投资人无权提出股权执行异议。

6. 在银行诉遥远公司和林强的清偿贷款纠纷案件中，林强是否应当对公司债务承担连带责任？为什么？

答案： 不应当承担连带责任，但应当承担补充赔偿责任。

公司具有法人性，有独立的法人财产权，而股东以其出资额为限对公司承担责任，当股东未履行或者未完全履行出资义务时，应当在未出资本息范围内对债权人承担补充赔偿责任。本案中，遥远公司成立于2015年4月，林强对遥远公司认缴出资的期限为公司成立后3年内缴足。根据《公司法》《破产法》等相关规定，只有在林强的认缴出资期限届满后，即2018年4月后才可以要求林强承担补充赔偿责任。

难度： 中

考点： 出资应否加速到期

命题和解题思路： 本题旨在考查股东的出资应否加速到期。2013年《公司法》修订将注册资本实缴制改为注册资本认缴制，在认缴制下，公司债权人以公司不能清偿到期债务为由，请求未到出资期限的股东在未出资范围内对公司不能清偿的债务承担补充赔偿责任的，人民法院应否支持，存在两种截然不同的观点。考虑到股东享有期限利益的价值取向，则不能违反公司法的基本价值，动摇认缴制下对股东出资期限利益认可的基石。即对于上述情形，原则上不适用加速到期。但是，当公司债务产生后，公司股东会决议延长股东的出资期限以逃避公司不能履行债务时其股东将被要求补足出资义务，或者公司作为被执行人的案件，因穷尽执行措施无财产可供执行，已具备破产原因，但公司不申请破产的情形下，则可以要求股东未届期限的认缴出资加速到期。

答案解析：

就责任承担方式而言，公司法采取"股东有限责任、公司无限责任"的基本原则，即股东仅以自己的出资对公司债务承担有限责任，而公司对外以自己的财产承担全部责任。但是，在公司财产不足以清偿公司债务，而股东在新的出资认缴制下未实际缴纳出资时，股东的出资是否适用于加速到期则存在争议。对此，《企业破产法》第35条规定："人民法院受理破产申请后，债务人的出资人尚未完全履行出资义务的，管理人应当要求出资人缴纳所认缴的出资，而不受出资期限的限制。"《最高人民法院关于适用〈中华人民共和国公司法〉若干问题的规定（二）》第22条第1款规定："公司解散时，股东尚未缴纳的出资均应作为清算财产。股东尚未缴纳出资，包括到期应缴纳的出资，以及依照公司法第二十六条和第八十条的规定分期缴纳尚未届满缴纳期限的出资。"由此可知，在破产和解散清算的情形下，股东的出资义务应当加速到期。

《最高人民法院关于适用〈中华人民共和国公司法〉若干问题的规定（三）》第13条第2款规定："公司债权人请求未履行或者未全面履行出资义务的股东在未出资本息范围内对公司债务不能清偿的部分承担补充赔偿责任的，人民法院应予支持。"《最高人民法院关于民事执行中变更、追加当事人若干问题的规定》第17条规定："作为被执行人的企业法人，财产不足以清偿生效法律文书确定的债务，申请执行人申请变更、追加未缴纳或未足额缴纳出资的股东、出资人或依公司法规定对该出资承担连带责任的发起人为被执行人，在尚未缴纳出资的范围内依法承担责任的，人民法院应予支持。"对于上述规定是否适用于加速到期，考虑到股东享有期限利益的价值取向，一般仅适用于认缴期限已届满而未缴纳或者未足额缴纳的情形，而不适用于股东出资义务加速到期。本案中，遥远公司成立于2015年4月，林强对遥远公司认缴出资的期限为公司成立后3年内缴足，即只有在林强的认缴出资期限届满后，也即2018年4月后，且林强仍未缴纳出资时才可以要求林强承担补充赔偿责任。

2017 年

一、试题（本题 21 分）

案情：

昌顺有限公司成立于 2012 年 4 月，注册资本 5000 万元，股东为刘昌、钱顺、潘平与程舵，持股比例依次为 40%、28%、26% 与 6%。章程规定设立时各股东须缴纳 30% 的出资，其余在两年内缴足；公司不设董事会与监事会，刘昌担任董事长，钱顺担任总经理并兼任监事。各股东均已按章程实际缴纳首批出资。公司业务主要是从事某商厦内商铺的出租与管理。因该商厦商业地理位置优越，承租商户资源充足，租金收入颇为稳定，公司一直处于盈利状态。

2014 年 4 月，公司通过股东会决议，将注册资本减少至 3000 万元，各股东的出资额等比例减少，同时其剩余出资的缴纳期限延展至 2030 年 12 月。公司随后依法在登记机关办理了注册资本的变更登记。

公司盈利状况不错，但 2014 年 6 月，就公司关于承租商户的筛选、租金的调整幅度、使用管理等问题的决策，刘昌与钱顺爆发严重冲突。后又发生了刘昌解聘钱顺的总经理职务，而钱顺又以监事身份来罢免刘昌董事长的情况，虽经潘平与程舵调和也无济于事。受此影响，公司此后竟未再召开过股东会。好在商户比较稳定，公司营收未出现下滑。

2016 年 5 月，钱顺已厌倦于争斗，要求刘昌或者公司买下自己的股权，自己退出公司，但遭到刘昌的坚决拒绝，其他股东既无购买意愿也无购买能力。钱顺遂起诉公司与刘昌，要求公司回购自己的股权，若公司不回购，则要求刘昌来购买。一个月后，法院判决钱顺败诉。后钱顺再以解散公司为由起诉公司。虽然刘昌以公司一直盈利且运行正常等为理由坚决反对，法院仍于 2017 年 2 月作出解散公司的判决。

判决作出后，各方既未提出上诉，也未按规定成立清算组，更未进行实际的清算。在公司登记机关，该昌顺公司仍登记至今，而各承租商户也继续依约向公司交付租金。

问题：

1. 昌顺公司的治理结构，是否存在不规范的地方？为什么？
2. 昌顺公司减少注册资本依法应包括哪些步骤？
3. 刘昌解聘钱顺的总经理职务，以及钱顺以监事身份来罢免刘昌董事长职位是否合法？为什么？

4. 法院判决不支持"钱顺要求公司与刘昌回购自己股权的诉求"是否合理？为什么？

5. 法院作出解散公司的判决是否合理？为什么？

6. 解散公司的判决生效后，就昌顺公司的后续行为及其状态，在法律上应如何评价？为什么？

二、答案精讲

1. 昌顺公司的治理结构，是否存在不规范的地方？为什么？

答案： 存在。①昌顺公司股东人数较少不设董事会的做法符合《公司法》第50条规定，但此时刘昌的职位不应是董事长，而应是执行董事。②昌顺公司股东人数较少不设监事会符合《公司法》第51条第1款规定。但是按该条第4款规定，董事、高级管理人员不得兼任监事，而钱顺不得兼任监事。

难度： 中

考点： 董事、监事、高级管理人员的任职资格（任职资格的禁止性规定）；有限责任公司的组织机构

命题和解题思路： 本题以有限责任公司治理结构是否规范来间接考查公司董、监、高的任职资格和有限责任公司组织机构的设置，考生须得识破命题人这种"障眼法"式的考查方式。判断公司的治理结构是否规范，也就是判断公司组织机构的设置及其基本权限和职责分配是否严格符合法律的强制性规定。所以，本题的解题关键有两点：第一，考生能否准确把握董事会、执行董事以及董事长的区别；第二，考生审题时是否注意到"钱顺担任总经理并兼任监事"这一细节。

《公司法》第50条第1款规定："股东人数较少或者规模较小的有限责任公司，可以设一名执行董事，不设董事会。执行董事可以兼任公司经理。"显然，不设董事会的昌顺公司，可以设置一名执行董事履行董事会的职责，而刘昌的职位应当是执行董事。退一步说，即使考生不熟悉上述规定，从"董事长"的字面含义也可判断出此处存在问题：董事长者，董事会中其他董事的领导者。在公司不设董事会的前提下，公司的董事只有一名，何来董事长之说？《公司法》第51条第1款与第4款分别规定："有限责任公司设监事会，其成员不得少于三人。股东人数较少或者规模较小的有限责任公司，可以设一至二名监事，不设监事会。""董事、高级管理人员不得兼任监事。"由此可知，钱顺不得兼任监事。

> **难点解析**：公司的治理结构与公司的组织结构之间的关系
>
> 公司治理的实质价值在于通过合理分配公司的权力资源，不断完善公司管理运营与监督控制的权力配置，促进公司良性运转，以实现公司的经营目标并最终实现股东利益最大化。根据此价值判断可知，公司治理与公司的组织结构密不可分。在现代企业制度中，判断一个公司治理是否良好的其中一个衡量标准就是该公司组织机构的设置是否完善及各组织机构之间的关系是否协调、是否有效率。因此可以说，公司治理以分权为前提，以公司的组织结构为物质基础，公司的组织机构在公司治理中处于核心位置。
>
> 从公司组织结构的设置判断公司治理是否规范可以采取以下标准：
>
> 第一，公司组织结构的设置及其基本权限和职责的分配是否符合公司法的强制性规定；
>
> 第二，公司内部各个组织机构之间的协调运作是否有效，处理外部事务的对外代表机关是否明确；
>
> 第三，公司权力资源在决策机构与监督管理机构之间的分配和安排是否合理有效。

2. 昌顺公司减少注册资本依法应包括哪些步骤？

答案：①要形成2/3多数议决的关于减资的股东会决议，即符合《公司法》第43条第2款要求，形成有效的股东会决议。②编制资产负债表及财产清单。③按照《公司法》第177条第2款的规定，减资决议之日起10日内通知债权人，并于30日内在报纸上公告。④应向公司登记机关提交相关文件，办理变更登记。登记后才发生注册资本减少的效力。⑤应修改公司章程。

难度：中

考点：公司的资本（减资程序）

命题和解题思路：根据指令句可知，本题旨在考查公司减资的法定程序。本题所考知识点较为单一，难度不大，考查方式也较为"简单粗暴"——主要考查考生的知识体系是否完整以及对法条的掌握是否全面到位。所以，本题的难点不在于"深"而在"全"：大部分考生可能仅仅注意到《公司法》第177条关于减资的直接规定，而忽略相关的配套规定，例如《公司法》第37条关于减资事项议主体的规定、《公司法》第43条关于减资决议通过的表决权比例要求的规定、《公司法》第7条关于变更登记的规定以及《公司法》第25条关于修改公司章程的规定等，以上都是公司减少注册资本所应必须履行的法定步骤。本题启示考生在备战法考时须得将自己碎片化的知识点构建成一个完整的知识体系，如此方能从容不迫地应对此类考题。

3. 刘昌解聘钱顺的总经理职务，以及钱顺以监事身份来罢免刘昌董事长职位是否合法？为什么？

答案：

（1）钱顺罢免刘昌不合法。钱顺兼任公司监事是不符合公司法规定，即使在假定钱顺监事身份合法，根据《公司法》第53条，监事对公司董事、高级管理人员，只有罢免建议权，而无决定权。因此，刘昌的执行董事地位不受影响。

（2）答案一：刘昌解聘钱顺符合公司法规定。在不设董事会的治理结构中，执行董事即相当于董事会。而按照《公司法》第49条第1款，由董事会决定聘任或解聘经理，所以刘昌解聘钱顺总经理职务的行为，符合公司法规定。

答案二：刘昌行为不合法。因本案中存在两个事实情节，第一，钱顺任职总经理已规定于公司章程中，从而对钱顺的解聘会涉及是否符合公司章程修改程序的判断；第二，刘昌解聘行为，是二人间矛盾激化的结果，而在不设董事会的背景下，刘昌的这一行为确实存在职权滥用的嫌疑。

难度： 难

考点： 有限责任公司的组织机构

命题和解题思路： 本题旨在考查有限责任公司的组织机构，具体而言，主要是从执行董事的罢免权和总经理的解聘权的归属来考查有限责任公司执行董事、监事、总经理三者之间的关系。为了增加试卷难度，有时命题人不得不在细节处以"掺沙子"或者"偷梁换柱"的方法来挖陷阱、设圈套。就本题而言，命题人则采取上述技巧精心设计了两个陷阱：第一，执行董事与董事会的区别与联系。部分考生可能会对执行董事能否代替董事会履行其职权心存疑惑。根据第1题的分析可知，股东人数较少或者规模较小的有限责任公司，可以设一名执行董事，不设董事会。这也就意味着执行董事可以代替董事会享有其职权、发挥其在公司治理中的作用。而公司经理的解聘权恰恰归属于董事会（执行董事），所以刘昌有权解聘钱顺的总经理职务。这是单纯从法律规定的角度对此问做出的解释。第二，监事的基本职权是监督权，而非决定权。相应地，监事对其认为不合格的董事、高管有权建议罢免，而非决定罢免。因此，针对本题的上述两点细节说明，考生须得用心体会。此外，针对本题第一个问题，考生还可以从案件事实的角度来解答——即从公司章程的效力和刘昌是否存在滥用职权的嫌疑来对其解聘总经理的行为进行判断。

4. 法院判决不支持"钱顺要求公司与刘昌回购自己股权的诉求"是否合理？为什么？

答案： 合理。依《公司法》第74条第1款，股东回购请求权仅限于该款所列明的三种情形下对股东会决议的异议股东（即公司连续五年不分红决议、公司合并分立或转让主要财产决议、公司存续上的续期决议），钱顺情形显然不符合该规定。而就针对其他股东的强制性的股权购买请求权，现行公司法并无明文规定。即在现行公司法上，股东彼此之间并不负有在特定情况下收购对方股权的强制性义务；即使按照《最高人民法院关于适用〈中华人民共和国公司法〉若干问题的规定（二）》第5条，法院在审理解散公司的案件时，应尽量调解，并给出由其他股东收购股权的调解备选方案，也不能因此成立其他股东的收购义务。故钱顺对股东刘昌的诉求，也没有实体法依据。

难度： 中

考点： 有限公司的股权转让（股东的股权收购请求权）

命题和解题思路： 本题旨在考查有限责任公司股权转让中的股东的股权收购请求权。就考查方式而言，针对同一个知识点——股东的股权回购请求权，命题人在一句话中设计了两个问题，即"钱顺要求公司回购自己股权的诉求是否合理"和"钱顺要求刘昌回购自己股权的诉求是否合理"，相对应的是两种不同的考查思路：前者是对有明确实体法处理依据的传统问题进行考查，目的是以此检验考生的基础知识是否扎实；后者是对不存在明确实体法处理依据的新型问题进行考查，目的是以此检验考生运用法学素养处理新问题的能力，可谓是传统考查方式与新型考查方式充分结合！对于考生而言，首先，正确的解题顺序是对问题进行分析、切割以及解答，以此明确命题人的考查意图和保证所有问题不会因疏忽而忘记解答；其次，针对不存在明确法律依据的新型问题，考生也无须惊慌，根据"穷尽规则方能适用原则"，可以尝试使用法律原则对其进行分析。就本题而言，可以使用"平等原则"来处理该问题——无论是合同法还是公司法，平等原则都是应当得到遵循的基本原则。所以，股东之间是平等的，在无法律明文规定的情形下，股东不得施加其他股东以强制性义务。

5. 法院作出解散公司的判决是否合理？为什么？

答案： 判决合理。依《公司法》第182条及《最高人民法院关于适用〈中华人民共和国公司法〉若干问题的规定（二）》第1条第1款，本案符合"公司持续两年以上无法召开股东会或者股东大会，公司经营管理发生严重困难的"，昌顺公司自2014年6月至解散诉讼时，已超过两年时间未再召开过股东会，这表明昌顺公司已实质性构成所谓的"公司僵局"，即构成法院判决公司解散的根据。

难度： 难

考点： 公司的解散（司法判决解散）

命题和解题思路： 本题旨在考查公司解散中的司法判决解散。该考点是历年考试的"老主顾"，体现了"重者恒重"的命题规律。但是，针对此重点知识点，命题人似乎越来越不满足于"蜻蜓点水"式的考查方式——仅仅考查考生是否熟悉该知识点的基本内容，而是越来越喜欢"刨根问底"式的考查方式——重在考查考生会不会运用该知识点解决实际问题。就本题而言，命题人考查的侧重点不是司法判决解散的适用情形，而是如何认定某事实符合该情形，即"如何认定公司经营管理发生严重困难"，或者"公司经营管理发生严重困难与两年以上未召开股东会之间的关系"，这恰恰是大部分考生力有未逮之处。此外，命题人还以"好在商户比较稳定，公司营收未出现下滑"来故布迷障，从而进一步使考生困惑不已，无法确定该公司是否陷入"公司僵局"。

> **难点解析**：本题的难点在于"如何认定公司经营管理发生严重困难"。具体而言，我们可以从以下两个方面来解决该问题：
>
> 第一，关于《最高人民法院关于适用〈中华人民共和国公司法〉若干问题的规定（二）》第1条第1款的理解。《最高人民法院关于适用〈中华人民共和国公司法〉若干问题的规定（二）》第1条第1款中"持续两年以上无法召开股东会、持续两年以上无法形成有效的股东会决议、公司董事长期冲突且无法通过股东会或者股东大会解决"与"公司经营管理发生严重困难的"之间在逻辑上是什么关系？从考生对司法部答案的异议中不难看出，很多考生都以为两者是"且"的关系，需要同时满足、缺一不可。实则不然，更准确地说，<u>两者不是彼此割裂、完全对立的关系，前三种明确列举的情形本来就属于"公司经营管理发生严重困难"的外化表现</u>。也就是说，<u>在满足《公司法》第182条关于穷尽内部救济而无法解决的前提条件下，只要公司经营管理出现了上述三种情形，即可认定该公司实质性地陷入"公司僵局"</u>。此时，持有公司全部股东表决权百分之十以上的股东，即可以请求人民法院解散公司。此外，我们还可以通过《最高人民法院关于适用〈中华人民共和国公司法〉若干问题的规定（二）》第1条第1款第（四）项的内容来进一步解释上述结论：第（四）项"经营管理发生其他严重困难，公司继续存续会使股东利益受到重大损失的情形"为本条的兜底性条款，其中"其他严重困难"的表述则意味着本条前三种明确列举的情形实际上就是"公司经营管理发生严重困难"的主要表现形式。
>
> 第二，"公司资金缺乏、严重亏损"是否构成认定"公司经营管理发生严重困难"的必要条件？根据最高人民法院8号指导案例，<u>判断公司经营管理是否发生严重困难，应当从公司组织结构的运行状态进行综合分析</u>。即使公司处于盈利状态，但其股东会机制长期失灵，内部管理有严重障碍，已经陷入僵局状态，可以认定公司经营管理发生严重困难。进一步解释如下："公司经营管理发生严重困难"的侧重点在于公司管理方面存在严重内部障碍，如股东会机制失灵、无法就公司的经营管理进行决策等，不应片面地理解为公司资金缺乏、严重亏损等经营性困难。

6. 解散公司的判决生效后，就昌顺公司的后续行为及其状态，在法律上应如何评价？为什么？

答案： 法院作出解散公司的判决，在性质上为形成判决，据此，公司应进入清算阶段。对此，《公司法》所规定的程序如下：①依第183条及时成立清算组；②清算组按照法律规定的期限，按《公司法》第184条至第187条进行各项清算工作；③清算结束后，根据第188条，清算组应当制作清算报告，报股东会或者人民法院确认，并报送公司登记机关，申请注销公司登记，公告公司终止。概括来说，按照我国公司法的规范逻辑，解散判决生效后，公司就必须经过清算程序走向终止。

难度： 中

考点： 公司的清算（清算组织的成立、剩余财产的分割）

命题和解题思路： 本题旨在考查公司的清算，具体涉及清算组织的成立、清算工作的开展以及清算程序的终止等知识点。从本题可以看出，在案例分析题中，命题人所采取的命题逻辑是严格遵循《公司法》的规范逻辑的——从规范逻辑来看，解散判决生效后，公司就必须经过清算程序走向终止；相应地，在命题逻辑上，命题人先是以第5问考查公司的司法判决解散，随后就在第6问中考查了公司的清算。这启示考生在备战法考之时，不妨根据公司法的规范逻辑来构建自己的公司法知识体系，如此便可有的放矢、大大提高复习的效率。

此外，从考查思路来看，首先，命题人想要考查考生是否熟悉公司法关于司法判决解散与公司清算之间的规范逻辑关系；其次，命题人希望考生在进一步研究公司法的规范逻辑后得出如下结论——昌顺公司的后续行为及其状态是不符合该规范逻辑的；最后，命题人希望考生从法律上对其评价，主要是探讨上述结论形成的原因，进而有针对性地提出自己的完善建议。

2016年

一、试题（本题18分）

案情：

美森公司成立于2009年，主要经营煤炭。股东是大雅公司以及庄某、石某。章程规定公司的注册资本是1000万元，三个股东的持股比例是5:3:2；各股东应当在公司成立时一次性缴清全部出资。大雅公司将之前归其所有的某公司

扫一扫 看微课视频

的净资产经会计师事务所评估后作价 500 万元用于出资，这部分资产实际交付给美森公司使用；庄某和石某以货币出资，公司成立时庄某实际支付了 100 万元，石某实际支付了 50 万元。

大雅公司委派白某担任美森公司的董事长兼法定代表人。2010 年，赵某欲入股美森公司，白某、庄某和石某一致表示同意，于是赵某以现金出资 50 万元，公司出具了收款收据，但未办理股东变更登记。赵某还领取了 2010 年和 2011 年的红利共 10 万元，也参加了公司的股东会。

2012 年开始，公司经营逐渐陷入困境。庄某将其在美森公司中的股权转让给了其妻弟杜某。此时，赵某提出美森公司未将其登记为股东，所以自己的 50 万元当时是借款给美森公司的。白某称美森公司无钱可还，还告诉赵某，为维持公司的经营，公司已经向甲、乙公司分别借款 60 万元和 40 万元；向大雅公司借款 500 万元。

2013 年 11 月，大雅公司指示白某将原出资的资产中价值较大的部分逐渐转入另一子公司美阳公司。对此，杜某、石某和赵某均不知情。

此时，甲公司和乙公司起诉了美森公司，要求其返还借款及相应利息。大雅公司也主张自己曾借款 500 万元给美森公司，要求其偿还。赵某、杜某及石某闻讯后也认为利益受损，要求美森公司返还出资或借款。

问题：

1. 应如何评价美森公司成立时三个股东的出资行为及其法律效果？
2. 赵某与美森公司是什么法律关系？为什么？
3. 庄某是否可将其在美森公司中的股权进行转让？为什么？这种转让的法律后果是什么？
4. 大雅公司让白某将原来用作出资的资产转移给美阳公司的行为是否合法？为什么？
5. 甲公司和乙公司对美森公司的债权，以及大雅公司对美森公司的债权，应否得到受偿？其受偿顺序如何？
6. 赵某、杜某和石某的请求及理由是否成立？他们应当如何主张自己的权利？

二、答案精讲

1. 应如何评价美森公司成立时三个股东的出资行为及其法律效果？

答案： 大雅公司以先前归其所有的某公司的净资产出资，净资产尽管没有在我国公司法中规定为出资形式，但公司实践中运用较多，并且案情中显示，一方面这些净资产本来归大雅公司，且经过了会计师事务所的评估作价，在出资程序方面与实物等非货币形式的出资相似，另一方面这些净资产已经由美林公司实际占有和使用，即完成了交付。《最高人民法院关于适用〈中华人民共和国公司法〉若干问题的规定（三）》第9条也有"非货币财产出资，未依法评估作价"的规定。所以，应当认为大雅公司履行了自己的出资义务。庄某按章程应当以现金300万元出资，仅出资100万元；石某按章程应当出资200万元，仅出资50万元，所以两位自然人股东没有完全履行自己的出资义务，应当承担继续履行出资义务及违约责任。

难度： 中

考点： 有限责任公司的设立条件（出资方式）

命题和解题思路： 根据指令句可知，本题旨在考查有限责任公司股东的两种出资形式：货币出资和非货币出资。根据《公司法》第27条、第28条的规定可知，认定股东已经全面履行出资义务的依据如下：就货币出资而言，股东已经将货币出资足额存入有限责任公司在银行开设的账户；就非货币出资而言，一是出资本身须满足可以用货币估价并可以依法转让的法定要求，二是股东已经依法办理其财产权的转移手续。绝大部分考生都能据此判断两位自然人股东实际出资与其在章程中承诺出资不符，因而属于未全面履行其出资义务。但是，如此简单的考查显然无法体现出命题人的真实水平，所以命题人又额外设置了两个命题小陷阱：一是本题以很多考生可能不是很熟悉的"净资产"作为大雅公司的出资形式，部分考生可能不能正确地辨析"净资产"作为非货币出资的属性而误判大雅公司出资义务的履行；二是部分考生可能不能准确理解或者审题不细而忽视题干中的"法律效果"，从而漏答了本题的第二问。从法学原理上看，不履行义务即应当承担相应的法律责任，厘定美森公司三个股东的出资责任即评价其法律后果。如此看来，细心程度也是考生应试时综合能力中很重要的一部分！

> **难点解析：** 本题的难点在于判断净资产的法律属性。所谓净资产，是指属于企业所有，并可以自由支配的资产，即所有者权益或者权益资本。企业的净资产（Net Asset Value），是指企业的资产总额减去负债以后的净额。它由两大部分组成，一部分是企业开办当初投入的资本，包括溢价部分；另一部分是企业在经营之中创造的，也包括接受捐赠的资产，属于所有者权益。根据上述定义可知，显然，净资产属于非货币出资的一种形式。因此，我们应当根据非货币出资的要求来判断大雅公司是否履行了其出资义务。

2. 赵某与美森公司是什么法律关系？为什么？

答案：投资与借贷是不同的法律关系。赵某自己主张是借贷关系中的债权人，但依据《最高人民法院关于适用〈中华人民共和国公司法〉若干问题的规定（三）》第 23 条的规定，赵某虽然没有被登记为股东，但是他在 2010 年时出于自己的真实意思表示，愿意出资成为股东，其他股东及股东代表均同意，并且赵某实际交付了 50 万元出资，参与了分红及公司的经营，这些行为均非债权人可为，所以赵某具备实际出资人的地位，在公司内部也享有实际出资人的权利。此外从民商法的诚信原则考虑也应认可赵某作为实际出资人或实际股东而非债权人。

难度：难

考点：股东的概念（股东资格的取得与确认）

命题和解题思路：在公司法实务中，关于当事人与涉事公司之间究竟是属于投资关系，还是借贷关系的真实案例可谓是不胜枚举。本题恰恰是命题人以此为契机并借助案例的方式对该问题进行的深入考查，从而体现了"命题与实务前沿密切联系"的命题规律。本题的案情是在公司盈利时赵某"欲入股"并曾获得分红、参与管理；但是公司亏损时赵某却又主张自己当初的 50 万元属于借款。我们不妨采取法律关系分析法来分析此案，这要求考生不能机械性地套用《最高人民法院关于适用〈中华人民共和国公司法〉若干问题的规定（三）》第 23 条的规定，将"记载于股东名册并办理公司登记机关登记"作为判断赵某与美森公司之间法律关系的唯一标准。正确的解题思路应该是从当事人交付现金时的真实意思表示、是否参与公司的日常经营以及分红等方面综合认定。

> **难点解析**：为什么《最高人民法院关于适用〈中华人民共和国公司法〉若干问题的规定（三）》第 23 条规定的"股东名册"和"公司登记"在本题中的适用称之为"机械性地套用"？因为上述法条规定的是"确认股东资格的依据"，即认定某一投资人是否具有股东资格所应依据的标准，而本题的问题是"赵某与美森公司是投资法律关系还是借款法律关系"。显然，两者并非同一个问题，所以我们不能机械性地套用上述法条来解决两者之间法律关系的认定。此外，这两个问题并不冲突，就本题而言，赵某与美森公司之间是投资关系。但是，由于其并未办理股东变更登记，且本题中并未涉及股东名册记载的问题，所以我们不能称其为美森公司的股东，只能依据投资关系称其为实际出资人。

3. 庄某是否可将其在美森公司中的股权进行转让？为什么？这种转让的法律后果是什么？

答案：尽管庄某没有全面履行自己的出资义务，但其股权也是可以转让的。受让人是其妻弟，按生活经验应当推定杜某是知情的。我国《最高人民法院关于适用〈中华人民共和国公司法〉若干问题的规定（三）》第 18 条规定："有限责任公司的股东未履行或者未全面履行出资义务即转让股权，受让人对此知道或者应当知道，公司请求该股东履行出资义务、受让人对此承担连带责任的，人民法院应予支持；公司债权人依照本规定第十三条第二款向该股东提起诉讼，同时请求前述受让人对此承担连带责任的，人民法院应予支持。受让人根据前款规定承担责任后，向该未履行或者未全面履行出资义务的股东追偿的，人民法院应予支持。但是，当事人另有约定的除外。"该条已经认可了瑕疵出资股权的可转让性；这种转让的法律后果就是如果受让人知道，转让人和受让人对公司以及债权人要承担连带责任，受让人再向转让人进行追偿。

难度：中

考点：有限责任公司的股权转让（转让瑕疵股权的法律后果）

命题和解题思路：根据指令句可知，本题考查的是有限公司的股东能否转让其瑕疵股权及其法律后果。一提及"有限公司的股权转让"，部分考生可能会出现思维惯性，想当然地从"其他股东的优先购买权"的角度来解答本题。如此一来，便正好落入命题者的陷阱中。正确的解题思路应该是从事实到法律，本题所给的事实是庄某将其瑕疵股权转让给其妻弟杜某，并未显示其他股东存有异议，也没有涉及优先购买权的行使问题。而《最高人民法院关于适用〈中华人民共和国公司法〉若干问题的规定（三）》第 18 条规定：瑕疵出资股权是可以转让的，其法律后果需要结合受让人是否知情来判断。

4. 大雅公司让白某将原来用作出资的资产转移给美阳公司的行为是否合法？为什么？

答案：公司具有独立人格，公司财产是其人格的基础。出资后的资产属于公司而非股东所有，故大雅公司无权将公司资产转移，该行为损害了公司的责任财产，侵害了美森公司、美森公司股东（杜某和石某）的利益，也侵害了甲、乙这些债权人的利益。

难度：易

考点：公司的概念和特征（公司的独立财产）

命题和解题思路：本题旨在考查公司的独立财产以及股东出资的法律意义。公司独立财产是其独立人格的基础，而公司最初的财产来源于股东的出资。股东履行出资义务实质上就是以股东财产权换取公司股权的过程。上述两点是公司法的基础知识，大部分考生均能以此判断出大雅公司的行为不合法，并准确地论述不合法的原因。所以，本题的整体难度并不大，属于卷四商法案例分析题中的难得一见送分题。

5. 甲公司和乙公司对美森公司的债权，以及大雅公司对美森公司的债权，应否得到受偿？其受偿顺序如何？

答案：甲公司和乙公司是普通债权，应当得到受偿。大雅公司是美森公司的大股东，我国公司法并未禁止公司与其股东之间的交易，只是规定关联交易不得损害公司和债权人的利益，因此借款本身是可以的，只要是真实的借款，也是有效的。所以大雅公司的债权也应当得到清偿。

在受偿顺序方面，答案一：大雅公司作为股东（母公司）损害了美森公司的独立人格，也损害了债权人的利益，其债权应当在顺序上劣后于正常交易中的债权人甲和乙，这是深石原则的运用。答案二：根据民法公平原则，让大雅公司的债权在顺序方面劣后于甲、乙公司。答案三：按债权的平等性，他们的债权平等受偿。

难度：中

考点：公司对债权人的责任

命题和解题思路：本题考查的内容横跨《公司法》和《合同法》两大法律，旨在考查考生综合运用民商法原理解决复杂问题的能力，从题目设置上看具有一定的难度。但是，命题人的发散性思维和包容的命题态度，又使得本题的答案并不唯一，考生只要言之有理即可，这无疑大大降低了本题的难度。本题主要考查民商法的一些原则，例如民法的公平原则、债权的平等性以及公司法的深石原则（衡平居次原则）。正确的解题思路是从事实到法律，本案中甲公司、乙两公司以及大雅公司向美森公司借款都是真实有效的，但是作为美森公司的控股股东，大雅公司擅自转移美森公司主要资产的行为属于侵犯公司其他债权人的违法行为，依据民法的公平原则或者深石原则，大雅公司的债权应当劣后于甲、乙公司得到清偿。或者考生忽略大雅公司的控股地位及其不当行为，直接依据债权的平等性进行论述也并无不可，毕竟我国《公司法》尚未明确规定深石原则。

> **难点解析**：所谓"深石原则"，又称衡平居次原则（Equitable Subordination Rule），是指在存在控制与从属关系的关联企业中，为了保障从属公司债权人的正当利益免受控股公司的不法侵害，法律规定，在从属公司进行清算、和解和重整等程序中，根据控制股东是否有不公平行为，而决定其债权是否应劣后于其他债权人或者优先股股东受偿的原则。
>
> 其理念来源于著名的深石案件，在该案中，控股公司为被告，深石公司为其从属公司，法院认为深石公司在成立之初即资本不足，且其业务经营完全受被告公司所控制，经营方式主要是为了被告的利益，因此，判决被告对深石公司的债权应次于深石公司其他债权受清偿。因此，深石原则就是根据股东控股是否有不公平行为，而决定其债权是否应劣于其他债权人或优先股股东受偿的原则。

6. 赵某、杜某和石某的请求及理由是否成立？他们应当如何主张自己的权利？

答案：赵某和杜某、石某的请求不成立。赵某是实际出资人或实际股东，杜某和石某是股东。基于公司资本维持原则，股东不得要求退股，故其不得要求返还出资。

但是大雅公司作为大股东转移资产的行为损害了公司的利益，也就损害了股东的利益，因此他们可以向大雅公司提出赔偿请求。同时，白某作为公司的高级管理人员其行为也损害了股东利益，他们也可以起诉白某请求其承担赔偿责任。

难度：难

考点：公司的资本（公司资本原则）；股东的义务（股东的一般义务）

命题和解题思路：公司资本三原则是历年的常规考查对象，几乎每年必考，本题考查的就是其中之一的公司资本维持原则。命题人并没有对该原则进行简单粗暴的考查，而是使用了其惯用的"伎俩"："拐弯抹角"和"故布疑阵"——以判断赵某、杜某和石某返还出资或者借款的请求是否成立来间接考查公司资本维持原则的要求。不仅如此，命题人还穿插着考查了"抽逃出资情形下其他股东的合法权益如何保障"来增加本题的难度。因此，考生首先必须"透过现象看本质"，通过题干的问题设计来判断出命题人的考查方向——公司资本维持原则；其次，在公司控股股东抽逃出资的情形下，依据《最高人民法院关于适用〈中华人民共和国公司法〉若干问题的规定（三）》第14条第1款的规定，"股东抽逃出资，公司或者其他股东请求其向公司返还出资本息、协助抽逃出资的其他股东、董事、高级管理人员或者实际控制人对此承担连带责任的,人民法院应予支持",向大雅公司和董事长白某提出赔偿请求。

2014 年

一、试题（本题 18 分）

案情：

2012 年 4 月,陈明设立一家有限责任公司,从事绿色食品开发,注册资本为 200 万元。公司成立半年后,为增加产品开发力度,陈明拟新增资本 100 万元,并为此分别与张巡、李贝洽谈,该二人均有意愿认缴全部新增资本,

扫一扫　看微课视频

加入陈明的公司。陈明遂先后与张巡、李贝二人就投资事项分别签订了书面协议。张巡在签约后第二天,即将款项转入陈明的个人账户,但陈明一直以各种理由拖延办理公司变更登记等手续。2012 年 11 月 5 日,陈明最终完成公司章程、股东名册以及公司变更登记手续,公司注册资本变更为 300 万元,陈明任公司董事长,而股东仅为陈明与李贝,张巡的名字则未出现在公司登记的任何文件中。

李贝虽名为股东,但实际上是受刘宝之托,代其持股,李贝向公司缴纳的 100 万元出资,实际上来源于刘宝。2013 年 3 月,在陈明同意的情况下,李贝将其名下股权转让给善意不知情的潘龙,并在公司登记中办理了相应的股东变更。

2014 年 6 月,因产品开发屡次失败,公司陷入资不抵债且经营无望的困境,遂向法院申请破产。法院受理后,法院所指定的管理人查明：第一,陈明尚有 50 万元的出资未实际缴付；第二,陈明的妻子葛梅梅本是家庭妇女,但自 2014 年 1 月起,却一直以公司财务经理的名义,每月自公司领取奖金 4 万元。

问题：

1. 在法院受理公司破产申请前,张巡是否可向公司以及陈明主张权利,主张何种权利？为什么？

2. 在法院受理公司破产申请后,张巡是否可向管理人主张权利,主张何种权利？为什么？

3. 李贝能否以自己并非真正股东为由，主张对潘龙的股权转让行为无效？为什么？

4. 刘宝可主张哪些法律救济？为什么？

5. 陈明能否以超过诉讼时效为由，拒绝 50 万元出资的缴付？为什么？

6. 就葛梅梅所领取的奖金，管理人应如何处理？为什么？

二、答案精讲

1. 在法院受理公司破产申请前，张巡是否可向公司以及陈明主张权利，主张何种权利？为什么？

答案：根据案情交代，即陈明是以自己名义与张巡签订协议，款项也是转入陈明个人账户，且张巡并未登记为公司股东，故在张巡与公司之间：第一，张巡并未因此成为公司股东；第二，张巡与公司之间不存在法律关系。因此，张巡不能向公司主张任何权利。

鉴于投资协议仅存在张巡与陈明个人之间，张巡只能向陈明主张违约责任，请求返还所给付的投资以及相应的损害赔偿。

难度：难

考点：股东的概念（股东资格的取得与确认）

命题和解题思路：从形式上来看，本题的问题可以拆分为"张巡能否向公司主张权利"和"张巡能否向陈明主张权利"。从内容上来看，命题人的考查意图是检验考生能否判断张巡与公司、陈明之间的法律关系。这就要求考生做到"在事实和法律之间来回穿梭"，从而进行案例分析。其实，破解上述两个问题的关键在于能否认定张巡具有股东资格。《公司法》第 28 条第 1 款规定："股东应当按期足额缴纳公司章程中规定的各自所认缴的出资额。股东以货币出资的，应当将货币出资足额存入有限责任公司在银行开设的账户；以非货币财产出资的，应当依法办理其财产权的转移手续。"《公司法》第 32 条第 2 款、第 3 款规定："记载于股东名册的股东，可以依股东名册主张行使股东权利。公司应当将股东的姓名或者名称向公司登记机关登记；登记事项发生变更的，应当办理变更登记。未经登记或者变更登记的，不得对抗第三人。"《最高人民法院关于适用〈中华人民共和国公司法〉若干问题的规定（三）》第 22 条规定："当事人之间对股权归属发生争议，一方请求人民法院确认其享有股权的，应当证明以下事实之一（一）已经依法向公司出资或者认缴出资，且不违反法律法规强制性规定；（二）已经受让或者以其他形式继受公司股权，且不违反法律法规强制性规定。"由上述法条可此，出资人获取股东资格必须满足两个条件：其一，实质条件是向公司出资或者认缴出资；其二，形式条件是记载于公司的股东名册中或者在公司登记机关登记为股东。

本题中，张巡只是与陈明签订投资协议，但是并未将货币出资足额存入公司账户，而是将相关款项足额存入了陈明的个人账户，这意味着张巡并未向公司出资。此外，在公司的股东名册与公司登记机关的登记中张巡均未登记为公司的股东。所以，无论从实质要件看，还是从形式要件看，张巡不具有股东资格，不享有股东权利。同时，张巡与公司之间不存在任何协议或者合同，因此两者之间不存在任何法律关系，自然张巡不能向公司主张任何权利。

本案中的投资协议是由张巡与陈明签订，且张巡已经按照约定将款项转入了陈明的账户。但是，陈明并未依约将张巡变更为公司股东，违反了投资协议约定的义务。所以，张巡有权要求陈明承担违约责任，请求返还出资以及相应的损害赔偿。

> **难点解析**：本题的难点主要体现在解题陷阱的设置上。就本题的陷阱而言，主要有两处：第一，张巡能否向公司主张权利可以拆分为两点：其一，张巡是否具有股东资格，向公司主张股东权利；其二，张巡是否与公司之间存在合同关系，向公司主张合同约定的权利。考生若是审题不细或者考虑不周全，很容易忽视"张巡与公司之间是否存在合同关系"这一点。第二，张巡将款项转入陈明的账户能否认定为向公司出资？首先，陈明并非以公司的名义与张巡签订协议，所以该投资协议仅仅约束陈明与张巡二人，陈明行为的法律后果不应该由公司承担。其次，张巡的货币出资是转入了陈明的个人账户而非公司的账户。因此，张巡并未向公司出资，也没有与公司之间签订任何协议。综上所述，张巡不能向公司主张任何权利。

2. 在法院受理公司破产申请后，张巡是否可向管理人主张权利，主张何种权利？为什么？

答案：根据问题1的结论，张巡与公司之间不存在法律关系，故而在公司进入破产程序后，张巡也不得将其对陈明的债权，视为对公司的债权，向管理人进行破产债权的申报。

难度：中

考点：债权申报（债权申报的范围）

命题和解题思路：本题旨在考查法院受理公司破产申请后债权申报的问题。为了增加本题的难度，命题人在设计问题时"别有用心"地将本题的解答与第1题的答案相挂钩。因此，考生能否准确地解答出本题取决于其对第1题中张巡与公司之间法律关系的判断。若在第1题中考生误认为张巡与公司之间存在法律关系，张巡有权要求公司返还出资，则会在本题中一错再错，继续误认为张巡对公司享有债权，有权向管理人申报破产债权。如此一来，正好堕入命题人彀中矣！

《企业破产法》第44条规定："人民法院受理破产申请时对债务人享有债权的债权人，依照本法规定的程序行使权利。"根据第1题的答案可知，张巡与公司之间不存在法律关系，张巡对公司不享有任何债权。所以，在公司进入破产程序后，张巡无权向管理人申报破产债权。

3. 李贝能否以自己并非真正股东为由，主张对潘龙的股权转让行为无效？为什么？

答案：依《最高人民法院关于适用〈中华人民共和国公司法〉若干问题的规定（三）》第24条第3款，李贝虽为名义股东，但在对公司的关系上为真正的股东，其对股权的处分应为有权处分；退一步说，即使就李贝的股东身份在学理上存在争议，但在《最高人民法院关于适用〈中华人民共和国公司法〉若干问题的规定（三）》第25条第1款股权善意取得的规定下，李贝的处分行为也已经成为有权处分行为，因此为了保护善意相对人，李贝也不得主张该处分行为无效。

难度：中

考点：名义股东与实际股东

命题和解题思路：2014年《最高人民法院关于适用〈中华人民共和国公司法〉若干问题的规定（三）》修正对名义股东与实际股东之间的权利义务关系作出明确规定，正式以立法形式明确了名义股东擅自转让股权的法律后果。法律制度的修订，为本题的命制提供了契机。"新法必考"原则再次应验。这就要求考生备考时，对新增法律法规或者对原法律新修改的内容一定要另眼相看。

本题存在三种命题和解题思路：

第一种，根据名义股东、实际股东与公司三者之间的法律关系判断。本题中李贝是名义股东，刘宝是实际出资人，虽然李贝以股东名义对公司主张权利，但是股权的收益归刘宝。但是，在与公司的关系中，李贝是公司的股东，刘宝不是公司的股东，李贝经过陈明同意，将股权转让给潘龙的行为属于有权处分，并且在公司登记中进行了相应的股权变更，所以潘龙依法定程序取得了公司股权，李贝无权主张对潘龙的股权转让行为无效。

第二种，基于实证法《最高人民法院关于适用〈中华人民共和国公司法〉

若干问题的规定（三）》的规定，判断潘龙能否取得公司的股权。针对名义股东擅自转让股权的行为性质，学术界存在一定争议，有观点认为名义股东不享有处分股权的权利，擅自处分行为构成无权处分。对此，《最高人民法院关于适用〈中华人民共和国公司法〉若干问题的规定（三）》第 25 条第 1 款规定："名义股东将登记于其名下的股权转让、质押或者以其他方式处分，实际出资人以其对于股权享有实际权利为由，请求认定处分股权行为无效的，人民法院可以参照物权法第一百零六条的规定处理。"《物权法》第 106 条规定的是善意取得制度。本题中，潘龙为不知情的善意第三人，其基于对公司登记事项的信赖与李贝签署了股权转让协议，为受让股权向公司支付了价款，并且已经办理了股权变更登记，符合善意取得制度的构成要件，因此潘龙已经成为公司的股东，李贝自然无权主张股权转让行为无效。

第三种，基于法律常识或者"朴素的公平正义观"判断李贝能否主张股权转让行为无效。本题问题设置得很"奇葩"，名义股东擅自转让实际出资人的股权，一般情况下，主张股权转让行为无效的都是实际出资人刘宝，而非名义股东李贝，因为股权受让人取得股权可能侵害的是实际出资人利益。但是，本题设置的问题却是"名义股东李贝能否主张股权转让行为无效"。正是如此"奇葩"的问题才给考生依据法律常识判断留下了充足的空间。本题中，李贝只是名义股东，明明知道自己并非实际出资人，仍然将股权转让给作为善意第三人的潘龙，若法律允许李贝主张对潘龙的股权转让行为无效，不仅违反了诚实信用原则，而且不利于维护市场交易的安全，损害了善意第三人潘龙的利益。显然，李贝无权主张对潘龙的股权转让行为无效。

4. 刘宝可主张哪些法律救济？为什么？

答案：鉴于刘宝仅与李贝之间存在法律关系，即委托持股关系，因此刘宝也就只能根据该合同关系，向李贝主张违约责任，对公司不享有任何权利主张。

难度：中

考点：名义股东与实际股东

命题和解题思路：本题表面上设置的问题是"刘宝的权利救济渠道有哪些"，实际上命题人意在考查考生能否准确地判断刘宝与李贝、公司之间的权利义务关系，本题的解题关键在判断刘宝的股权的归属。因此，这正好又与考生对第三题的正确解答相挂钩，否则考生便是一错再错。此外，本题命题人在命题时思路开阔，所考知识点并不局限于《公司法》的相关规定，而且还与《物权法》的善意取得制度结合在一起综合考查。这是对民商法知识结合考查的有益尝试,应对此类考题要求考生在复习时要跨越部门法局限对相关知识点进行归纳总结。

本题正确的解答思路如下:首先,判断刘宝能否向公司主张相关权利;其次,再判断刘宝与李贝之间的权利义务关系。《物权法》第108条规定:"善意受让人取得动产后,该动产上的原有权利消灭,但善意受让人在受让时知道或者应当知道该权利的除外。"根据第3题答案可知,潘龙基于善意取得制度的规定已经受让李贝所转让的股权,成为公司的股东,且该股权上原有的负担消灭,刘宝不再是该股权的实际出资人,与公司之间不存在任何法律关系,自然也就对公司不享有任何权利。

但是,刘宝与李贝之间的委托持股关系仍然是有效存在的,李贝擅自转让刘宝的股权属于违约行为,由此给刘宝造成的损失,刘宝当然有权请求李贝承担违约责任,赔偿其损失。考生若是不理解名义股东与实际出资人和公司之间的关系,可能会误以为刘宝有权向公司主张权利。

5. 陈明能否以超过诉讼时效为由,拒绝50万元出资的缴付?为什么?

答案:股东的出资义务,不适用诉讼时效〔《最高人民法院关于适用〈中华人民共和国公司法〉若干问题的规定(三)》第19条第1款〕。因此,管理人在向陈明主张50万元出资义务的履行时,其不得以超过诉讼时效为由来予以抗辩〔《破产法》第35条、《最高人民法院关于适用〈中华人民共和国企业破产法〉若干问题的规定(二)》第20条第1款〕。

难度:易

考点:股东的义务(股东的一般义务)

命题和解题思路:本题旨在考查股东的出资义务是否受诉讼时效的影响。本题属于命题人对《最高人民法院关于适用〈中华人民共和国公司法〉若干问题的规定(三)》《企业破产法》以及《最高人民法院关于适用〈中华人民共和国企业破产法〉若干问题的规定(二)》相关规定的直接考查,难度一般,只要考生熟悉相关法条即可轻易地得出正确答案。

《最高人民法院关于适用〈中华人民共和国公司法〉若干问题的规定(三)》第19条第1款规定:"公司股东未履行或者未全面履行出资义务或者抽逃出资,公司或者其他股东请求其向公司全面履行出资义务或者返还出资,被告股东以诉讼时效为由进行抗辩的,人民法院不予支持。"《企业破产法》第35条规定:"人民法院受理破产申请后,债务人的出资人尚未完全履行出资义务的,管理人应当要求该出资人缴纳所认缴的出资,而不受出资期限的限制。"《最高人民法院关于适用〈中华人民共和国企业破产法〉若干问题的规定(二)》第20条第1款规定:"管理人代表债务人提起诉讼,主张出资人向债务人依法缴付未履行的出资或者返还抽逃的出资本息，出资人以认缴出资尚未届至公司章程规定的缴纳期限或者违反出资义务已经超过诉讼时效为由抗辩的，人民法院不予支持。"由此可知，股东的出资义务不受诉讼时效的限制，人民法院受理破产申请后，只要债务人的出资人尚未完全履行出资，管理人即有权向相关出资人主张缴纳所认购的出资。

6. 就葛梅梅所领取的奖金，管理人应如何处理？为什么？

答案：根据《企业破产法》第 36 条，债务人的董事、监事、高级管理人员利用职权从企业获取的非正常收入，管理人负有追回义务；再根据《最高人民法院关于适用〈中华人民共和国企业破产法〉若干问题的规定（二）》第 24 条第 1 款，董事、监事、高级管理人员所获取的绩效奖金属于非正常收入的范围，故而管理人应向葛梅梅请求返还所获取的收入，且可以通过起诉的方式来予以追回。

难度：易

考点：撤销权与追回权（对企业管理层的特别追回权）

命题和解题思路：本题属于对《企业破产法》和《最高人民法院关于适用〈中华人民共和国企业破产法〉若干问题的规定（二）》相关规定的直接考查，难度一般，只要考生熟悉相关法条即可轻易地得出正确答案。但是，对于此类难度的题目，考生不仅仅需要理解并记忆相关的知识点，更重要的是认真研究司法部公布的参考答案，学习标准答案的文字组织、解题切入点以及解题思路。

本题正确的解题思路如下：首先，判断葛梅梅所领取奖金的法律性质。《最高人民法院关于适用〈中华人民共和国企业破产法〉若干问题的规定（二）》第 24 条第 1 款规定："债务人有企业破产法第二条第一款规定的情形时，债务人的董事、监事和高级管理人员利用职权获取的以下收入，人民法院应当认定为企业破产法第三十六条规定的非正常收入：（一）绩效奖金；（二）普遍拖欠职工工资情况下获取的工资性收入；（三）其他非正常收入。"由此可知，葛梅梅所领取的奖金属于债务人的高级管理人员利用职权获取的非正常收入。其次，根据现有法律规定，明确管理人可以采取的处理方法。《企业破产法》第 36 条规定："债务人的董事、监事和高级管理人员利用职权从企业获取的非正常收入和侵占的企业财产，管理人应当追回。"由此可知，对于葛梅梅领取的奖金，管理人负有追回义务。所以，管理人应向葛梅梅请求返还所获取的收入，且可以通过起诉的方式来予以追回。

2013 年

一、试题（本题 18 分）

案情：

2012 年 5 月，兴平家装有限公司（以下简称"兴平公司"）与甲、乙、丙、丁四个自然人共同出资设立大昌建材加工有限公司（以下简称"大昌公司"）。在大昌公司筹建阶段，兴平公司董事长马玮被指定为设立负责人，全面负责设立事务，马玮又委托甲协助处理公司设立事务。

2012 年 5 月 25 日，甲以设立中公司的名义与戊签订房屋租赁合同，以戊的房屋作为大昌公司将来的登记住所。

2012 年 6 月 5 日，大昌公司登记成立，马玮为公司董事长，甲任公司总经理。公司注册资本1000 万元，其中，兴平公司以一栋厂房出资；甲的出资是一套设备（未经评估验资，甲申报其价值为 150 万元）与现金 100 万元。

2013 年 2 月，在马玮知情的情况下，甲伪造丙、丁的签名，将丙、丁的全部股权转让至乙的名下，并办理了登记变更手续。乙随后于 2013 年 5 月，在马玮、甲均无异议的情况下，将登记在其名下的全部股权作价 300 万元，转让给不知情的吴耕，也办理了登记变更等手续。

现查明：第一，兴平公司所出资的厂房，其所有权原属于马玮父亲；2011 年 5 月，马玮在其父去世后，以伪造遗嘱的方式取得所有权，并于同年 8 月，以该厂房投资设立兴平公司，马玮占股 80%。而马父遗产的真正继承人，是马玮的弟弟马祎。第二，甲的 100 万元现金出资，系由其朋友满钺代垫，且在 2012 年 6 月 10 日，甲将该 100 万元自公司账户转到自己账户，随即按约还给满钺。第三，甲出资的设备，在 2012 年 6 月初，时值 130 万元；在 2013 年 1 月，时值 80 万元。

问题：

1. 甲以设立中公司的名义与戊签订的房屋租赁合同，其效力如何？为什么？

2. 在2013 年 1 月，丙、丁能否主张甲设备出资的实际出资额仅为 80 万元，进而要求甲承担相应的补足出资责任？为什么？

3. 在甲不能补足其 100 万元现金出资时，满钺是否要承担相应的责任？为什么？

4. 马祎能否要求大昌公司返还厂房？为什么？

5. 乙能否取得丙、丁的股权？为什么？

6. 吴耕能否取得乙转让的全部股权？为什么？

二、答案精讲

1. 甲以设立中公司的名义与戊签订的房屋租赁合同，其效力如何？为什么？

答案：有效，设立中的公司可以实施法律行为。

难度：易

考点：发起人（发起人责任与公司责任的区分）

命题和解题思路：试题的指令句明确了本题的考点是以设立中公司的名义对外签订合同的效力，本题体现了当时司法考试"紧跟立法动态"的命题规律。该点是《最高人民法院关于适用〈中华人民共和国公司法〉若干问题的规定（三）》修订时的热点问题，看来司法考试命题人也会"紧跟潮流"。备考时重点关注每年的最新立法动态，不失为明智之举。《最高人民法院关于适用〈中华人民共和国公司法〉若干问题的规定（三）》第3条第1款规定："发起人以设立中公司名义对外签订合同，公司成立后合同相对人请求公司承担合同责任的，人民法院应予支持。"由此可知，公司发起人可以设立中公司的名义对外签订合同，所签订的合同如无其他效力瑕疵，原则上合法有效。

2. 在2013年1月，丙、丁能否主张甲设备出资的实际出资额仅为80万元，进而要求甲承担相应的补足出资责任？为什么？

答案：不可以。确定甲是否已履行出资义务，应以设备交付并移转所有权至公司时为准，故应以2012年6月初的130万元，作为确定甲承担相应的补足出资责任的标准，对此可以参照《最高人民法院关于适用〈中华人民共和国公司法〉若干问题的规定（三）》第9条、第15条。

难度：中

考点：非货币财产出资

命题和解题思路：本题旨在考查《公司法》对非货币财产出资的法律规制。考生只要熟悉《公司法》和《最高人民法院关于适用〈中华人民共和国公司法〉若干问题的规定（三）》的相关内容即可轻松得分。本题考点单一，内容上无广度、无深度，考生将法条的规定直接适用到案例中即可得出正确的结论。具体而言，本题根据以下三个法条即可得出正确答案：第一条，《公司法》第30条规定："有限责任公司成立后，发现作为设立公司出资的非货币财产的实际价额显著低于公司章程所定价额的，应当由交付该出资的股东补足其差额；公司设立时的其他股东承担连带责任。"第二条，《最高人民法院关于适用〈中华人民共和国公司法〉若干问题的规定（三）》第9条规定："出资人以非货币财产出资，未依法评估作价，公司、其他股东或者公司债权人请求认定出资人未履行出资义务的，人民法院应当委托具有合法资格的评估机构对该财产评估作价。评估确定的价额显著低于公司章程所定价额的，人民法院应当认定出资人未依法全面履行出资义务。"第三条，《最高人民法院关于适用〈中华人民共和国公司法〉若干问题的规定（三）》第15条规定："出资人以符合法定条件的非货币财产出资后，因市场变化或者其他客观因素导致出资财产贬值，公司、其他股东或者公司债权人请求该出资人承担补足出资责任的，人民法院不予支持。但是，当事人另有约定的除外。"根据第一、二条法条可以得知，甲应当承担补充出资的责任；根据第三条法条可以得知，甲承担补充出资责任是以其出资该设备时的130万元为标准，而非以2013年1月时因市场变化或者其他客观因素导致该设备贬值为80万元为标准，所以甲仅仅应该承担补足20万元差额的补充责任。

3. 在甲不能补足其100万元现金出资时，满钺是否要承担相应的责任？为什么？

答案：满钺不承担法律责任，相应的补足责任由发起人承担。

难度：中

考点：抽逃出资

命题和解题思路：本题体现了"逢新必考"的命题规律，尤其是以司法解释的形式修改的法律规定几乎是命题人眼中的"香饽饽"。考生在解答本题时务必需要注意《公司法》法条的变迁：出于维护公司、公司债权人以及公司其他股东利益的立法考量，2011年《最高人民法院关于适用〈中华人民共和国公司法〉若干问题的规定（三）》第15条规定："第三人代垫资金协助发起人设立公司，双方明确约定在公司验资后或者在公司成立后将该发起人的出资抽回以偿还该第三人，发起人依照前述约定抽回出资偿还第三人后又不能补足出资，相关权利人请求第三人连带承担发起人因抽回出资而产生的相应责任的，人民法院应予支持。"但是，为了降低公司设立门槛，减少对公司自治事项的干预，2013年《公司法》修订后，将实缴登记制改为认缴登记制，并相应地取消了注册资本的最低限制、分期认缴期限、首付出资比例以及出资财产形式的限制等规定。所以，2011年《最高人民法院关于适用〈中华人民共和国公司法〉若干问题的规定（三）》第15条规定已经被现行《最高人民法院关于适用〈中华人民共和国公司法〉若干问题的规定（三）》所取消。这一立法变迁说明，垫付出资的行为已经不是违法，所以，垫付出资人满钺无须承担相应的责任。

4. 马祎能否要求大昌公司返还厂房？为什么？

答案：可以。首先，因继承无效，马玮不能因继承而取得厂房的所有权，而将厂房投资设立兴平公司属于无权处分，因为马玮是兴平公司的董事长，其主观恶意视为其代表公司的恶意，因此不能使兴平公司取得厂房所有权；其次，兴平公司将该厂房再投资于大昌公司依然属于无权处分，由于马玮又是大昌公司的设立负责人与成立后的董事长，所以不能认定大昌公司受让该厂房时是善意的，同样不能使大昌公司取得所有权。因此，该厂房的所有权仍然归属于马祎，可以要求大昌公司返还厂房。

难度：难

考点：有限责任公司的设立条件（出资方式、非货币财产的出资）

命题和解题思路：本题旨在考查非货币财产出资的法律后果。命题人的命题思维不仅仅局限于《公司法》的相关规定，而且还综合考查了《物权法》中不动产物权变动以及善意取得制度。此外，在设计案例时，为了迷惑考生、增加本题难度，命题人故意设计了"该厂房作为出资财产经历了连续两次的物权变动"的情节。因此，判断马祎能否要求大昌公司返还厂房的关键在于判断该厂房的所有权归属。由题目可知，兴平公司所出资的厂房，其所有权原属于马祎父亲。马父去世后该厂房作为遗产由马祎继承成为厂房的所有权人。马玮伪造遗嘱将该厂房投资设立兴平公司，后来兴平公司又将其投资设立大昌公司。所以，判断该厂房所有权的归属必须判断上述两次投资行为能否使兴平公司与大昌公司依次取得所有权。《最高人民法院关于适用〈中华人民共和国公司法〉若干问题的规定（三）》第7条第1款规定："出资人以不享有处分权的财产出资，当事人之间对于出资行为效力产生争议的，人民法院可以参照物权法第一百零六条的规定予以认定。"由此可知，出资人以不享有处分权的财产出资，原则上，原所有权人有权取回。但是，符合善意取得条件的，拟设立的公司（受让人）可以取得该物的所有权。因此，本题的解题关键在于判断兴平公司与大昌公司在受让该厂房时是否为善意。首先，马玮伪造遗嘱将该厂房投资设立兴平公司，而马玮又是兴平公司的董事长，其行为后果由兴平公司直接承担。马玮明知自己无权处分该厂房仍然将其投资设立兴平公司，所以马玮的恶意即为兴平公司的恶意，兴平公司无权适用善意取得制度取得该厂房的所有权；其次，不享有该厂房所有权的兴平公司又将该厂房用于投资设立大昌公司同样属于以不享有所有权的财产出资。此时，马玮不仅是大昌公司的设立负责人，又是成立后的大昌公司的董事长，所以马玮的恶意同样是大昌公司的恶意，大昌公司同样无权适用善意取得制度取得该厂房的所有权。因此，该厂房的所有权仍然属于马祎，马祎有权要求大昌公司返还厂房。至于上述两公司的权利如何维护，法律赋予相关权利人以请求马祎补足出资并承担相应的赔偿责任。

> **难点解析**：本题所考查的知识点（出资人以不享有处分权的财产出资）难度并不大，但是将上述知识点与题目中给出的关键信息（"马玮伪造遗嘱""兴平公司董事长马玮"以及"马玮为大昌公司的设立负责人与董事长"等）结合起来得出正确答案却并非易事。
>
> 首先，"出资人以不享有处分权的财产出资"所涉及的知识点如下：
>
> | 原则 | 原所有权人有权要求返还 |
> | --- | --- |
> | 例外 | 符合善意取得条件，拟设立的公司可以取得该物的所有权：
（1）公司受让该不动产或者动产时为善意；
（2）公司以合理价格受让；
（3）转让的不动产或者动产依照法律规定应当登记的已经登记，不需要登记的已经完成交付（可现实交付、简易交付、指示交付等） |
> | 补充 | 占有脱离物（例如盗赃物、遗失物、漂流物、埋藏物等）不适用善意取得；
公司善意取得后，原所有权人有权向该出资人（即无权处分人）请求赔偿损失；
公司返还财产后，该出资人有义务补足出资并承担相应的赔偿责任。 |
>
> 其次，若想把上述知识点准确地适用到本题中，考生还需要掌握一点：
>
> 一般而言，公司的法定代表人由董事长担任，法定代表人的行为的法律后果直接由其所代表的公司承担。只有掌握了这一点，考生可以准确地判断出上述两公司受让该厂房时是否为善意。

5. 乙能否取得丙、丁的股权？为什么？

答案：不能。乙与丙、丁间根本就不存在股权转让行为，丙、丁的签字系由甲伪造，且乙在主观上不可能是善意，故不存在善意取得的构成。

难度：易

考点：股权转让

命题和解题思路：本题旨在考查善意取得制度在股权转让中的适用，所以考生直接判断本案情形是否满足善意取得制度的构成要件即可得出正确结论。因此，本题的解题关键在于乙能否依据善意取得制度取得该股权。具体而言，相关步骤分为三步：第一步，判断甲擅自转让丙、丁股权的行为的性质，即无权处分，乙与丙、丁之间不存在实际的股权转让行为。第二步，判断股权受让人乙主观上是否为善意。显然，乙对甲的无权处分行为不可能不知情，所以乙在主观上不可能是善意。第三步，根据股权善意取得的构成要件（无权处分＋以合理价格受让＋受让人在受让股权时为善意＋完成股权变更登记手续），得出乙不能够取得丙、丁股权的结论。

6. 吴耕能否取得乙转让的全部股权？为什么？

答案：可以。乙自己原持有的股权，为合法有效，故可以有效地转让给吴耕。至于乙所受让的丙、丁的股权，虽然无效，但乙已登记于公司登记之中，且吴耕为善意，并已登入公司登记中，因此参照《最高人民法院关于适用〈中华人民共和国公司法〉若干问题的规定（三）》第 26 条、第 28 条的原理，吴耕可以主张股权的善意取得。

难度：难

考点：股权的善意取得

命题和解题思路：本题旨在考查股权的善意取得制度。本题命题人设计的问题是"吴耕能否取得乙转让的全部股权"，该问题的重点不在于"能否取得"而在于"全部股权"，这绝大部分考生都极易忽略的问题。因为乙转让的全部股权不仅包含自己原先持有的股权，而且还包含乙所受让的丙、丁的股权。此外，本题的解答又与第 5 题的答案休戚相关，考生若无法准确地判断乙能否取得丙丁的股权，相应地也就无法对本题做出正确的解答，这正是命题人"用心险恶"之处。

本题的解题思路分两步走：第一步，明确乙转让给吴耕的全部股权包括两部分，一部分为乙原先自己持有的股权，另一部分是乙受让的丙、丁的股权。第二步，根据相关的司法解释，分别判断两部分股权转让行为的效力。《最高人民法院关于适用〈中华人民共和国公司法〉若干问题的规定（三）》第 25 条规定："名义股东将登记于其名下的股权转让、质押或者以其他方式处分，实际出资人以其对于股权享有实际权利为由，请求认定处分股权行为无效的，人民法院可以参照物权法第一百零六条的规定处理。名义股东处分股权造成实际出资人损失，实际出资人请求名义股东承担赔偿责任的，人民法院应予支持。"第 27 条第 1 款规定："股权转让后尚未向公司登记机关办理变更登记，原股东将仍登记于其名下的股权转让、质押或者以其他方式处分，受让股东以其对于股权享有实际权利为由，请求认定处分股权行为无效的，人民法院可以参照物权法第一百零六条的规定处理。"由此可知，针对行为人无权处分的他人股权，第三人在符合善意取得制度的构成要件时可以依法取得该股权。

因此，基于上述分析和法条规定，本题的答案分析如下：其一，对于乙自己原有的股权而言，乙转让该部分股权经过了马玮与甲的同意，有权转让，并且已经办理了股权变更的手续，吴耕当然有权取得该部分股权；其二，对于乙受让的丙、丁的股权而言，虽然乙不能取得该部分股权，其转让行为构成无权处分，但是由于该部分股权登记在乙的名下，吴耕作为不知情的善意第三人，以合理的价格受让，并且完成了相关的股权变更手续，所以吴耕可以根据善意取得制度取得该部分股权。因此，吴耕可以取得乙转让的全部股权。

> **难点解析：** 本题的难点主要体现在两处：第一，本题的设置的问题是"吴耕能否取得乙转让的全部股权"，关键词是"全部股权"，而非仅仅是乙原先持有的股权或者乙受让的丙丁的股权。对于这一点，考生往往很容易忽略。第二，乙转让自己的股权是否有效，这就涉及乙对外转让股权是否经过其他股东的过半数同意。此时，有的考生可能会心存疑问——其他股东是否包括丙和丁？如果包括，乙对外转让股权仅仅获得马玮和甲的同意，并未达到其他股东过半数同意，这是否会影响到其股权转让行为的效力？考生之所以会有此疑问，是因为忽略了股东身份的确认，对外以工商登记为准。对于吴耕而言，其受让股权时公司在工商登记处的股东仅仅只有马玮、甲以及乙三人。而马玮、甲对其转让股权均无异议，所以，吴耕根据该工商登记有理由相信乙对外转让股权已经获得了其他股东过半数同意。因此，对于不知情的善意第三人吴耕而言，其受让乙自己原有的股权应该得到法律的认可与保护。

2011 年

一、试题（本题 26 分）

材料：

2007 年以来，金融危机给全球经济造成了深刻影响，面对法院执行中被执行人履行能力下降、信用降低、执行和解难度增大等新情况、新问题，最高法院在《关于应对国际金融危机做好当前执行工作的若干意见》中指出："在金融危机冲击下，为企业和市场提供司法服务，积极应对宏观经济环境变化引发的新情况、新问题，为保增长、保民生、保稳定'三保'方针的贯彻落实提供司法保障，是当前和今后一段时期人民法院工作的重中之重。"

扫一扫 看微课视频

例一： 2007 年 8 月，同升市法院判决张某偿还同升市外经贸有限公司

（以下简称"外贸公司"）2亿元人民币。近1年时间，张某未按时履行义务，且下落不明。外贸公司遂向同升市法院申请执行。

同升市法院执行法官李某调查发现，被执行人张某除一些变现难度大且价值不高的财产外，尚持有上市股票ZX科技3000万股，遂进行了查封。当时股票的市值每股仅3元多，如抛售可得9000余万元。李法官综合分析市场大势，认为ZX科技不仅近期会有送股，而且还有上涨可能，主张股票升值后择机出售。李法官的这一想法得到了同升市法院及其上级法院的一致支持，也取得了外贸公司的同意。

此后1年多时间，ZX科技先后2次送股，被查封的股票数量达到了4000多万股，股值上涨到7元多。李法官请示法院领导后，速与证券公司营业部交涉以当时市场价格强制卖出股票，所得钱款足以支付被执行人张某所欠本金及利息。

例二：2007年6月，中都市法院陆续受理了湘妃科技发展有限公司（以下简称"湘妃公司"）等单位申请执行太平洋娱乐有限公司（以下简称"太平洋公司"）10余起欠款纠纷案，标的约2000万元。执行法官张某查明，太平洋公司主业是水族馆，因经营不善已歇业，除剩有4年期的水族馆经营使用权外，已无其他可供执行的财产。

张法官经过对水族馆项目前景谨慎评估后，经请示法院领导，决定在经营使用权上想办法，敦促被执行人寻找新的投资合作人，盘活资产。张法官主动找到最大债权人湘妃公司，经细致工作，使其接受水族馆资产及其经营使用权，以抵偿该公司的1500余万元债权。同时，湘妃公司另行支付部分款项给法院，由法院分配给其他债权人。经张法官努力，还为太平洋公司找到一家私营企业注入资金，使太平洋公司重新焕发了生机。

此外，一些地方法院在执行中还采取了"债权入股"或"债转股"等灵活执行措施，社会上形象地将此表述为"放水养鱼让鱼活"。但对于执行法官涉入股市、推动企业运作等做法，网上时有质疑，法院内部也不无疑虑。

问题：

1. 从正确把握案件执行的法律效果与社会效果有效统一的角度，评价法院（法官）在案件执行中的上述做法。

2. 结合法理学和民法、商法、民事诉讼法的相关原则，对案件执行中的上述做法进行分析。

答题要求：
（1）运用法理学及部门法知识作答；
（2）观点明确，逻辑严谨，说理充分，层次清晰，文字通畅；
（3）无观点或论述，照搬材料原文的不得分；
（4）请按提问顺序分别作答，总字数不少于500字。

二、答案精讲

1. 从正确把握案件执行的法律效果与社会效果有效统一的角度，评价法院（法官）在案件执行中的上述做法。

答案要点：民事司法需要处理好三个关系：

一是要处理好公平与效率的关系：民法追求微观的公平（"分蛋糕"），商法追求宏观的效率（"做蛋糕"），前者关注个体利益，后者关注整体利益，例二中张法官为太平洋公司找到一家私营企业注入资金，使太平洋公司重新焕发了生机类似于商法的破产重整，在"蛋糕做大"的基础上"分蛋糕"是更高的公平。

二是要处理好被动司法与能动司法的关系：民事司法的基本特征是被动性，即不告不理，但并不意味着民事司法的所有环节均保持消极被动。例如，民事执行工作就不同于传统的民事裁判，完全可以为了追求更多当事人利益能动司法，实现更好的社会效果。

三是要处理好司法强制与当事人自治的关系：执行工作的基本特征是强制性，对相关当事人利益具有重要影响，因此执行工作中的创新做法应当尊重当事人意愿，材料中两位执行法官在采取可能影响当事人利益的创新措施时均得到了当事人的事前同意，没有强行拉郎配。

综上所述，材料中两位执行法官的做法值得提倡。

难度：难

考点：法的多元价值目标的冲突和协调

命题和解题思路：命题人以国际金融危机为背景命制本题，意在考查法的多元价值目标的冲突和协调。民事案件执行并非机械地、僵化地适用法律，而是要兼顾实现公平正义和服务工作大局等价值目标。对于执行法官涉入股市、推动企业运作等尚有一定争议的创新做法，答题时应以肯定为主，同时注意把握尺度。

2. 结合法理学和民法、商法、民事诉讼法的相关原则，对案件执行中的上述做法进行分析。

略

第四部分 命题人模拟金题

论述题（一）

一、试题

案情：

凤凰实业有限公司（以下简称"凤凰公司"）成立于2010年1月，林某与戴某系该公司股东，各占50%的股份，戴某任公司法定代表人及执行董事，林某任公司总经理兼公司监事。公司章程明确规定：股东向公司股东以外的人转让股权须经全体股东一致同意；股东会的决议须经代表二分之一以上表决权的股东通过（"二分之一以上"不包括本数），但对公司增加或减少注册资本、合并、解散、变更公司形式、修改公司章程作出决议时，必须经代表三分之二以上表决权的股东通过。股东会会议由股东按照出资比例行使表决权。

扫一扫 看微课视频

2014年起，林某与戴某两人之间的矛盾逐渐显现。同年5月9日，林某提议并通知召开股东会，由于戴某认为林某没有召集会议的权利，会议未能召开。同年6月6日、8月8日、9月16日、10月10日、10月17日，林某委托律师向凤凰公司和戴某发函称，因股东权益受到严重侵害，林某作为享有公司股东会二分之一表决权的股东，已按公司章程规定的程序表决并通过了解散凤凰公司的决议，要求戴某提供凤凰公司的财务账册等资料，并对凤凰公司进行清算。同年6月17日、9月7日、10月13日，戴某回函称，林某作出的股东会决议没有合法依据，戴某不同意解散公司，并要求林某交出公司财务资料。同年11月15日、25日，林某再次向凤凰公司和戴某发函，要求凤凰公司和戴某提供公司财务账册等供其查阅、分配公司收入、解散公司，但并未收到回复。

从2014年至2018年，凤凰公司未召开过股东会。公司所在地的服装城管委会调解委员会于2017年12月15日、16日两次组织双方进行调解，但均未成功。无奈之下，林某以凤凰公司陷入僵局为由向法院起诉要求解散公司。

庭审中，凤凰公司及戴某辩称：凤凰公司及其下属分公司运营状态良好，不符合公司解散的条件，戴某与林某的矛盾有其他解决途径，不应通过司法程序强制解散公司。在审判过程中，法院进行调解但并未取得进展。

问题：

1. 凤凰公司的治理结构是否存在不规范的地方？为什么？
2. 凤凰公司章程中关于股权转让的限制是否有效？为什么？
3. 本案中法院是否应当支持林某解散凤凰公司的诉讼请求，为什么？
4. 如法院作出解散判决，但戴某拒不配合清算，且丢失了公司财务资料，无法进行清算，损害了公司债权人的利益，公司债权人如何保护自己的权益？为什么？
5. 请结合本案，谈谈公司司法解散制度的意义。（要求观点明确，逻辑清晰、说理充分、文字通畅；总字数不得少于500字）

[案例来源：最高人民法院指导案例8号：林方清诉常熟市凯莱实业有限公司、戴小明公司解散纠纷案，江苏省高级人民法院（2010）苏商终字第0043号]

二、答案精讲

1. 凤凰公司的治理结构是否存在不规范的地方？为什么？

答案： 存在。根据公司法的规定，凤凰公司股东人数仅有两人，股东人数较少的有限责任公司可以不设监事会，但是高级管理人员不得兼任监事，林某任公司总经理不能兼任公司监事。

难度： 中

考点： 有限责任公司的组织机构

命题和解题思路： 本题考查有限责任公司的组织机构，需要考生掌握有限责任公司组织机构中的基本内容，解答本题时结合《公司法》第51条关于监事会的设立与组成的规定，注意监事在公司治理结构中的作用，理解监事兼任的禁止性规定。

答案解析：

《公司法》第51条规定："股东人数较少或者规模较小的有限责任公司，可以设一至二名监事，不设监事会……董事、高级管理人员不得兼任监事。"因此本题中凤凰公司不设监事会是可以的，但是总经理林某不能兼任监事。

2. 凤凰公司章程中关于股权转让的限制是否有效？为什么？

答案： 有效。根据公司法关于有限责任公司股权转让的规定，有限责任公司章程可以对股权转让作出特别规定，股东对外转让股权须经全体股东一致同意的约定在维护公司人合性的同时尊重股东的股权转让权。

难度： 中

考点： 有限责任公司的股权转让

185

命题和解题思路：此题考查了有限责任公司的股权转让问题。《公司法》第 71 条明确规定了有限责任公司的股权转让，在本题中不仅要掌握有限责任公司股权对内转让以及对外转让的规则，更是要特别注意公司章程对股权转让的特殊规定。

答案解析：

《公司法》第 71 条规定："有限责任公司的股东之间可以相互转让其全部或者部分股权。股东向股东以外的人转让股权，应当经其他股东过半数同意……公司章程对股权转让另有规定的，从其规定。"该条最后一款允许公司章程对股权转让另作规定，凤凰公司章程中关于股东向公司股东以外的人转让股权须经全体股东一致同意的约定系全体股东的真实意思表示，没有从根本上剥夺或损害股东的基本权益，且有利于维护有限公司的人合性，因此该项限制性约定有效。

3. 本案中法院是否应当支持林某解散凤凰公司的诉讼请求，为什么？

答案：应当支持。首先按照《公司法》以及《最高人民法院关于适用〈中华人民共和国公司法〉若干问题的规定（二）》的规定，本题中凤凰公司的情况符合"公司持续两年以上无法召开股东会或者股东大会，公司经营管理发生严重困难的"的情形，从 2014 年至 2018 年，连续 4 年的时间凤凰公司未召开过股东会，这表明凤凰公司陷入了公司僵局。其次，管委会与法院都进行了调解，均未成功，凤凰公司的僵局通过其他途径长期无法解决。第三，林某持有凤凰公司 50% 的股份，也符合公司法关于提起公司解散诉讼的股东须持有公司 10% 以上股份的条件，所以应当支持林某解散凤凰公司的诉讼请求。

难度：难

考点：公司的解散

命题和解题思路：此题考查了公司解散相关问题，《公司法》以及《最高人民法院关于适用〈中华人民共和国公司法〉若干问题的规定（二）》对公司解散的内容作出详细的规定。解答本题，首先，要理解司法解散中"公司经营管理发生严重困难"并非指公司营业能力的丧失，而是股东人合性的丧失而发生了公司僵局；其次，要正确理解《公司法》第 182 条以及《最高人民法院关于适用〈中华人民共和国公司法〉若干问题的规定（二）》第 1 条、第 5 条的规定；最后，结合基本事实，进行有条理、全面准确的分析，作出正确判断。

答案解析：

（1）《公司法》第 182 条规定："公司经营管理发生严重困难，继续存续会使股东利益受到重大损失，通过其他途径不能解决的，持有公司全部股东表决权百分之十以上的股东,可以请求人民法院解散公司。"

(2)《最高人民法院关于适用〈中华人民共和国公司法〉若干问题的规定(二)》第 1 条规定:"单独或者合计持有公司全部股东表决权百分之十以上的股东,以下列事由之一提起解散公司诉讼,并符合公司法第一百八十二条规定的,人民法院应予受理:(一)公司持续两年以上无法召开股东会或者股东大会,公司经营管理发生严重困难的……"

(3)《最高人民法院关于适用〈中华人民共和国公司法〉若干问题的规定(二)》第 5 条规定:"人民法院审理解散公司诉讼案件,应当注重调解……当事人不能协商一致使公司存续的,人民法院应当及时判决。"凤凰公司连续 4 年未召开过股东会,属于公司僵局,无法通过调解等其他途径解决,且林某符合公司法关于提起公司解散诉讼的股东须持有公司 10% 以上股份的条件,因此法院应当支持林某解散凤凰公司的诉讼请求。

4. 如法院作出解散判决,但戴某拒不配合清算,且丢失了公司财务资料,无法进行清算,损害了公司债权人的利益,公司债权人如何保护自己的权益?为什么?

答案:公司债权人可主张戴某对公司债务承担连带清偿责任。根据法律规定,首先,有限责任公司的清算组由股东组成,股东戴某有清算义务;其次,戴某因怠于履行义务,导致公司财务资料丢失,无法进行清算,损害了公司债权人的利益,公司债权人可以主张其对公司债务承担连带清偿责任。

难度:中

考点:公司的清算

命题和解题思路:本题考查了公司清算的内容,《公司法》第 183 条、《最高人民法院关于适用〈中华人民共和国公司法〉若干问题的规定(二)》第 18 条中规定了相关内容。解答本题时首先明确有限责任公司的清算组由股东组成,股东清算过程中承担义务与责任,其次根据法律规定确定相关股东的责任。

答案解析:

(1)《公司法》第 183 条规定:"公司因本法第一百八十条第(一)项、第(二)项、第(四)项、第(五)项规定而解散的,应当在解散事由出现之日起十五日内成立清算组,开始清算。有限责任公司的清算组由股东组成,股份有限公司的清算组由董事或者股东大会确定的人员组成。逾期不成立清算组进行清算的,债权人可以申请人民法院指定有关人员组成清算组进行清算。人民法院应当受理该申请,并及时组织清算组进行清算。"

(2)《最高人民法院关于适用〈中华人民共和国公司法〉若干问题的规定(二)》第 18 条规定:"有限责任公司的股东、股份有限公司的董事和控股股东未在法定期限内成立清算组开始清算,导致公司财产贬值、流失、毁损或者灭失,债权人主张其在造成损失范围内对公司债务承担赔偿责任的,人民法院应依法予以支持。有限责任公司的股东、股份有限公司的董事和控股股东因怠于履行义务,导致公司主要财产、账册、重要文件等灭失,无法进行清算,债权人主张其对公司债务承担连带清偿责任的,人民法院应依法予以支持。上述情形系实际控制人原因造成,债权人主张实际控制人对公司债务承担相应民事责任的,人民法院应依法予以支持。"因此,法院作出解散判决后,戴某拒不配合清算,且丢失了公司财务资料,无法进行清算,公司债权人通过主张戴某对凤凰公司的债务承担连带清偿责任来保护自己的权益。

5. 请结合本案,谈谈公司司法解散制度的意义。

答案要点:

本案中,凤凰公司及其下属分公司运营状态良好,但是由于凤凰公司连续4年未召开过股东会,无法通过调解等其他途径解决公司经营中的矛盾,林某在凤凰公司中占50%的股份,这符合公司司法解散的条件,法院应当支持解散凤凰公司的诉讼请求。

公司司法解散制度是指当公司经营管理发生严重困难,继续存续会使股东利益受到重大损失,通过其他途径不能解决时,法院根据股东或利益相关者的请求判决解散公司的制度。我国《公司法》为适应现实的需要,明确规定了公司司法解散制度,其意义在于:第一,公司司法解散制度有利于公司僵局的解决;第二,公司司法解散制度是法律对公司内部行为的干预与调整,有利于保障社会经济秩序的有序和稳定;第三,公司司法解散制度完善了股东的退出模式,对于保护中小股东的权利有着积极意义。

难度: 难

考点: 公司的解散

命题和解题思路: 本题考查了考生对公司法中司法解散制度的理解,解答本题时要从给出的案例出发,分析该制度的意义;其次,解答时要结合公司法的其他内容,尽量做到分析全面;最后,作答时分点论述,层次清楚。

答案解析:

本案中,凤凰公司及其下属分公司运营状态良好,但是由于凤凰公司连续4年未召开过股东会,无法通过调解等其他途径解决公司经营中的矛盾,林某在凤凰公司中占50%的股份,这符合公司司法解散的条件,法院应当支持解散凤凰公司的诉讼请求。

公司司法解散制度是指当公司经营管理发生严重困难,继续存续会使股东利益受到重大损失,通过其他途径不能解决时,法院根据股东或利益相关者的请求判决解散公司的制度。我国《公司法》为适应现实的需要，明确规定了公司司法解散制度，其意义在于：

第一，公司司法解散制度有利于公司僵局的解决。公司僵局是公司运行过程中股东之间、股东与管理层之间、管理层之间发生激烈冲突，导致公司运行机制失灵，公司股东会、董事会和监事会等各个机构无法正常运行、履行职责，公司处于瘫痪状态，无法形成有效的经营决策。股东出资设立公司的目的，是为了通过公司这一形式来实现资本的增值，获取利润。因此，在公司僵局的情况下，股东借助公司司法解散制度在公司无法实现其预期的经营目的和经营利益时保护自己的合法利益，也减少对社会资源的浪费。

第二，公司司法解散制度是法律对公司内部行为的干预与调整，有利于保障社会经济秩序的有序和稳定。公司内部的矛盾往往会通过外化的方式直接影响到公司的经营能力及相关方的利益，因此，法律有必要对公司内部行为进行干预和调整，保障社会经济秩序的有序和稳定。

第三，公司司法解散制度完善了股东的退出模式，对于保护中小股东的权利有着积极意义。小股东所占公司股份较少并且比较分散，基于资本多数决原则，无法在公司股东会决议上占据优势，大股东可以凭借其表决优势，合法地通过公司决议支配公司的经营管理和重大决策，肆意"压迫"和"排挤"中小股东，公司司法解散制度给予小股东在无法实现其合理的期待的情况下的司法救济手段，保护了中小股东的权利。

论述题（二）

一、试题

案情：

大华有限责任公司（以下称简称"大华公司"）成立于2014年5月，注册资本为1000万元，共有股东15名，均在公司任职。其中，宋一、李二、王三、钱四为持股比例最高的四名股东，其持股比例分别为31%、19%、10%、5%。另有股东丁五、张六等。宋一为大华公司法定代表人及董事长，李二、王三任董事，监事会则由张六和职工代表小吴、小沈组成，张六任监事会主席。

扫一扫　看微课视频

大华公司的公司章程"注册资本和股份"一章中规定如下："公司股权不向公司以外的任何团体和个人出售、转让。经董事会批准后可在公司内部赠予、转让和继承。持股人若辞职、调离或被辞退、解除劳动合同的，人走股留，所持股份由企业收购……"公司章程"股东认为需要规定的其他事项"一章中规定如下："本章程由全体股东共同认可，自公司设立之日起生效。"该公司章程经大华公司全体股东签名通过。

2015年12月，钱四向公司提出解除劳动合同，申请退出其所持有的公司股份，并于同日手书《退股申请》，提出"本人要求全额退股，年终盈利或亏损与我无关"。经大华公司法定代表人宋一同意，钱四领到股款50万元整。2016年1月，大华公司召开股东大会，会议审议通过了钱四退股的申请并决议"其股份暂由公司收购保管，不得参与红利分配"。

2016年，大华公司经营状况良好，产生待分配红利200万元，股东会决议在弥补亏损和提取法定公积金之前向股东分配红利（简称"决议一"），后来董事会并没有执行此决议。王三对此表示不满，以大华公司和公司董事会为被告提起诉讼。

2017年，大华公司与大鱼公司之间签订了设备买卖合同，大华公司以明显高于市价的价格从大鱼公司购入设备3台，合计300万元（市价仅为120万元）。后股东丁五和职工小沈分别发现大鱼公司由股东李二与外人阿强共同设立（阿强对设备买卖合同知情）。同年，大华公司财报显示本年度公司亏损180万元，丁五认为，正是由于该设备买卖合同导致了公司亏损。职工小沈则趁机向李二透露了自己掌握的情况，并向李二索要50万元"封口费"，否则将公开李二的行为。李二对此怀恨在心，在召开股东会的时候提出小沈滥用职权、妨害公司管理等问题，最终股东会作出决议罢免小沈的监事职务（简称"决议二"），小沈不服，欲向法院提起诉讼以撤销股东会的决议。

问题：

1. 大华公司的章程中关于"人走股留"的规定，是否违反《公司法》？为什么？

2. 请分析2016年大华公司股东会、董事会、王三涉及"决议一"的行为？

3. 丁五就其掌握的情况，应当采取何种措施来挽回公司利益？各方当事人的诉讼地位如何？

4. 小沈的诉求能否得到支持？若不能，他应当如何救济？

5. 结合本案，请你谈谈对股东代表诉讼制度的理解，并阐述《最高人民法院关于适用〈中华人民共和国公司法〉若干问题的规定（四）》在哪几方面对股东代表诉讼制度进行了完善？（要求观点明确、逻辑清晰、说理充分、文字通畅；总字数不得少于500字）

［**案例来源**：最高人民法院指导案例 96 号；陕西省高院（2014）陕民二申字第 00215 号民事裁定；安徽省高院 2014 参考性案例 11 号；合肥中院（2014）合民二终字第 00036 号民事判决；北京市第二中级人民法院（2018）京 02 民终 1677 号民事判决；北京市第三中级人民法院（2018）京 03 民终 4396 号民事判决］

二、答案精讲

1. 大华公司的章程中关于"人走股留"的规定，是否违反《公司法》？为什么？

答案：大华公司的章程中关于"人走股留"的规定，并不违反《公司法》。

首先，有限责任公司的公司章程系公司设立时全体股东一致同意并对公司及全体股东产生约束力的规范性文件，钱四在公司章程上签名的行为，应视为其对前述规定的认可和同意，该章程对大华公司及钱四均产生约束力。

其次，基于有限责任公司封闭性和人合性的特点，由公司章程对公司股东转让股权作出某些限制性规定，系公司自治的体现。

此外，大华公司章程关于股权转让的规定，属于对股东转让股权的限制性规定而非禁止性规定，钱四依法转让股权的权利没有被公司章程所禁止，大华公司章程不存在侵害钱四股权转让权利的情形。

难度：中

考点：公司章程的效力

命题和解题思路：此题考查公司章程的内容及效力。《公司法》第 71 条给予有限责任公司在公司章程中对股权转让进行规定的自由。在不违反法律强制性规定的情况下，公司章程的约定应当对公司、高管、股东等具有约束力。

答案解析：

《公司法》第 11 条规定：设立公司必须依法制定公司章程。公司章程对公司、股东、董事、监事、高级管理人员具有约束力。因此，大华公司的公司章程对股东钱四具有约束力。

《公司法》第 25 条第 2 款规定：股东应当在公司章程上签名、盖章。钱四在公司章程上签名，即表明了他对公司章程的认可与同意。

《公司法》第 71 条第 1 款规定：有限责任公司的股东之间可以相互转让其全部或者部分股权。第 4 款规定：公司章程对股权转让另有规定的，从其规定。大华公司的公司章程正是基于这一规定在法律允许的方位内适当限制了股东转让股份的权利。

2. 请分析2016年大华公司股东会、董事会、王三涉及"决议一"的行为？

答案：

（1）公司法规定了公司的税后利润，应当在弥补亏损和提取法定公积金后向股东分配。本案中，股东会决议将利润分配提前至弥补亏损与提取法定公积金之前，决议内容违法。

（2）对于内容违法的股东会决议，有利害关系的公司股东、董事、监事可以向法院起诉确认该决议无效，董事会有权对无效决议不予执行，因此本案中董事会的行为并无任何不当。

（3）即便是公司确实侵犯到股东的利润分配请求权，股东向法院提交有效的股东会分红决议，可以公司为被告提起诉讼，而公司董事会并非诉讼的适格被告，王三的做法欠妥。

难度： 难

考点： 股东的利润分配请求权

命题和解题思路： 此题考查股东利润分配请求权的行使。《最高人民法院关于适用〈中华人民共和国公司法〉若干问题的规定（四）》在总结已有实践经验的基础上对股东行使利润分配请求权的相关条件和程序作出了具体规定，需要考生综合把握司法解释相关条文设计的原理及细节内容。

答案解析：

《公司法》第166条第5款规定：股东会、股东大会或者董事会违反前款规定，在公司弥补亏损和提取法定公积金之前向股东分配利润的，股东必须将违反规定分配的利润退还公司。大华公司股东会"决议一"将利润分配提前，违反了这一规定，因此该决议违法。

《最高人民法院关于适用〈中华人民共和国公司法〉若干问题的规定（四）》第13条规定：股东请求公司分配利润案件，应当列公司为被告。在公司利润分配合法的情况下，王三若要通过诉讼来维护自己的利润分配请求权，应当将大华公司列为被告。

3. 丁五就其掌握的情况，应当采取何种措施来挽回公司利益？各方当事人的诉讼地位如何？

答案： 丁五作为大华公司的股东，可以书面请求监事会对李二与阿强提起诉讼，由公司作为原告、监事会主席张六代表公司进行诉讼。

若监事会收到丁五的书面请求后拒绝提起诉讼，或自收到请求之日起30日内未提起诉讼的，丁五有权为了公司的利益以自己的名义直接向法院提起诉讼，李二和阿强为被告，公司列为第三人参加诉讼。

难度： 中

考点：股东代表诉讼制度

命题和解题思路：本题考查了股东代表诉讼中各方当事人的诉讼地位，股东直接以自己名义起诉的前置程序等。股东代表诉讼本就是公司法的重点之一，《最高人民法院关于适用〈中华人民共和国公司法〉若干问题的规定（四）》第23条至第26条更是对该项制度进行了细化，应当列为重点复习内容。

答案解析：

（1）《公司法》第151条规定：董事、高级管理人员有本法第149条规定的情形的，有限责任公司的股东、股份有限公司连续180日以上单独或者合计持有公司百分之一以上股份的股东，可以书面请求监事会或者不设监事会的有限责任公司的监事向人民法院提起诉讼；监事有本法第149条规定的情形的，前述股东可以书面请求董事会或者不设董事会的有限责任公司的执行董事向人民法院提起诉讼。

监事会、不设监事会的有限责任公司的监事，或者董事会、执行董事收到前款规定的股东书面请求后拒绝提起诉讼，或者自收到请求之日起30日内未提起诉讼，或者情况紧急、不立即提起诉讼将会使公司利益受到难以弥补的损害的，前款规定的股东有权为了公司的利益以自己的名义直接向人民法院提起诉讼。

他人侵犯公司合法权益，给公司造成损失的，本条第1款规定的股东可以依照前两款的规定向人民法院提起诉讼。

（2）《最高人民法院关于适用〈中华人民共和国公司法〉若干问题的规定（四）》第23条第1款规定：监事会或者不设监事会的有限责任公司的监事依据公司法第151条第1款规定对董事、高级管理人员提起诉讼的，应当列公司为原告，依法由监事会主席或者不设监事会的有限责任公司的监事代表公司进行诉讼。

（3）《最高人民法院关于适用〈中华人民共和国公司法〉若干问题的规定（四）》第24条第1款规定：符合《公司法》第151条第1款规定条件的股东，依据《公司法》第151条第2款、第3款规定，直接对董事、监事、高级管理人员或者他人提起诉讼的，应当列公司为第三人参加诉讼。

丁五作为公司股东，针对侵害公司利益的董事李二，可以书面请求监事会向法院提起诉讼。在经过这一前置程序后，监事会拒绝或逾期未提起诉讼的，丁五才有资格以自己的名义提起股东代表诉讼。

4. 小沈的诉求能否得到支持？若不能，他应当如何救济？

答案：小沈的诉求无法得到支持，他可以向法院起诉请求确定"决议二"无效。

首先，股东会作出的"决议二"不合法。股东会无权罢免监事中的职工代表，因此股东会的"决议二"不合法。

但是，针对该种不合法的股东会决议，小沈无权以撤销股东会决议为由，向法院起诉。根据法律规定，决议撤销之诉的适用情形为股东会的会议召集程序、表决方式违反法律、行政法规或公司章程，或者决议内容违反公司章程。本案中，股东会的决议内容违反了法律对职工监事任免的规定，适用的是决议无效之诉。

此外，即便本案"决议二"符合决议撤销之诉，小沈也并非适格原告，根据规定，请求撤销股东会决议的原告，应当在起诉时具有公司股东资格，小沈仅为公司职工，不是公司的股东，因此不是决议撤销之诉的适格原告。

我国公司法并未将职工排除在决议无效之诉的原告之外，因此针对内容违法的"决议二"，小沈可向法院起诉请求确定"决议二"无效。

难度：难

考点：有限责任公司的组织机构

命题和解题思路：此题考查有限责任公司的组织机构中有关监事的规定，要求考生准确掌握监事的组成及监事的选举与罢免规则。职工监事不同于普通监事，其任免均由职工代表大会决定，此外，此题还考查了决议无效之诉与决议撤销之诉的原告资格区别，《最高人民法院关于适用〈中华人民共和国公司法〉若干问题的规定（四）》中有关确认决议无效的原告的规定并未将与决议内容有直接利害关系的公司职工排除在外，仅在第2条中限制了决议撤销之诉的原告须有公司股东资格。

答案解析：

（1）《公司法》第22条规定：公司股东会或者股东大会、董事会的决议内容违反法律、行政法规的无效。

股东会或者股东大会、董事会的会议召集程序、表决方式违反法律、行政法规或者公司章程，或者决议内容违反公司章程的，股东可以自决议作出之日起六十日内，请求人民法院撤销。

（2）《公司法》第51条第2款规定：监事会应当包括股东代表和适当比例的公司职工代表，其中职工代表的比例不得低于三分之一，具体比例由公司章程规定。监事会中的职工代表由公司职工通过职工代表大会、职工大会或者其他形式民主选举产生。小沈作为监事会中的职工代表，他的任免只能由职工代表大会、职工大会或者其他形式民主选举进行，股东会决议违反法律的无效，因此小沈只能提起决议无效之诉。

(3)《最高人民法院关于适用〈中华人民共和国公司法〉若干问题的规定（四）》第1条规定：公司股东、董事、监事等请求确认股东会或者股东大会、董事会决议无效或者不成立的，人民法院应当依法予以受理。

(4)《最高人民法院关于适用〈中华人民共和国公司法〉若干问题的规定（四）》第2条规定：依据《公司法》第22条第2款请求撤销股东会或者股东大会、董事会决议的原告，应当在起诉时具有公司股东资格。该规定仅仅限制了决议撤销之诉的原告为股东，并未限制职工提起确认决议无效之诉的权利。

5. 结合本案，请你谈谈对股东代表诉讼制度的理解，并阐述《最高人民法院关于适用〈中华人民共和国公司法〉若干问题的规定（四）》在哪几方面对股东代表诉讼制度进行了完善？

答案：股东代表诉讼，又称派生诉讼，是指当公司的合法权益受到不法侵害，公司却怠于起诉，股东为了公司利益，依照法定程序以自己的名义提起诉讼，最终所获赔偿则归于公司的制度。股东代表诉讼由公司直接诉讼派生而来，该制度的构建有利于保护中小股东的利益，完善公司的治理结构，规范公司的运行机制，保护公司的利益。

股东代表诉讼制度的功能主要在于：一是救济功能，即在公司利益受到董、监、高人员或他人侵害时，股东通过提起代表诉讼使公司得到及时的救济，从而保护公司的合法权益，也间接保护了股东的合法权益。二是预防功能，股东代表诉讼制度一定程度上遏制了董、监、高人员或他人侵害公司权益的行为，避免了公司高层之间相互包庇谋取利益。与此同时，我国公司法并未给予股东提起代表诉讼的完全自由，在提起程序上进行了限制，要求股东在以自己名义提起诉讼之前，应当向监事会（监事）或董事会（执行董事）提起书面请求，这一前置程序的规定防止了股东滥用诉权。

本案中，股东兼董事李二伙同他人侵害公司利益，知情的股东丁五可向监事会提起书面请求，遭到拒绝后也可以自己名义向法院提起代表诉讼，正是体现了该制度的救济功能。

我国《公司法》第151条仅对股东代表诉讼的提起条件和前置程序进行了笼统规定，因此，《最高人民法院关于适用〈中华人民共和国公司法〉若干问题的规定（四）》从以下方面进行了完善：

一是明确了公司直接诉讼的情形及公司的原告诉讼地位；二是明确了股东代表诉讼中公司和其他股东的诉讼地位；三是确定了胜诉利益的归属；四是确定了诉讼费用的承担。

难度：中

考点：股东代表诉讼制度

命题和解题思路：《最高人民法院关于适用〈中华人民共和国公司法〉若干问题的规定（四）》着眼于股东权利保护和公司治理，其中股东代表诉讼制度是保障股东合法权益的重要制度，本题的难度在于考生需要在第23条至第26条的基础上，提炼出《最高人民法院关于适用〈中华人民共和国公司法〉若干问题的规定（四）》对该制度进行了哪几方面的完善，要求考生除了掌握法条，还应当掌握法条背后的制定意义。此外，本题还考查了考生对股东代表诉讼制度的认识，为开放性题目，但仍应先解释股东代表诉讼的含义，并围绕股东权利保护展开。

答案解析：

《公司法》第151条规定了股东代表诉讼制度的核心内容，但对股东代表诉讼制度中的当事人诉讼地位、胜诉利益的分配等具体操作规则未做详细规定，《最高人民法院关于适用〈中华人民共和国公司法〉若干问题的规定（四）》则在以上方面进行了细化，以此完善股东代表诉讼制度。

事实上，《公司法》第151条涉及两类诉讼，第1款为公司直接诉讼，第2款为股东代表诉讼。《最高人民法院关于适用〈中华人民共和国公司法〉若干问题的规定（四）》第23条明确了公司直接诉讼的情形及公司的原告诉讼地位，即当董事会（执行董事）或监事会（监事）在履行法定职责代表公司提起诉讼时，属于公司直接诉讼，因此应当列公司为原告。并且，针对他人侵犯公司合法权益的行为，公司直接诉讼的决定权交由了董事会（董事），该规定更符合董事会公司经营决策机构的定位，也更符合公司治理结构的规范要求。

《最高人民法院关于适用〈中华人民共和国公司法〉若干问题的规定（四）》第24条规定了在股东代表诉讼中各方当事人的诉讼地位，即侵害公司利益的董、监、高或他人为被告，公司则以第三人的身份参与诉讼，其他适格股东可作为共同原告参加诉讼。

《最高人民法院关于适用〈中华人民共和国公司法〉若干问题的规定（四）》第25条规定了胜诉利益归属于公司。由于公司利益受到侵害，股东代为提起诉讼，诉权来源于公司，诉讼目的也是为了维护公司利益，因此，胜诉利益应当归于公司。

《最高人民法院关于适用〈中华人民共和国公司法〉若干问题的规定（四）》第26条则规定了诉讼费用的承担，即在股东代表诉讼中，若股东的诉讼请求得到支持的，由公司承担股东因参加诉讼支付的合理费用。这一规定免去了股东的后顾之忧，激励了股东启动代表诉讼来督促董、监人员积极履行职责。

案例分析题（一）

一、试题

案情：

龙兴有限责任公司（以下简称"龙兴公司"）成立于 2012 年 10 月 15 日，从事房地产开发。截至 2013 年 8 月 7 日，该公司的股东持股情况为：施某 460 万元、王某 250 万元、张某 160 万元、孙某 65 万元、吴某 65 万元。吴某以大

扫一扫 看微课视频

江有限责任公司的股权未经评估直接作价 65 万元作为出资载入公司章程并办理了股权转让手续。王某不是自己出资，而是与何某签订了隐名出资协议，由何某出资 250 万元，王某的名字登记在该公司的工商登记和股东名册中。2014 年 8 月，王某在何某不知情的情况下，将登记在自己名下的股权以市场价转让给不知情的弟弟王小某，并变更了工商登记和股东名册，王小某在取得股权后得知王某并非实际出资人。2016 年 9 月 7 日，张某将其持有的全部股份转让给李某。

2018 年 4 月 8 日，龙兴公司股东李某、吴某、孙某、王某四人向龙兴公司递交申请书，称："申请人李某、吴某、孙某、王某作为龙兴公司股东，对公司经营现状一无所知。公司经营至今没有发过一次红利，并对外拖欠大量债务，使四申请人的股东权益受到了严重侵害。四申请人为了解公司实际情况，维护自己合法权益，现依据《中华人民共和国公司法》，依法行使股东对公司的知情权。现四申请人准备于 2018 年 4 月 23 日前，在公司住所地依据公司法的规定查阅和复制公司的所有资料（含公司所有会计账簿、原始凭证、契约、通信、传票、通知等），特对公司提出书面申请。望公司准备好所有资料，以书面形式答复四申请人的委托代理人江苏联创伟业律师事务所方昉律师。申请人：王某、孙某、吴某、张某（代）。"

2018 年 4 月 20 日，龙兴公司函复申请人李某、吴某、孙某、王某："本公司已于 2018 年 4 月 8 日收到……《申请书》以及《授权委托书》。对于《申请书》以及《授权委托书》中所述事项，因涉及较多法律问题，我公司已授权委托律师事务所律师代表我公司依法予以处理。请你直接与律师联系。"后龙兴公司拒绝四申请人的要求。

2018 年 5 月 14 日，李某、吴某、孙某、王某四人诉至法院，并提出以下诉讼请求：李某、吴某、孙某、王某四人为龙兴公司合法股东，因龙兴公司在经营形势大好的情况下却拖欠大量债务，四人作为股东对龙兴公司情况无法知悉，故依法要求行使股东知情权，了解公司的实际情况，但龙兴公司对此非法阻挠，严重侵犯了四人作为股东的合法权益。请求判令四人对龙兴公司依法行使知情权，查阅、复制龙兴公司的公司章程、股东会会议记录、董事会会议决议、监事会会议决议以及财务会计报告、公司会计账簿。同日，法院受理该案。

问题：

1. 如股东施某请求法院认定吴某未依法全面履行出资义务，法院应当如何处理？

2. 王小某能否以股东名册和工商登记皆为自己名字主张股东权利，为什么？

3. 何某主张王某和王小某的股权转让合同无效，能否得到法院的支持？为什么？

4. 李某、吴某、孙某、王某四人的诉讼请求是否应支持？为什么？

5. 法院作出判决后，李某因为专业知识不足，担心在查阅公司文件材料过程中无法保障自己的权益，请问李某可以通过何种途径保障自己的权益？

［案例来源：《最高人民法院公报》2011 年第 8 期（总第 178 期）：李淑君、吴湘、孙杰、王国兴诉江苏佳德置业发展有限公司股东知情权纠纷案］

二、答案精讲

1. 如股东施某请求法院认定吴某未依法全面履行出资义务，法院应当如何处理？

答案：吴某以股权作为出资，虽然未经过评估，但法院不能直接认定吴某未依法履行出资义务。法院应当委托具有合法资格的评估机构对吴某的股权评估作价，如果评估确定的价额显著低于公司章程所载金额的，法院认定吴某未依法全面履行出资义务。

难度：中

考点：有限责任公司的设立条件

命题和解题思路：本题考查有限责任公司设立过程中股东的出资，公司法规定了股东以股权出资的，应当履行法定的程序，但是股东没有完全履行法定程序，并不一定直接认定该股东未依法全面履行出资义务，《最高人民法院关于适用〈中华人民共和国公司法〉若干问题的规定（三）》第 9 条规定了出资人以未依法评估作价非货币财产出资情况的处理。在答题时要明确只有评估确定的价额显著低于公司章程所定价额的，人民法院才认定出资人未依法全面履行出资义务，注意这里的"显著低于"。

答案解析：

《最高人民法院关于适用〈中华人民共和国公司法〉若干问题的规定(三)》第9条规定："出资人以非货币财产出资，未依法评估作价，公司、其他股东或者公司债权人请求认定出资人未履行出资义务的，人民法院应当委托具有合法资格的评估机构对该财产评估作价。评估确定的价额显著低于公司章程所定价额的，人民法院应当认定出资人未依法全面履行出资义务。"吴某以股权作为出资，虽然未经过评估，但法院不能直接认定吴某未依法履行出资义务。法院应当委托具有合法资格的评估机构对吴某的股权评估作价，如果评估确定的价额显著低于公司章程所载金额的，法院认定吴某未依法全面履行出资义务。

2. 王小某能否以股东名册和工商登记皆为自己名字主张股东权利，为什么？

答案：可以。因为根据法律规定，股东名册是证明股东身份的证据，股东名册和工商登记上登记的都是王小某，除非有相反的证据，则可以认定王小某为公司股东，并依股东名册和工商登记享有股东权利。

难度：中

考点：股东的资格条件

命题和解题思路：此题考查了股东的资格条件，《公司法》第32条规定了股东的资格条件相关内容，通过该法条，注意股东名册在股东的资格条件中的作用。

答案解析：

《公司法》第32条规定："有限责任公司应当置备股东名册，记载下列事项：（一）股东的姓名或者名称及住所；（二）股东的出资额；（三）出资证明书编号。记载于股东名册的股东，可以依股东名册主张行使股东权利。公司应当将股东的姓名或者名称向公司登记机关登记；登记事项发生变更的，应当办理变更登记。未经登记或者变更登记的，不得对抗第三人。"王小某记载于股东名册之上，可以依股东名册主张行使股东权利。

3. 何某主张王某和王小某的股权转让合同无效，能否得到法院的支持？为什么？

答案：不能。因为根据相关法律，何某是实际出资人，王某是名义股东，王某擅自转让股权，何某主张转让合同无效的参照《物权法》第106条的规定处理，王小某在受让股权时是善意第三人，可以善意取得股权，王某和王小某的股权转让合同有效。

难度：难

考点：名义股东与实际股东

命题和解题思路：此题考查了名义股东与实际出资人以及善意第三人的关系处理问题，正确理解《最高人民法院关于适用〈中华人民共和国公司法〉若干问题的规定（三）》第25条、《物权法》第106条，即能正确解答本题。

答案解析：

（1）《最高人民法院关于适用〈中华人民共和国公司法〉若干问题的规定（三）》第25条规定："名义股东将登记于其名下的股权转让、质押或者以其他方式处分，实际出资人以其对于股权享有实际权利为由，请求认定处分股权行为无效的，人民法院可以参照物权法第一百零六条的规定处理。名义股东处分股权造成实际出资人损失，实际出资人请求名义股东承担赔偿责任的，人民法院应予支持。"

（2）《物权法》第106条规定："无处分权人将不动产或者动产转让给受让人的，所有权人有权追回；除法律另有规定外，符合下列情形的，受让人取得该不动产或者动产的所有权：（一）受让人受让该不动产或者动产时是善意的；（二）以合理的价格转让；（三）转让的不动产或者动产依照法律规定应当登记的已经登记，不需要登记的已经交付给受让人。受让人依照前款规定取得不动产或者动产的所有权的，原所有权人有权向无处分权人请求赔偿损失。当事人善意取得其他物权的，参照前两款规定。"名义股东王某擅自处分股权，善意第三人王小某取得了股权，参照《物权法》第106条的规定，股权转让合同有效，实际股东何某主张王某和王小某的股权转让合同无效不能得到法院的支持。

4. 李某、吴某、孙某、王某四人的诉讼请求是否应支持？为什么？

答案：四人查阅、复制龙兴公司的公司章程、股东会会议记录、董事会会议决议、监事会会议决议以及财务会计报告的诉讼请求应当得到支持，根据公司法的规定，有限责任公司股东有查阅并复制上述资料的权利。

四人查阅、复制公司会计账簿的诉讼请求只能支持查阅，不能支持复制。根据公司法的规定，有限责任公司的股东只有书面申请查阅公司会计账簿的权利，没有复制的权利。

难度：中

考点：股东查阅权

命题和解题思路：本题考查了有限责任公司的股东查阅权，《公司法》第33条规定了股东查阅权的内容，注意有限责任公司的股东可以要求查阅公司会计账簿，并且查阅公司会计账簿有条件限制，而对于公司章程、股东会会议记录、董事会会议决议、监事会会议决议和财务会计报告既可以查阅也可以复制，且没有条件限制。

答案解析：

《公司法》第 33 条规定："股东有权查阅、复制公司章程、股东会会议记录、董事会会议决议、监事会会议决议和财务会计报告。股东可以要求查阅公司会计账簿。股东要求查阅公司会计账簿的，应当向公司提出书面请求，说明目的。公司有合理根据认为股东查阅会计账簿有不正当目的，可能损害公司合法利益的，可以拒绝提供查阅，并应当自股东提出书面请求之日起十五日内书面答复股东并说明理由。公司拒绝提供查阅的，股东可以请求人民法院要求公司提供查阅。"因此，李某、吴某、孙某、王某四人的查阅、复制龙兴公司的公司章程、股东会会议记录、董事会会议决议、监事会会议决议以及财务会计报告的诉讼请求应当支持，而对公司会计账簿的诉讼请求只能支持查阅，不能支持复制。

5. 法院作出判决后，李某因为专业知识不足担心在查阅公司文件材料过程中无法保障自己的权益，请问李某可以通过何种途径保障自己的权益？

答： 李某可以聘请会计师、律师等依法或者依据执业行为规范负有保密义务的中介机构执业人员，在李某在场的情况下，辅助李某进行查阅，这样可以保障李某的权益。

难度： 中

考点： 股东查阅权

命题和解题思路： 此题考查了《最高人民法院关于适用〈中华人民共和国公司法〉若干问题的规定（四）》中关于股东查阅权的规定。《最高人民法院关于适用〈中华人民共和国公司法〉若干问题的规定（四）》新增了股东可以聘请中介机构执业人员辅助查阅的规定，可以更好地保障股东的权利，答题时注意尽量按照法条表述规范用语，答题时注意聘请中介机构执业人员辅助查阅的条件：①在该股东在场的情况下；②由会计师、律师等依法或者依据执业行为规范负有保密义务的中介机构执业人员辅助进行。

答案解析：

《最高人民法院关于适用〈中华人民共和国公司法〉若干问题的规定（四）》第 10 条规定："人民法院审理股东请求查阅或者复制公司特定文件材料的案件，对原告诉讼请求予以支持的，应当在判决中明确查阅或者复制公司特定文件材料的时间、地点和特定文件材料的名录。股东依据人民法院生效判决查阅公司文件材料的，在该股东在场的情况下，可以由会计师、律师等依法或者依据执业行为规范负有保密义务的中介机构执业人员辅助进行。"李某依据人民法院生效判决查阅公司文件材料,可以聘请会计师、律师等依法或者依据执业行为规范负有保密义务的中介机构执业人员,在李某在场的情况下,辅助李某进行查阅,这样可以保障李某的权益。

案例分析题(二)

一、试题(本题为商法、民法融合试题)

案情:

安泰房地产开发有限责任公司(以下简称"安泰公司")成立于2015年,注册资本1000万元,股东有钟某、张某、王某、赵某、李某五人,分别持股40%、20%、20%、15%、5%。五人约定,公司前五年若有利润,钟某得40%,其他四位股东每人各得15%,从第六年开始按照出资比例分配公司利润。

王某为公司董事长和法定代表人,钟某和张某为公司董事,赵某为公司总经理。

2015年5月,王某召集并主持了公司的股东会会议,作出以下决议:①董事长签订金额超过100万元的合同由董事会批准;②因有一名监事辞职,决定由李某担任公司监事。

2015年8月,王某未经董事会批准,擅自以安泰公司名义与四海物业公司签订一份价值500万元的物业外包合同。四海公司不知道安泰公司相关股东会决议。

2015年10月,王某违反公司章程规定,在未经公司董事会集体讨论决定的情况下,将安泰公司承建的工程违法转包给没有建筑资质的个人承包。在工程建设过程中,王某也未切实履行对该工程质量、账务的掌控和监管,致使工程资金被个人控制和使用,导致安泰公司代个人承担了相应的民事责任,因无法实现追偿而产生损失。安泰公司起诉请求王某赔偿安泰公司损失200余万元及利息。

2016年3月,安泰公司决定购买一批建筑材料,总经理赵某负责建材购买业务。同年4月,在赵某的促成下,安泰公司与大兴建材公司签订建材购买合同,而赵某是大兴建材公司的大股东。

问题:

1. 钟某、张某、王某、赵某、李某五人关于公司前五年利润分配的约定是否有效?为什么?

2. 2015年5月召开的公司股东会会议是否有瑕疵,为什么?

3. 安泰公司与四海公司的物业外包合同是否有效？为什么？

4. 如果你是法官，你是否会支持安泰公司的诉讼请求？为什么？

5. 总经理赵某在建材购买业务中使安泰公司与自己作为大股东的大兴建材公司签订合同的行为是否违反法律的规定？为什么？

[案例来源：四川省商事审判典型案例 6 件之五，四川省绵阳市中级人民法院（2013）绵民终字第 371 号：四川省安泰建设有限责任公司诉王天雄等损害公司利益责任纠纷案]

二、答案精讲

1. 钟某、张某、王某、赵某、李某五人关于公司前五年利润分配的约定是否有效？为什么？

答案：有效。根据现行公司法的规定，股东按照实缴的出资比例分取红利，但是，全体股东约定不按照出资比例分取红利的除外，所以五人约定的关于公司前五年利润分配的内容有效。

难度：中

考点：股东权利的内容

命题和解题思路：此题考查股东权利的具体内容，《公司法》第 34 条规定了股东的分红权，解答本题时要求考生掌握法条中的除外情形，全体股东约定不按照出资比例分取红利或者不按照出资比例优先认缴出资是符合法律规定的。

答案解析：

《公司法》第 34 条规定："股东按照实缴的出资比例分取红利；公司新增资本时，股东有权优先按照实缴的出资比例认缴出资。但是，全体股东约定不按照出资比例分取红利或者不按照出资比例优先认缴出资的除外。"本题中，钟某、张某、王某、赵某、李某五人为安泰公司的股东，他们可以约定不按出资比例分配公司利润，故五人约定的关于公司前五年利润分配的内容有效。

2. 2015 年 5 月召开的公司股东会会议是否有瑕疵，为什么？

答案：有瑕疵，根据公司法的规定，王某作为公司董事长有权主持股东会会议但无权召集股东会会议，股东会会议应由董事会召集。

难度：中

考点：有限责任公司的组织机构

命题和解题思路：此题考查了有限责任公司组织机构中股东会会议的召集

与主持,《公司法》第40条对有限责任公司股东会会议召集与主持予以了明确规定,考生需要注意股东会会议召集的主体与主持的主体是不同的。

答案解析:

《公司法》第40条规定:"有限责任公司设立董事会的,股东会会议由董事会召集,董事长主持。"因此由董事会召集股东会,董事长王某主持股东会。

3. 安泰公司与四海公司的物业外包合同是否有效?为什么?

答案: 有效。法定代表人超越权限订立的合同没有其他法定无效情形,且相对人四海公司并不知道安泰公司董事会的决议内容。

难度: 中

考点: 表见代表行为的效力

命题和解题思路: 本题从民法主体制度入手,考查法人的行为效力机制。解题时要把握法定代表人的行为后果与法人的关系,以及合同的一般有效要件和无效情形。

答案解析:

有关法人的负责人以法人名义实施超越法人章程或决议的授权范围的民事法律行为,其效力评价须从两个层面观察:一是行为本身的有效要件;二是相对人信赖利益保护。根据《民法总则》第61条规定,法人章程或者法人权力机构对法定代表人代表权的限制,不得对抗善意相对人。同时根据《合同法》第50条规定,法人或者其他组织的法定代表人、负责人超越权限订立的合同,除相对人知道或者应当知道其超越权限的以外,该代表行为有效。本题中法定代表人王某对外签订合同的权限额度是100万元,但善意相对人与其签订的500万元合同效力不因此受影响。安泰公司若因合同履行受有损失,可内部对王某追责。

4. 如果你是法官,你是否会支持安泰公司的诉讼请求?为什么?

答案: 会支持,王某没有经过公司董事会集体讨论就作出了转包决定,违反了公司章程的规定;将安泰公司承建的工程转包给没有建筑资质的个人承包违反有关法律规定,导致公司对外承担债务,违反了公司高管的忠实义务、勤勉义务,王某应当承担赔偿责任。

难度: 中

考点: 董事、监事、高级管理人员的义务

命题和解题思路: 此题考查了董事、监事、高级管理人员的忠实义务、勤勉义务以及违反此种义务的行为后果,涉及对公司法关于公司董事是否违反法定义务的认定问题,最终的归责是以认定公司董事长违反了忠实义务、勤勉义务为依据。

答案解析：

《公司法》第 147 条规定："董事、监事、高级管理人员应当遵守法律、行政法规和公司章程，对公司负有忠实义务和勤勉义务。董事、监事、高级管理人员不得利用职权收受贿赂或者其他非法收入，不得侵占公司的财产。"

《公司法》第 149 条规定："董事、监事、高级管理人员执行公司职务时违反法律、行政法规或者公司章程的规定，给公司造成损失的，应当承担赔偿责任。"

本题中董事长王某的行为有三点事实是可以确定的：第一，王某擅自决定将安泰公司承建的工程转包给没有建筑资质的个人承包是违反有关法律规定的行为；第二，王某是在没有经过公司董事会集体讨论作出的决定，违反了公司章程的规定；第三，王某的行为给公司造成了损失。据此，王某违反了公司高管的忠实义务、勤勉义务，应当承担赔偿责任。

5. 总经理赵某在建材购买业务中使安泰公司与自己作为大股东的大兴建材公司签订合同的行为是否违反法律的规定？为什么？

答案： 赵某的行为违反法律的规定。因为公司法规定高级管理人员不得违反公司章程的规定或者未经股东会、股东大会同意，与本公司订立合同或者进行交易，本题中总经理赵某在未经安泰公司股东会同意的情况下，促使安泰公司与自己作为大股东的建材公司签订合同，这种行为构成高级管理人员的自我交易，违反公司法的规定。

难度： 难

考点： 董事、高级管理人员的禁止性行为

命题和解题思路： 此题考查了董事、高级管理人员的禁止性行为，《公司法》第 148 条对董事、高级管理人员的禁止性行为予以了明确规定，考生要掌握高级管理人员的自我交易不仅包括直接自我交易，还包括间接自我交易，本题中安泰公司与总经理赵某作为大股东的大兴建材公司之间的交易就属于间接自我交易。

答案解析：

《公司法》第 148 条规定："董事、高级管理人员不得有下列行为：（一）挪用公司资金；（二）将公司资金以其个人名义或者以其他个人名义开立账户存储；（三）违反公司章程的规定，未经股东会、股东大会或者董事会同意，将公司资金借贷给他人或者以公司财产为他人提供担保；（四）违反公司章程的规定或者未经股东会、股东大会同意，与本公司订立合同或者进行交易；（五）未经股东会或者股东大会同意，利用职务便利为自己或者他人谋取属于

公司的商业机会，自营或者为他人经营与所任职公司同类的业务；（六）接受他人与公司交易的佣金归为己有；（七）擅自披露公司秘密；（八）违反对公司忠实义务的其他行为。董事、高级管理人员违反前款规定所得的收入应当归公司所有。"在公司章程无明确规定的情况下，总经理赵某未经安泰公司股东会的同意，促使安泰公司与自己作为大股东的建材公司签订合同，这种行为构成高级管理人员的自我交易，违反公司法的规定。

案例分析题（三）

一、试题（本题为商法、民法融合试题）

案情：

大钟有限责任公司（以下简称"大钟公司"）成立于2014年，注册资本1000万元，有股东周一、冯二、陈三、朱四、马五、孔六，共计六人。周一任法定代表人及董事长，陈三、马五任董事。

在设立公司过程中为了提高效率，方便操作，由周一和马五二人作为发起人负责公司筹备事宜。2014年2月，周一以发起人的名义与大屋公司签订了房屋租赁合同，租赁大屋广场第10层的办公室500平方米，租期五年，租金按月交付（简称"合同一"）。2014年3月，马五又以设立中的大钟公司的名义与大鱼公司签订了办公用品买卖合同（大鱼公司系马五与他人共同开设），以超出市价1.5倍的价格购入办公用品投影仪（简称"合同二"）。同月，为改造办公室布局，周一以个人名义雇佣小张拆除部分墙体，但并未给予小张必要的防护。小张在拆墙过程中被倒塌的墙体砸伤，因双方对赔偿金额争议较大，未对小张进行赔付。2014年5月，大钟公司在大屋广场的办公室登记成立并开始日常经营（从大鱼公司购置的投影仪尚未使用）。2015年，大鱼公司向大钟公司催收货款，小张也向大钟公司主张赔偿。大钟公司以马五签署的办公用品买卖合同费用过高而拒付，同时大钟公司也以雇佣小张的人是周一而非大钟公司为由拒绝对小张进行赔偿。大鱼公司和小张遂分别向法院起诉，要求大钟公司承担责任。

另外，公司设立时，孔六以一张由大平公司出票、民兴银行为付款人、孔六为收款人的支票作为出资。2014年10月，孔六出资的支票，因民兴银行以出票人账户资金不足为由拒绝付款，由此大钟公司无法收到该笔款项。

2017年1月，朱四因公司经营理念不同，与周一、冯二等人产生纠纷，决定将股权转让给阿花（阿花并非大钟公司股东）。双方在股权转让协议中约定：朱四对公司债权债务不再承担责任，在阿花受让股权后，由阿花继续缴足出资（在公司设立之时，朱四认缴出资 40 万元，实缴 20 万元）。大钟公司召开股东会，其他股东均表示同意转让并放弃优先购买权，协议签订后，双方办理了工商变更登记。2017 年 9 月，大钟公司向法院提起诉讼，要求原股东朱四向大钟公司履行补足出资义务。朱四抗辩称：向公司负有出资义务的应当是公司股东，其已不是大钟公司股东，阿花已经受让股权，因此自己对公司已不负有出资义务，并且公司的请求已过诉讼时效。

2018 年，冯二在外出旅游期间，突发心脏病经抢救无效死亡，冯二之子冯小二想继承冯二名下的股权，其他股东均表示同意，股东周一（持股比例为 36%）、陈三（持股比例为 15%）表示不同意，且主张优先购买该股权，以谋求两人在公司的绝对话语权。

大钟公司经营多年后，逐渐处于行业内领军地位，为了进一步扩大市场占有率，周一主持召开了股东会，会议决议吸收合并竞争对手大石公司，陈三坚决反对，认为自己与周一等人经营理念不合，想要退出大钟公司，自立门户。

问题：

1. 2014 年 4 月，若大屋公司依照生效的租赁合同主张权利，应向谁主张租赁合同的履行责任？为什么？

2. 大鱼公司和小张各自的诉求能否得到法院支持？为什么？

3. 民兴银行拒绝付款的理由能否得到支持？大钟公司可采取哪些救济手段？

4. 朱四的抗辩是否成立？为什么？大钟公司应向谁请求履行出资义务？

5. 周一、陈三对冯二股份的优先购买主张是否会影响冯小二继承其父亲的股东资格？为什么？

6. 陈三想要退出大钟公司，可以采取哪些措施？

[**案例来源**：北京市第三中级人民法院（2015）三中民（商）终字第 10163 号民事判决；北京市第三中级人民法院（2015）三中民（商）终字第 14436 号民事裁定；陕西省高级人民法院（2017）陕民申 591 号民事裁定；江苏省宿迁市中级人民法院（2017）苏民终 671 号民事判决]

二、答案精讲

1. 2014 年 4 月，若大屋公司依照生效的租赁合同主张权利，应向谁主张租赁合同的履行责任？为什么？

答案： 应向周一主张。此时，大钟公司尚未设立成功，相关民事活动的法律后果由行为人承担。按照合同的相对性要求，周一以发起人的名义签订租赁合同，理应承担合同履行的责任。

难度： 中

考点： 发起人的职责

命题和解题思路： 设立中法人的民事主体地位属性和责任承担有其特殊性，理论上可以按照合伙组织的相关规则处理。发起人在公司设立过程中具有特殊地位，既是普通的自然人，又是承担设立公司职责的主体。本题的设计需要考生注意区分公司成立前的责任承担问题和公司设立失败的责任承担问题，正确理解、适用《民法总则》第75条和《最高人民法院关于适用〈中华人民共和国公司法〉若干问题的规定（三）》第2条的规定。解题时只要能一般性记住法条规定的内容，不难作答。

答案解析：

法人设立过程中由于其法人资格尚未取得，不能由其独立承担责任。在法人设立失败的情况下，其责任承担依《民法总则》第75条的规定处理，即法人未成立的，其法律后果由设立人承受，设立人为二人以上的，享有连带债权，承担连带债务。本题中，租赁合同的履行责任产生时，大钟公司尚未获得成立登记，但不是设立失败。租金的支付责任应依《最高人民法院关于适用〈中华人民共和国公司法〉若干问题的规定（三）》第2条第1款的规定处理，即发起人为设立公司以自己名义对外签订合同，合同相对人请求该发起人承担合同责任的，人民法院应予支持。本案周一以自己名义代表设立中的大钟公司和大屋公司签订房屋租赁合同，大屋公司向周一主张责任符合该法条规定，也符合合同相对性原则。

2. 大鱼公司和小张各自的诉求能否得到法院支持？为什么？

答案：

（1）大鱼公司的诉求无法得到法院支持。

一般情况下，发起人以设立中公司的名义对外签订合同，公司成立后，合同相对人请求公司承担合同责任的，法院应予支持。但是本案中，合同相对人大鱼公司系马五自己的公司，且买卖合同价格远超市价，属于马五借设立公司的机会为自己牟利。大钟公司以此为由主张不承担责任的，法院应予支持。

（2）小张的诉求能够得到法院支持。

本案中，周一是为了设立中的大钟公司的场地需要而雇佣小张拆除墙体，属于发起人因履行公司设立职责的职务行为。在此种情形下，小张在拆除墙体过程中受伤,请求大钟公司承担赔偿责任的,符合我国法律规定。

难度:中

考点:发起人责任与公司责任的区分

命题和解题思路:此题考查了公司设立过程中,发起人以公司名义对外签订合同和发起人因履行公司设立职责造成他人损害的情形。这是《最高人民法院关于适用〈中华人民共和国公司法〉若干问题的规定(三)》第3条和第5条规定的重要内容。发起人以公司名义订立合同时,一般情况下由公司承担合同责任,但法条还规定了发起人以公司名义谋私利,则公司可以据此进行抗辩。针对因履行公司设立职责造成他人损害的情况,须区分公司是否成立两种情形。

答案解析:

(1)《最高人民法院关于适用〈中华人民共和国公司法〉若干问题的规定(三)》第3条规定:发起人以设立中公司名义对外签订合同,公司成立后合同相对人请求公司承担合同责任的,人民法院应予支持。公司成立后有证据证明发起人利用设立中公司的名义为自己的利益与相对人签订合同,公司以此为由主张不承担合同责任的,人民法院应予支持,但相对人为善意的除外。

本案中马五为了自己利益以设立中公司的名义对外订立合同,大钟公司可以据此抗辩,拒绝承担合同责任。

(2)《最高人民法院关于适用〈中华人民共和国公司法〉若干问题的规定(三)》第4条规定:发起人因履行公司设立职责造成他人损害,公司成立后受害人请求公司承担侵权赔偿责任的,人民法院应予支持;公司未成立,受害人请求全体发起人承担连带赔偿责任的,人民法院应予支持。公司或者无过错的发起人承担赔偿责任后,可以向有过错的发起人追偿。

本案中,周一的行为属于发起人因履行公司设立职责的职务行为,且大钟公司已经成立,应当由大钟公司承担损害赔偿责任。

3. 民兴银行拒绝付款的理由能否得到支持?大钟公司可采取哪些救济手段?

答案:

(1)民兴银行拒绝付款的理由能够得到支持。

支票属于见票即付的票据,禁止签发空头支票。民兴银行可以大平公司的存款金额不足为由拒绝付款。

(2)由于民兴银行拒绝付款,大钟公司就无法收到孔六的出资,孔六属于未履行其出资义务,大钟公司可以采取如下救济手段:

首先，要求孔六补足出资，也可请求其他发起人和孔六承担连带责任，发起人承担责任后，可以向孔六追偿。

同时，大钟公司可以通过股东会决议，从而限制孔六的新股优先认购权、利润分配请求权、公司剩余财产分配请求权等股东权利。

最后，经大钟公司催告缴纳，孔六在合理期限内仍未缴纳出资的，公司可以股东会决议的形式解除孔六的股东资格。

难度：难

考点：公司的资本

命题和解题思路：此题主要考查了公司股东未缴纳出资的情形下公司的救济方法，并穿插了票据法内容。《最高人民法院关于适用〈中华人民共和国公司法〉若干问题的规定（三）》第13条规定了股东未缴纳或未完全缴纳出资的后果，第16条规定了对出资瑕疵股东的权利限制，第17条则是针对未缴纳出资股东剥夺其股东资格给予了法律上依据。

答案解析：

（1）《票据法》第88条规定："支票的出票人所签发的支票金额不得超过其付款时在付款人处实有的存款金额。出票人签发的支票金额超过其付款时在付款人处实有的存款金额的，为空头支票。禁止签发空头支票。"《票据法》第90条规定："出票人必须按照签发的支票金额承担保证向该持票人付款的责任。出票人在付款人处的存款足以支付支票金额时，付款人应当在当日足额付款。"民兴银行据此可以大平公司的存款金额不足为由拒绝付款。

（2）《最高人民法院关于适用〈中华人民共和国公司法〉若干问题的规定（三）》第13条规定：股东未履行或者未全面履行出资义务，公司或者其他股东请求其向公司依法全面履行出资义务的，人民法院应予支持。

公司债权人请求未履行或者未全面履行出资义务的股东在未出资本息范围内对公司债务不能清偿的部分承担补充赔偿责任的，人民法院应予支持；未履行或者未全面履行出资义务的股东已经承担上述责任，其他债权人提出相同请求的，人民法院不予支持。

股东在公司设立时未履行或者未全面履行出资义务，依照本条第一款或者第二款提起诉讼的原告，请求公司的发起人与被告股东承担连带责任的，人民法院应予支持；公司的发起人承担责任后，可以向被告股东追偿。

《最高人民法院关于适用〈中华人民共和国公司法〉若干问题的规定（三）》第16条规定：股东未履行或者未全面履行出资义务或者抽逃出资，公司根据公司章程或者股东会决议对其利润分配请求权、新股优先认购权、剩余财产分配请求权等股东权利作出相应的合理限制，该股东请求认定该限制无效的，人民法院不予支持。

《最高人民法院关于适用〈中华人民共和国公司法〉若干问题的规定（三）》第17条规定：有限责任公司的股东未履行出资义务或者抽逃全部出资，经公司催告缴纳或者返还，其在合理期间内仍未缴纳或者返还出资，公司以股东会决议解除该股东的股东资格，该股东请求确认该解除行为无效的，人民法院不予支持。

据此，公司可以从催缴出资、限制股东权利两方面着手救济，并可在合理期限后，通过股东会决议解除未履行出资义务的股东的股东资格。

4. 朱四的抗辩是否成立？为什么？大钟公司应向谁请求履行出资义务？

答案：

（1）朱四的抗辩不成立。

股东的出资义务是法定义务，股权转让时如存在出资不实情形，原股东的补足出资义务不因股东身份丧失而免除。此外，根据公司法规定，公司股东未全面履行出资义务的，公司请求其全面履行的，不能以超过诉讼时效为由进行抗辩。

（2）大钟公司可向朱四及阿花请求履行出资义务。

根据公司法规定，阿花在受让股权时知道朱四未完全履行出资义务，应当与朱四承担连带责任。并且根据阿花与朱四之间的股权转让协议，由阿花承担出资义务，因此阿花不能向朱四追偿。

难度： 难

考点： 股东的义务

命题和解题思路： 此题考查的是瑕疵股权转让的法律后果。《最高人民法院关于适用〈中华人民共和国公司法〉若干问题的规定（三）》中对股东的出资义务及瑕疵出资的法律后果作了翔实的规定。第18条规定承认了瑕疵股权转让的可行性，但并未免除瑕疵股东的出资义务，而是由股东与非善意受让人承担连带责任。同时，基于公司资本维持原则，股东补足出资的义务不能以超过诉讼时效为由进行抗辩。

答案解析：

（1）《最高人民法院关于适用〈中华人民共和国公司法〉若干问题的规定（三）》第18条规定：有限责任公司的股东未履行或者未全面履行出资义务即转让股权，受让人对此知道或者应当知道，公司请求该股东履行出资义务、受让人对此承担连带责任的，人民法院应予支持；公司债权人依照本规定第13条第2款向该股东提起诉讼，同时请求前述受让人对此承担连带责任的，人民法院应予支持。受让人根据前款规定承担责任后，向该未履行或者未全面履行出资义务的股东追偿的，人民法院应予支持。但是，当事人另有约定的除外。

据此，朱四并未免除其出资义务，大钟公司可向朱四及阿花请求履行出资义务。在朱四和阿花的转让协议中，规定了由阿花承担出资义务，则阿花不再向朱四追偿。

（2）《最高人民法院关于适用〈中华人民共和国公司法〉若干问题的规定（三）》第19条规定：公司股东未履行或者未全面履行出资义务或者抽逃出资，公司或者其他股东请求其向公司全面履行出资义务或者返还出资，被告股东以诉讼时效为由进行抗辩的，人民法院不予支持。

据此，朱四的诉讼时效抗辩理由不成立。

5. 周一、陈三对冯二股份的优先购买主张是否会影响冯小二继承其父亲的股东资格？为什么？

答案： 不会影响冯小二继承其父亲的股东资格。

首先，周一、陈三主张行使其优先购买权的行为没有法律依据。公司法规定了有限责任公司的自然人股东因继承发生变化时，其他股东主张优先购买权的，人民法院不予支持，但是公司章程另有约定或全体股东另有约定的除外。其次，本案中并无任何案情表明大钟公司的公司章程有这样的特殊约定，因此应当保护冯小二的继承权，股份优先购买权在本案中并不适用。

此外，根据公司法规定，自然人股东冯二死亡后，其合法继承人冯小二可以继承股东资格；且本案中，并未表明大钟公司的公司章程对股东资格的继承有其他约定。

难度： 中

考点： 有限责任公司的股权转让

命题和解题思路： 本题考查了股权继承中的优先购买权问题。《公司法》赋予了自然人股东的合法继承人在该股东死亡后，继承股东资格的合法性。同时，《最高人民法院关于适用〈中华人民共和国公司法〉若干问题的规定（四）》第16条否定了此种情形下，公司其他股东的优先购买权。本题中，主张优先购买权的股东的持股比例会影响考生的判断，从而和一般的股权对外转让规则相混淆。

答案解析：

（1）《公司法》第75条规定：自然人股东死亡后，其合法继承人可以继承股东资格；但是，公司章程另有规定的除外。

大钟公司的公司章程对继承无约定，因此无须考虑其他股东是否同意，冯小二可直接继承股东资格。

(2)《最高人民法院关于适用〈中华人民共和国公司法〉若干问题的规定（四）》第 16 条规定：有限责任公司的自然人股东因继承发生变化时，其他股东主张依据《公司法》第 71 条第 3 款规定行使优先购买权的，人民法院不予支持，但公司章程另有规定或者全体股东另有约定的除外。

大钟公司的公司章程对此无其他约定，因而该条排除了其他股东的优先购买权。

6. 陈三想要退出大钟公司，可以采取哪些措施？

答案：陈三可采取以下三种措施：

第一种：陈三可以与周一等其他股东协商，从而在公司内部转让股权给其他股东退出公司，无须经过其他股东同意即可进行。

第二种：陈三可经其他股东过半数同意，或将股权转让给第三人，或由其他股东行使优先购买权而受让陈三的股份。

第三种：根据《公司法》的规定，陈三对公司股东会作出的合并决议持有异议，享有股权回购的请求权，可与公司协商，要求公司以合理的价格回购股权。在决议通过之日起 60 日内协商，无法达成收购协议的，在决议通过之日起 90 日内向人民法院起诉，要求公司以合理的价格强制收购。

难度：中

考点：股东的权利

命题和解题思路：此题同时考查了有限责任公司的合并程序与异议股东回购请求权的情形。股东会有关公司的合并的决议须经代表 2/3 以上表决权的股东通过。同时，公司法一般不允许公司回购自己的股权，但在特殊情况下，对股东会的某些决议投反对票的股东可以请求公司收购起股权。本案中，陈三除了行使异议股东回购请求权，还可以通过普通股权转让的方式退出公司。

答案解析：

(1)《公司法》第 71 条规定：有限责任公司的股东之间可以相互转让其全部或者部分股权。

股东向股东以外的人转让股权，应当经其他股东过半数同意。股东应就其股权转让事项书面通知其他股东征求同意，其他股东自接到书面通知之日起满 30 日未答复的，视为同意转让。其他股东半数以上不同意转让的，不同意的股东应当购买该转让的股权；不购买的，视为同意转让。

因此，陈三可以通过内部转让和外部转让两种方式来转让其股份，从而退出公司。

(2)《公司法》第 74 条规定：有下列情形之一的，对股东会该项决议投反对票的股东可以请求公司按照合理的价格收购其股权：①公司连续五年不向股东分配利润，而公司该五年连续盈利，并且符合本法规定的分配利润条件的；②公司合并、分立、转让主要财产的；③公司章程规定的营业期限届满或者章程规定的其他解散事由出现，股东会会议通过决议修改章程使公司存续的。

自股东会会议决议通过之日起60日内，股东与公司不能达成股权收购协议的，股东可以自股东会会议决议通过之日起90日内向人民法院提起诉讼。

根据本条规定，陈三享有异议股东回购请求权。

桑磊法考，前命题人团队授课

2020主观题网络班次设置

主观题专题突破班

前命题人直播授课　每科锁定数个考点　深度广度全面突破

授课时间：7月1日—8月10日

课程内容：各科在总结历年命题规律的基础上，精选极少数核心考点进行专题突破，深度讲解；阅卷中心组织专业辅导老师批改试题20道。

授课资料：《专题突破内部讲义》一套（7本）。

主观题应试集训班

做题能力训练　阅卷中心批卷　全面提升能力

授课时间：8月11日—9月10日

课程内容：深度解析往年真题和高质量模拟金题，前阅卷人团队传授解题技巧，批改试题50道，并组织模拟测试，强化答题能力。

课程特点：前命题人团队直播讲解；前阅卷人团队倾心指导；为每位学员批改试题50道；直播精品内部课程（可回放）。

授课资料：《命题人内部AB卷》。赠送《命题人30题》和《主观题十年真题精讲》。

主观题冲刺保过班

权威预测考点试题　快速提升答题能力

不过关 全额退费

授课时间：9月中旬—10月10日

课程特点：独家全新三十余道预测题，含多学科交叉试题，全部由前命题人团队按照规范流程命制；权威预测2019年法考主观题必考点；由前命题人团队直播讲解，40个小时以上课程，透析命题思路、解题方法等；批改30道试题，以练促学，学练结合，提高10~30分。

授课资料：《终极主观题》一套（2本）。

备　　注：提前报名主观题保过班，如果客观题考试未过，全额退费。

主观题终极通关班

专题突破班＋应试集训班＋冲刺班（非保过）

授课时间：7月1日—10月10日

授课资料：内部资料《专题突破内部讲义》一套（7本）、《命题人内部AB卷》、《终极主观题》一套（2本）。赠送《命题人30题》和《主观题十年真题精讲》。

咨询电话：400-839-3366

报名通道：扫描下方二维码